Rechtsbegriffe im Mittelalter

Rechtshistorische Reihe

Band 262

Peter Lang
Frankfurt am Main · Berlin · Bern · Bruxelles · New York · Oxford · Wien

Albrecht Cordes
Bernd Kannowski
(Hrsg.)

Rechtsbegriffe im Mittelalter

Peter Lang
Europäischer Verlag der Wissenschaften

Die Deutsche Bibliothek - CIP-Einheitsaufnahme

Rechtsbegriffe im Mittelalter / Albrecht Cordes / Bernd Kannowski (Hrsg.). - Frankfurt am Main ; Berlin ; Bern ; Bruxelles ; New York ; Oxford ; Wien : Lang, 2002
(Rechtshistorische Reihe ; Bd. 262)
ISBN 3-631-38161-1

ISSN 0344-290X
ISBN 3-631-38161-1

www.peterlang.de

Vorwort

Am 8. und 9. Dezember 2000 veranstaltete das Graduiertenkolleg für Europäische Rechtsgeschichte der Johann Wolfgang Goethe-Universität Frankfurt a.M. ein Symposium zum Thema „Der Rechtsbegriff des Mittelalters". Der hier vorgelegte Band enthält mit einer Ausnahme die dort gehaltenen Vorträge, ergänzt um Beiträge der Herausgeber. Er schließt in mehreren Beziehungen an den Sammelband „Funktion und Form. Quellen- und Methodenprobleme der mittelalterlichen Rechtsgeschichte", hg. von Karl Kroeschell und Albrecht Cordes (Schriften zur europäischen Rechts- und Verfassungsgeschichte Bd. 18, Berlin 1996), in dem Vorträge und studentische Referate aus dem Frühjahr 1993 veröffentlicht worden waren, an. Zum einen hat Jürgen Weitzels Rezension des Freiburger Bandes in der ZRG.GA 116 (1999), 532 ff., das Frankfurter Symposium angeregt. Weitzel hatte dort vorgeschlagen, die an der Diskussion über „Mittelalterliche Rechtsgewohnheit(en)" beteiligten Autoren zusammenzubringen, um die sehr unterschiedlichen Inhalte und Erwartungen, die mit dieser erfolgreichen neuen Begriffsbildung verbunden werden, zu klären. Referenten und Diskussion ließen sich freilich nicht auf diesen Aspekt beschränken, sondern berührten auch andere wichtige Fassetten der mittelalterlichen Rechtsgeschichte. Weitzels Forderung nach Begriffsklärung bleibt also ein Desiderat. Um das einigende Band der Beiträge zumindest etwas zu verstärken, aber auch, um die Punkte des Dissenses deutlich zu machen, gibt Bernd Kannowski im einleitenden Beitrag eine Übersicht über den Forschungsstand.

Zum anderen geht es auch in der Sache wieder um das Mittelalter und sein Recht, um „Quellen- und Methodenprobleme", um Rechtsbegriff und Rechtsgeltung, einerseits in der überwiegend oralen, noch kaum vom gelehrten Recht geprägten Welt des Frühmittelalters, und andererseits in der Zeit nach Bologna, in der das einheimische und das gelehrte Recht in komplexer Weise zusammenwirkten bzw. konkurrierten, und so das Feld für die frühneuzeitliche Jurisprudenz vorbereiteten. In einen Bezug zu diesen beiden Phasen, die bekanntlich für althergebrachte und immer noch präsente Schulenbildungen in der Rechtsgeschichte bestimmend waren, lassen sich auch die meisten der Beiträge setzen, die hier in der Reihenfolge abgedruckt sind, in der sie auf dem Symposium gehalten wurden.

Die ersten beiden haben ihren Schwerpunkt im Frühmittelalter. Jürgen Weitzel macht den Auftakt mit seinen Überlegungen zur Relativität von Rechtsgeltung in der fränkischen Zeit. Karl Kroeschell stellt die Möglichkeit des Einflusses byzantinischen Vormundschaftsrechts im ottonischen Kaiserreich in den Raum. Harald Siems, der in seinem Vortrag die Wirksamkeit langobardischer Rechtsgedanken im noch ganz überwiegend von romanischer Bevölkerung geprägten Italien beschrieb, hat leider die Veröffentlichung im Tagungsband abgesagt. Nach Karl Kroeschells Bezugnahme auf das römische Recht relativiert Gerd Althoff die Tätigkeit hochmittelalterlicher Gerichte, indem er sie in den Rahmen anderer Konfliktlösungsmechanismen stellt. Yoichi Nishikawa beschreibt die Wirkweise staufischer Herrscherurkunden. Gerhard Dilcher schließlich, der in seinem Vortrag die Bedeutung von Zwangsgewalt für den mittelalterlichen Rechtsbegriff anhand einer Urkunde Konrads III. entfaltet hatte, stellt das Thema hier auf eine wesentlich breitere theoretische und quellenmäßige Basis. Diesen fünf Referaten vorangestellt sind zwei Aufsätze der Herausgeber, zuerst der erwähnte Forschungsüberblick von Bernd Kannowski. Anschließend verknüpft Albrecht Cordes die Debatten über die Rechtsgewohnheit(en) und die Existenz objektiven Rechts und erweitert die Quellengrundlage um ein Beispiel zum Zusammenwirken einer Stadtrechtsnorm mit der Vertragspraxis.

Herr Stephan Dusil, M.A., hat in vielen Hinsichten das Zustandekommen dieses Bandes gefördert. Dafür gebührt ihm unser herzlicher Dank.

Frankfurt am Main, im Juli 2002

Albrecht Cordes
Bernd Kannowski

Inhalt

Rechtsbegriffe im Mittelalter. Stand der Diskussion

Bernd Kannowski, Frankfurt am Main

I. Einleitung

Die Tagung,[1] deren Beiträge der hier vorliegende Sammelband zusammenstellt, betraf eine für die rechtshistorische Mediävistik sehr grundlegende, immer wieder aufgeworfene und aus neuen Winkeln beleuchtete Frage: Was ist ‚Recht' im Mittelalter?[2] Welche Bedeutung hatte es in der damaligen Zeit, welche grundsätzlichen Charakteristika liegen ihm zugrunde, und mit welchen, der heutigen Zeit möglicherweise fremden Vorstellungen sind diese verbunden? Um klare Linien zu ziehen, beschränkt sich meine Darstellung auf Eigenschaften, welche den Begriff von Recht im Mittelalter charakterisieren und prägen. Wegen der Vielschichtigkeit der Diskussion sowie der zum Teil zu beobachtende Uneinheitlichkeit der Terminologie ist es nicht immer einfach, der Debatte um den mittelalterlichen Rechtsbegriff zu folgen. Das möge diese Darstellung erleichtern.

Vor einer Skizze des Forschungsstandes ist klarzustellen, was hier ‚Mittelalter' bedeutet: Gemeint ist die Zeit, in welcher der von der Rechtsgeschichte in Deutschland (traditionell der Deutschen Rechtsgeschichte) behandelte Raum (das heißt der deutsche Sprachraum) als von Einflüssen des gelehrten Rechts jedenfalls soweit unbeeinflußt war, daß eine ungelehrte, auf Mündlichkeit basierende Rechtskultur dominierte. Das entspricht dem Zeitraum nach der klassischen Antike und vor der Rezeption des römischen Rechts, also dem von der Völkerwanderung bis in das Hochmittelalter hinein. Es ist die Epoche, welche in Anschluß an die italienische Terminologie auch einige deutsche Forscher das

---

[1] Sie fand am 8. und 9. Dezember 2000 an der Universität Frankfurt am Main statt. Veranstalter war das Graduiertenkolleg für „Europäische antike und mittelalterliche Rechtsgeschichte, neuzeitliche Rechtsgeschichte und juristische Zeitgeschichte" an der Johann Wolfgang Goethe-Universität, Frankfurt am Main – Zu der Tagung erschien ein Bericht von *Stephan Dusil* im UniReport (Johann Wolfgang Goethe-Universität, Frankfurt am Main) 3/2001 auf S. 6 („Von Geldfälschern und anderen Rechtsbrechern"). Dieser Zeitungsartikel handelt auch über den zweiten Teil der Tagung, dessen Beiträge hier nicht veröffentlicht sind.

[2] Es geht damit nicht um die Frage nach einem „Rechtsbegriff der Rechtsgeschichte", wie *Karl Kroeschell* sie in seinem Beitrag „Haus und Herrschaft im frühen deutschen Recht" (Göttinger Rechtswissenschaftliche Studien 70, Göttingen 1968, S. 57 ff.) gestellt hat, sondern um einen solchen des Mittelalters, natürlich aus der zum Teil kontroversen Sicht heutiger Forscher. Diese Frage – weniger die nach einer Methode und Aufgabe der Rechtsgeschichte wie in „Haus und Herrschaft" von 1968 – hat *Kroeschells* neuerer Beitrag „Der Rechtsbegriff der Rechtsgeschichte. Das Beispiel des Mittelalters" (ZRG GA 111 (1994), 310 ff.) vor Augen.

„Erste Mittelalter“ nennen.[3] Dabei ist zu berücksichtigen, daß sich Rechtsauffassungen innerhalb dieses jahrhundertelangen Zeitraums verschoben haben.[4] Weiterhin war er nicht völlig frei von Einflüssen des römischen Rechts. Das haben vor allem die grundlegenden Untersuchungen von Ernst Levy gezeigt.[5] Dieses Thema behandelt auch der Beitrag von Karl Kroeschell in diesem Band.[6] Die Vormundschaft der beiden Kaiserinnen Adelheid und Theophanu über den minderjährigen Otto III. hätte genau dem römischen Recht entsprochen. Hinzu komme, daß für den Eintritt der Volljährigkeit des jungen Kaisers nicht die Altersgrenze des Sachsenrechts, wie für einen Ottonen zu erwarten, sondern ausgerechnet die des römischen maßgeblich war. Demnach schiene es, als habe das justinianische Recht lange vor der Rezeption die Lösung eines wichtigen Problems höchster Reichspolitik beeinflußt.

Dennoch dürfte unbestritten sein, daß der Siegeszug des römisch-kanonischen Rechts und der gelehrten Juristen die Rechtskultur im deutschsprachigen Raum so einschneidend veränderte, daß von einer neuen rechtshistorischen Epoche mit von anderen Vorstellungen geprägten Rechtsbegriffen auszugehen ist.[7] Um es

---

[3] *Gerhard Dilcher*, Die Zwangsgewalt und der Rechtsbegriff vorstaatlicher Ordnungen im Mittelalter (in diesem Band), S. 111 f., 118, 134; *ders.*, Mittelalterliche Rechtsgewohnheit als methodisch-theoretisches Problem, in: Gerhard Dilcher, Heiner Lück u. a., Gewohnheitsrecht und Rechtsgewohnheit im Mittelalter, (Schriften zur europäischen Rechts- und Verfassungsgeschichte, hg. v. Reiner Schulze, Elmar Wadle und Reinhard Zimmermann Bd. 6), Berlin 1992, S. 21 (65 u. ö.); *Weitzel*, Versuch über Normstrukturen und Rechtsbewußtsein (wie Anm. 4), S. 378; eine ähnliche Abgrenzung schlug bereits vor *Wilhelm Ebel*, Grundlagen zu einer Darstellung eines Deutschen Schuldrechts des Mittelalters, ZRG GA 105 (1988), 1(14); der Autor verfaßte das posthum erschienene Manuskript etwa 1972; auch *Kroeschell* geht von grundlegenden Änderungen im Recht mit dem Beginn des 12. Jahrhunderts aus, *Kroeschell*, Recht und Rechtsbegriff im 12. Jahrhundert (wie Anm. 20).

[4] *Weitzel*, Versuch über Normstrukturen und Rechtsbewußtsein im mittelalterlichen Okzident (450-1100), in: Ernst-Joachim Lampe (Hg.), Zur Entwicklung von Rechtsbewußtsein, Frankfurt am Main 1997, S. 371 (379 f.); *Weitzel* merkt an, daß es in der rechtshistorischen Forschung üblich ist, für das Frühmittelalter erzielte Ergebnisse stillschweigend auf das Spätmittelalter zu übertragen (Dinggenossenschaft und Recht. Untersuchungen zum Rechtsverständnis im fränkisch-deutschen Mittelalter, 2 Bände, Köln/Wien 1985, Bd. 1, S. 31).

[5] *Ernst Levy*, West Roman Vulgar Law. The Law of Property, Philadelphia 1951; *ders.*, Weströmisches Vulgarrecht. Das Obligationenrecht, Weimar 1956. – Differenzierend *Clausdieter Schott*, Traditionelle Formen der Konfliktlösung in der Lex Burgundionum, in: La giustizia nell‘ alto medioevo (secoli V-VIII), Spoleto 1995, S. 933(946 ff.), mit weiterer neuerer Literatur (S. 957).

[6] So auch bereits eine frühere Studie *Karl Kroeschells* (Söhne und Töchter im germanischen Erbrecht, (zuerst 1981), in: *ders.*, Studien zum frühen und mittelalterlichen deutschen Recht (Freiburger rechtsgeschichtliche Abhandlungen, Neue Folge, Bd. 20), Berlin 1995, S. 35 ff.).

[7] Vgl. *Gerhard Dilcher*, Bildung, Konstanz und Wandel von Normen und Verfahren im Bereich mittelalterlicher Rechtsgewohnheit, in: Karl-Heinz Spieß/ Doris Ruhe (Hgg.), Prozesse der Normbildung und Normveränderung im mittelalterlichen Europa, Stuttgart 2000, S. 187(190); *Weitzel*, Versuch über Normstrukturen und Rechtsbewußtsein (wie Anm. 4), S. 377.

mit den Worten Jürgen Weitzels zu sagen,[8] wir wollen hier eine von zwei Traditionslinien des Rechts im Mittelalter verfolgen,[9] nämlich die ungelehrte, wie sie für die Gebiete nördlich der Alpen im Ersten Mittelalter typisch ist.[10] Nur in den mediterranen Landschaften lebte die gelehrte römisch-kanonische Rechtskultur stärker fort. In den Gebieten diesseits der Alpen bestimmte die ungelehrte Rechtskultur das Geschehen, welche auf Konsensherstellung innerhalb einer Gemeinschaft durch deren Rechtsgenossen, der ‚Dinggenossenschaft', basierte.[11] Zwar hat Harald Siems bereits auf dem Kölner Rechtshistorikertag 1992 darauf hingewiesen, daß Rechtskundige schon im 9. Jahrhundert mit Texten arbeiteten und sich erste Hilfsmittel zur inhaltlichen Erfassung der Leges schufen.[12] Doch ist dabei die „fehlende Professionalität im Umgang mit Rechtstexten" kennzeichnend, welche darauf schließen läßt, daß insoweit kaum alltägliche Übung bestand. Siems Beobachtung stellen somit die beiden Traditionslinien des Mittelalters und die deutliche Dominanz des ungelehrten Rechtstypus im Ersten Mittelalter nicht in Abrede.[13]

II. Konsens

1. Abschied vom ‚guten alten Recht'

In einer sehr zugespitzten Form formulierte Fritz Kern in einem berühmten, oft nachgedruckten Aufsatz von 1919[14] Charakterisierungen des mittelalterlichen Rechts, die häufig zitiert wurden: „Das Recht ist alt – Das Recht ist gut."[15] Auch wenn rechtshistorische Lehrbücher Kerns Auffassung noch hie und da wieder-

---

[8] *Weitzel*, Versuch über Normstrukturen und Rechtsbewußtsein (wie Anm. 4), S. 376 f.

[9] *Hanna Vollrath*, Das Mittelalter in der Typik oraler Gesellschaften, HZ 233(1981), 571(588).

[10] „Ungelehrt" stellt dabei nur einen Gegenbegriff zum akademischen Rechtsstudium an einer Universität dar und will keineswegs besagen, daß der Umgang mit dem Recht in einer „ungelehrten" Rechtskultur nicht bestimmten, im Recht erfahrenen Leuten vorbehalten war. Auch hier war mithin eine Art von Ausbildung vonnöten. Im altnordischen Kulturraum waren um 1150 drei Arten von Fachleuten bekannt: Die Skalden als Dichter und Sprachkünstler, die Handwerker für Metallschmuck und die Gesetzesleute (*Klaus von See*, Altnordische Rechtswörter. Philologische Studien zur Rechtsauffassung und Rechtsgewinnung der Germanen, Tübingen 1964, S. 83).

[11] *Weitzel*, Versuch über Normstrukturen und Rechtsbewußtsein (wie Anm. 4), S. 376 f.; ähnlich *Kroeschell*, Deutsche Rechtsgeschichte I (wie Anm. 20), S. 152.

[12] *Harald Siems*, Textbearbeitung und Umgang mit Rechtstexten im Frühmittelalter. Zur Umgestaltung der Leges im Liber legum des Lupus, in: ders., Karin Nehlsen-von Stryk, Dieter Strauch (Hgg.), Recht im frühmittelalterlichen Gallien, Köln/ Weimar/ Wien 1995, S. 29(72).

[13] *Weitzel*, Versuch über Normstrukturen und Rechtsbewußtsein (wie Anm. 4), S. 385.

[14] *Fritz Kern*, Recht und Verfassung im Mittelalter, HZ 120 (1919), 1-79; Nachdruck u. a. Tübingen 1952; Darmstadt 1992.

[15] *Kern*, Recht u. Verfassung im MA, Darmstadt 1992, S. 11; 15.

geben,[16] kann heute wohl in der Forschung als unbestritten gelten, daß Formulierungen, welche das Recht allein als althergebrachte, unveränderliche und damit dem Zugriff eines jeden Gesetzgebers entzogene Schöpfungsordnung beschreiben, nicht als adäquate Darstellung mittelalterlichen Rechtsdenkens zu akzeptieren sind.[17] Die darauf beruhende, in differenzierter Form noch von Wilhelm Ebel vertretene[18] „berühmt-berüchtigte Lehre vom guten alten Recht"[19] findet in der zeitgenössischen Terminologie keine Stütze.[20] Das hat Gerhard Köbler in seiner Arbeit über das Recht im frühen Mittelalter von 1971 durch umfangreiche Quellenuntersuchungen für den deutschsprachigen Raum nachgewiesen.[21] Schon 1964 hatte Klaus von See anhand altnordischen Materials gezeigt, daß die in der älteren Literatur häufig unter dem Begriff „Germanen" zusammengefaßten Völker sich als höchst unterschiedlich erweisen und daß eine allgemeine Vorstellung vom ‚guten alten Recht' unter ihnen keineswegs auszumachen ist.[22] Damit entpuppt sich das bestechend einfach wirkende Gegensatzpaar „dispositives Gesetzesrecht der Neuzeit" versus „ewige, starre Ordnung des Mittelalters" als unzulässige Vereinfachung.[23]

---

[16] *Adolf Laufs*, Rechtsentwicklungen in Deutschland, Berlin/New York [5]1996, S. 5; *Hans Hattenhauer*, Europäische Rechtsgeschichte, Heidelberg [3]1999, Rdnr. 193.

[17] Ein neuerer Überblick zu der Forschungskontroverse findet sich bei *Joachim Rückert*, Die Rechtswerte der germanistischen Rechtsgeschichte im Wandel der Forschung, ZRG GA 111(1994), 275(280 f.); *ders.*, Autonomie des Rechts in rechtshistorischer Perspektive, Hannover 1988, S. 20 f. und *Johannes Liebrecht*, Das gute alte Recht in der rechtshistorischen Kritik, in: Karl Kroeschell / Albrecht Cordes (Hgg.), Funktion und Form. Quellen- und Methodenprobleme der mittelalterlichen Rechtsgeschichte, Berlin 1996, S. 185-204.

[18] *Wilhelm Ebel*, Geschichte der Gesetzgebung in Deutschland, Göttingen [2]1958 (Göttinger Rechtswissenschaftliche Studien Bd. 24; erweiterte Auflage von Hannover [1]1956), S. 20 f.; *ders.*, Über die rechtsschöpferische Leistung des mittelalterlichen deutschen Bürgertums, in: Untersuchungen zur gesellschaftlichen Struktur der mittelalterlichen Städte in Europa (Vorträge und Forschungen Bd. 11, Hg. Konstanzer Arbeitskreis für mittelalterliche Geschichte), Stuttgart / Konstanz 1966, S. 241 ff., S. 243; zusammenfassend zum Standpunkt Ebels *Liebrecht*, Das gute alte Recht (wie Anm. 17), S. 188.

[19] *Rückert*, Autonomie des Rechts in rechtshistorischer Perspektive (wie Anm. 17), S. 20.

[20] *Karl Kroeschell*, Recht und Rechtsbegriff im 12. Jahrhundert (zuerst 1968), in: *ders.*, Studien (wie Anm. 6), S. 277(298); *ders.*, Deutsche Rechtsgeschichte I (bis 1250), Opladen [11]1999, S. 152.

[21] *Gerhard Köbler*, Das Recht im frühen Mittelalter (Forschungen zur deutschen Rechtsgeschichte Bd. 7) Köln / Wien 1971, S. 224 f. und passim.; zustimmend *Rückert*, Rechtswerte der germanistischen Rechtsgeschichte (wie Anm. 17), S. 293; kritisch zu *Köblers* Ergebnissen *Dilcher*, Besprechung zu „Das Recht im frühen Mittelalter", ZRG GA 90(1973), 267 f., sowie *Harald Siems*, Handel und Wucher im Spiegel frühmittelalterlicher Rechtsquellen, Hannover 1992, S. 452 f.

[22] *Klaus von See*, Altnordische Rechtswörter (wie Anm. 10).

[23] *Kroeschell*, Art. „Recht", LexMA VII, 510(511); *Weitzel*, Versuch über Normstrukturen und Rechtsbewußtsein (wie Anm. 4), S. 372. – *Kroeschell* erkennt der These *Kerns* vom guten alten Recht des Mittelalters allerdings eine „gewisse mentalitätsgeschichtliche Rechtfertigung" zu, *Karl Kroeschell*, Von der Gewohnheit zum Recht. Der Sachsenspiegel im späten Mittelalter, in: Hartmut Boockmann/ Ludger Grenzmann/ Bernd Moeller/ Martin Staehelin (Hrsg.), Recht und Verfassung im Übergang vom Mittelalter zur Neuzeit I (Abhandlungen der

2. Recht als das richtige Verfahren

Mittelalterliches Recht ist geprägt von Mündlichkeit, und diese bringt eine eigene Regelwelt mit sich. Die Form einer Handlung, ihr Vollzug, das Rechtsritual haben einen viel höheren Stellenwert als in einer literaten Rechtskultur. Im Zusammenhang hiermit steht eine Aussage, die sich zumindest als Teil eines kleinsten gemeinsamen Nenners in bezug auf den mittelalterlichen Rechtsbegriff ansehen läßt:

Mittelalterliches Recht ist im Kern Verfahrensrecht.

Die Frage, auf welche Art eine Entscheidung zu finden ist, hat größere Bedeutung als die Frage, wie diese Entscheidung lautet. In einem beinahe schon sprichwörtlichen[24] Zitat von Wilhelm Ebel heißt es: „Die Form ist die älteste Norm".[25] Auch Karl Kroeschell kam bei seinen Untersuchungen zu dem Ergebnis, daß *„reht* als „das Richtige" seine besondere Bedeutung im Zusammenhang der Modalität oder Qualität einer rechtlichen Verfahrensweise gehabt haben (muß)".[26] Die grundlegende Arbeit Jürgen Weitzels über „Dinggenossenschaft und Recht" beschäftigt sich mit Formen der Entscheidungsfindung im rechtsförmlichen Rahmen. An anderer Stelle formuliert Weitzel: „Recht ist nämlich das, was *in der Art und Weise* des Rechts geschieht, verhandelt, vereinbart und entschieden wird. Die Inhalte (der Norm) und ihre Herkunft treten normtheoretisch völlig zurück."[27] Der stark auf Verhaltenserwartungen abstellenden

Akademie der Wissenschaften in Göttingen, Phil.-hist. Kl. 3/228), Göttingen 1998, S. 68 ff., Anm. 67 auf S. 78 f.

[24] *Otto Gerhard Oexle* beendet einen Aufsatz mit folgenden Worten: „Rechtshistoriker wissen das schon längst: daß die Formen die ältesten Normen und zugleich die wirksamsten Normen darstellen." (Die Kultur der Rebellion. Schwureinung und Verschwörung im früh- und hochmittelalterlichen Okzident, in: Marie Theres Fögen (Hg.), Ordnung und Aufruhr im Mittelalter. Historische und juristische Studien zur Rebellion, Frankfurt am Main 1995, S. 119, 137).

[25] *Wilhelm Ebel*, Über die Formel „für mich und meine Erben" in mittelalterlichen Schuldurkunden, ZRG GA 84 (1967), S. 236 (260); *ders.*; Recht und Form. Vom Stilwandel im deutschen Recht (Recht und Staat in Geschichte und Gegenwart 449), Tübingen 1975, S. 14. - *Clausdieter Schott* vertritt die Auffassung, die ersten Regeln, die sich bei germanischen Völkern als „rechtliche" ansehen ließen, seien Verfahrensregeln gewesen (Konfliktlösung in der Lex Burgundionum (wie Anm. 5), S. 945).

[26] *Karl Kroeschell*, „Rechtsfindung"- Die mittelalterlichen Grundlagen einer modernen Vorstellung (zuerst 1972), in: *ders.*, Studien (wie Anm. 6); S. 311 (325; 322); so wohl auch *Elmar Wadle*, Die Entstehung der öffentlichen Strafe (zuerst 1996), in: *ders.*, Landfrieden, Strafe, Recht. Zwölf Studien zum Mittelalter, Berlin 2001, S. 229 f.

[27] *Weitzel*, Besprechung zu Althoff u. a., Menschen im Schatten der Kathedrale, und Althoff, Spielregeln der Politik im Mittelalter, ZRG GA 117(2000), 689, S. 691 (Hervorhebung im Original); zustimmend *Dilcher*, Bildung, Konstanz und Wandel von Normen und Verfahren, (wie Anm. 7), S. 191 f.

Rechtstheorie Niklas Luhmanns wirft Weitzel vor, diesen Aspekt nicht hinreichend zu würdigen.[28] Das führt zu einem zweiten Aussage, die für den mittelalterlichen Rechtsbegriff unter Rechtshistorikern als allgemeine gelten kann:

Recht ist das, was vor Gericht gilt.[29]

3. Rechtsgewohnheit

Die Überlieferung von den Vorfahren, die lange unwidersprochene Übung, das Herkommen sind entscheidende Quelle mittelalterlichen Rechts. Dieser Charakterzug ist so bestimmend, daß es nicht ausreicht, von „Gewohnheitsrecht" zu sprechen. Die Gewohnheit spielt eben keine der schriftlichen Ordnung untergeordnete Nebenrolle, sondern macht allein diese Ordnung aus. Mangels schriftlicher Fixierbarkeit können in einer oralen Kultur Normen nicht mit der gleichen Präzision festgelegt sein wie Schriftrecht.[30] Recht kann dann nur das sein, was die Gemeinschaft durch ständigen Rechtsbrauch gegenwärtig hält.[31] Um diesem Merkmal mittelalterlicher Rechtskultur Ausdruck zu verleihen, ist es angemessen, das unserer Zeit Fremde als „Rechtsgewohnheit(en)" zu bezeichnen.[32] Es geht bei der Rechtsgewohnheit nicht einfach um zwar ungeschriebenes, aber gleich einem Gesetz geltendes Recht.[33] Gerhard Dilcher hat dafür das Modell von „Ordnung und Konflikt" vorgeschlagen.[34] In oralen Gesellschaften des frühen Mittelalters bilde sich aus Handlungsnormen, die aus Sitte, Moral oder Religion erwachsen könnten, eine Schicht von Rechtsgewohnheit heraus. Solche Normen seien in erster Linie in einem Streitfall präsent, wenn sie zum Gegenstand des Gesprächs (vor Gericht) würden. Ob solche Regeln sich bereits zu Recht verdichtet hätten, ließe sich an der Reaktion der Gemeinschaft erkennen: Verfolge sie einen Regelverstoß mit einem Rechtsverfahren und belege sie ihn

---

[28] *Jürgen Weitzel*, Der Grund des Rechts in Gewohnheit und Herkommen, in: Dietmar Willoweit (Hg.), Die Begründung des Rechts als historisches Problem (Schriften des Historischen Kollegs, Kolloquien 45), München 2000, S. 139 f.

[29] *Weitzel*, Protokoll der Diskussion, in: Willoweit (Hg.), Begründung des Rechts (wie Anm. 28), S. 328.

[30] *Reiner Schulze*, „Gewohnheitsrecht" und „Rechtsgewohnheit" im Mittelalter – Einführung, in: Dilcher, Lück u. a., Rechtsgewohnheit (wie Anm. 3), S. 15.

[31] *Vollrath*, Das Mittelalter in der Typik oraler Gesellschaften (wie Anm. 9), S. 583.

[32] *Dilcher*, Mittelalterliche Rechtsgewohnheit (wie Anm. 3), S. 29, mit weiteren Hinweisen; *Kroeschell*, Deutsche Rechtsgeschichte I (wie Anm. 20), S. 212 u. ö.; *Vollrath*, Das Mittelalter in der Typik oraler Gesellschaften (wie Anm. 9). – Eher zurückhaltend gegenüber dem Wert der neuen Begriffsbildung äußert sich *Albrecht Cordes*, Auf der Suche nach der Rechtswirklichkeit der mittelalterlichen Lex mercatoria, ZRG GA 118 (2001), 168(178).

[33] *Jürgen Weitzel*, Gewohnheitsrecht und fränkisch-deutsches Gerichtsverfahren, in: Dilcher, Lück u. a., Rechtsgewohnheit (wie Anm. 3), S. 67(73).

[34] *Dilcher*, Mittelalterliche Rechtsgewohnheit (wie Anm. 3), S. 47 f.

mit Vokabel, die einen Rechtsbruch anzeigen, so sei eine Verdichtung des Außerrechtlichen zur Rechtsgewohnheit zu konstatieren.[35] Diese Überlegungen nimmt Dilcher in seinem Beitrag in diesem Band wieder auf. Recht sei dadurch gekennzeichnet, daß Möglichkeiten zu seiner Durchsetzung („Zwangsapparat") bestünden. Diese könnten in vorstaatlichen Ordnungen in so unterschiedlichen Einrichtungen wie dem Ausschluß aus der Gemeinschaft, dem Aufgebot von Helfern für die Fehde oder dem Handhaftverfahren liegen; die Zitation vor ein Gericht sei nur eine Möglichkeit und setze voraus, daß dieses die Macht habe, das Erscheinen zu erzwingen („districtus", „Bann"). Dilcher geht dabei von einer weiten, an Max Weber angelehnten Bestimmung von Zwangsgewalt aus[36] und versucht auch hier wieder, das, was Recht ist, von der Reaktionen auf einen Rechtsbruch aus zu definieren.[37] Dabei zäumt er, indem er in unkonventioneller Weise die Frage des Zwangsapparates zuerst stellt, mit Hilfe der Weber'schen Definition das Pferd sozusagen von hinten auf: Wenn Recht sich dadurch auszeichnet, daß es zwangsweise durchsetzbar ist, so läßt sich ebensogut zuerst fragen, welche Formen des Zwanges es gab und in welchen Fällen sie zum Einsatz gelangten. Wenn sich dann Verhaltensnormen feststellen lassen, welche diesen Erzwingungen regelmäßig zugrunde lagen, so muß es sich dabei um Recht handeln.

Bei aller Dominanz der schriftlosen Rechtskultur ist dennoch eine Nebeneinander von schriftlichem und mündlichem Recht zu bemerken.[38] Fest steht, daß Mündlichkeit und Schriftlichkeit lange Zeit eine Koexistenz führen und im Recht zwar Gegenpole, nicht aber zwingende Gegensätze sind.[39] Welche Rolle allerdings Rechtstexte in der alltäglichen Praxis des frühen Mittelalters spielten, wird sich nie genau klären lassen. Harald Siems hat sich in seiner großen Arbeit über Handel und Wucher im frühen Mittelalter mit der Bedeutung von Schriftlichkeit im Recht in der Zeit der Leges beschäftigt. Einige dieser Aufzeichnungen fordern, daß vor Gericht nach geschriebenem Recht geurteilt werde. Nach der Lex Baiuvariorum sollte in der Gerichtssitzung der *liber legis* zur Hand sein, und die Lex Burgundionum postuliert, daß ein dort nicht geregelter Fall dem König vorzulegen sei. Nach Siems Ansicht lassen sich durch diese Forderungen der Quellen allerdings schwerlich Schlüsse auf die damalige Rechtspraxis ableiten. Es sei kaum vorstellbar, in einem Konfliktfall mit den Texten der Leges auszukommen und diese wörtlich anwenden zu können, ganz abgesehen davon, daß kaum jemand schriftkundig war. Allein deshalb verbiete es sich, von einer großen Bekanntheit der Texte auszugehen, was wiederum eine bedeutende Rolle

---

[35] *Dilcher*, Mittelalterliche Rechtsgewohnheit (wie Anm. 3), S. 52.
[36] In diesem Band, S. 149 u. ö.
[37] In diesem Band, S. 150 u. ö.
[38] *Weitzel*, Versuch über Normstrukturen und Rechtsbewußtsein (wie Anm. 4), S. 378 f.
[39] *Heinz Duchhardt/Gert Melville*, Vorwort, in: dies. (Hgg.), Im Spannungsfeld von Recht und Ritual. Soziale Kommunikation in Mittelalter und Früher Neuzeit (Norm und Struktur 7), Köln Weimar Wien 1997, S. VII, sowie diverse Beiträge in besagtem Band.

derselben als Richtlinie für das alltägliche Handeln ausschließe. Vielmehr entstehe immer wieder der Eindruck, die Texte seien nur aus der Rechtspraxis heraus verständlich, was wiederum die Frage aufwirft, warum man die Leges eigentlich aufzeichnete. Insgesamt scheint sich der Eindruck abzuzeichnen, daß die eingehende Beschäftigung mit den Texten mehr Fragen aufwirft als beantwortet; Siems resümiert, daß „es für die Leges einzeln und insgesamt an überzeugenden Erklärungsmodellen fehlt. Nicht minder unklar sind die Vorstellungen, die man über den Gebrauch der *lex scripta* im Rechtsalltag hatte.“[40]

4. Offenheit des Rechts

Die Rechtsgewohnheit als Grundlage mittelalterlichen Rechts steht in Verbindung mit einer Vielschichtigkeit mittelalterlichen Rechtsdenkens, die sich scharf definierten Begrifflichkeiten entzieht. Die einzig angemessene Darstellungsform liegt für den Rechtshistoriker manchmal darin, die zum Teil sehr unterschiedlichen Gedankenstränge einfach nebeneinanderzustellen.[41] Hermann Krause hat für die Zeit der sächsischen und salischen Herrscher von einer „Offenheit des Rechts“ gesprochen: Es handelt sich keineswegs um einen gegenüber außerrechtlichen Einflüssen abgeschlossenen Bereich;[42] gerade christliche Wertmaßstäbe sind von rechtlichen schlechterdings nicht zu trennen. So sagt ein oft zitierter Vers aus dem hohen Mittelalter, niemand sei so erhaben wie das Recht, weil Gott wahrhaftig ein gerechter Richter sei.[43] Aber auch andere Ausschnitte mittelalterlichen Lebens wirkten sich auf das Recht aus: Das Recht ist Teil eines einheitlich-ganzheitlichen Weltbildes und von diesem nicht abzukoppeln.[44] In

[40] *Siems*, Handel und Wucher (wie Anm. 21), S. 153 ff. (Zitat auf S. 157); so auch *Kroeschell*, Art. „Recht“, LexMA VII, 510(511).

[41] So *Hermann Krause*, Königtum und Rechtsordnung zur Zeit der sächsischen und salischen Herrscher, ZRG GA 82(1965), S. 1-98; *Gerd Althoff*, Die Veränderbarkeit von Ritualen im Mittelalter, in: ders. (Hg.), Formen und Funktionen öffentlicher Kommunikation im Mittelalter (Vorträge und Forschungen 51), Stuttgart 2001, S. 157 (158) für die Darstellung von Ritualen; Ferner *Weitzel*, Dinggenossenschaft und Recht (wie Anm. 4); zustimmend *Gerhard Dilcher*, Das Ding - Legitimation durch Verfahren auf fränkisch-deutsche Art?, RJ 6(1987), S. 20-26 (Rezension zu: *Jürgen Weitzel*, Dinggenossenschaft und Recht), S. 20 (24 f.).

[42] *Vollrath*, Das Mittelalter in der Typik oraler Gesellschaften (wie Anm. 9), S. 583; *Dilcher*, Mittelalterliche Rechtsgewohnheit (wie Anm. 3), S. 52.

[43] *Nieman ist so here, sô daz reht zware, wan got is ze ware, ein rehtir rihtaere ...* (Mittelhochdeutsches Gedicht „Vom Rechte“, Albert Waag, (Hg.), Kleinere deutsche Gedichte des 11. und 12. Jahrhunderts. Nach der Auswahl von Albert Waag neu hg. v. Werner Schröder, Bd. 2, Tübingen 1972, S. 115). – *Kroeschell* ist der Auffassung, es handele sich hier um ein „Produkt des Hochmittelalters“, weil den Versen ein Richterbild zugrunde liege, das dem älteren deutschen Recht unbekannt gewesen sei, *Kroeschell*, Recht und Rechtsbegriff (wie Anm. 20), S. 302 f.

[44] *Weitzel*, Versuch über Normstrukturen und Rechtsbewußtsein (wie Anm. 4), S. 375, unter Verweis auf die Beiträge in Dilcher, Lück u. a., Gewohnheitsrecht und Rechtsgewohnheit im Mittelalter (wie Anm. 3).

einer Gemeinschaft ohne Rechtssetzungsmonopol der Obrigkeit und ohne entsprechenden staatlichen Zwangsapparat kann von einem auf klare Entscheidungs- und Rechtssetzungskompetenzen basierenden Rechtssystem keine Rede sein. Regelungen können vielmehr von ganz unterschiedlichen Ansatzpunkten aus erfolgen. Die Vorstellung, daß Einzelakte von verschiedenen zur Rechtssetzung befugten Personen oder Körperschaften die ,Rechtsordnung' durcheinanderbringen könnten, fehlt gänzlich.[45] Das ist unter Rechtshistorikern seit langem allgemein anerkannt.[46]

5. Selbsthilfe als Bestandteil der ,Rechtsordnung'

a. Gewaltsames Austragen von ,Rechtsstreitigkeiten'

Es gab im Mittelalter bekanntlich keinen allmächtigen Staat, der ein Gewaltmonopol für sich beanspruchen konnte. Das führt zu einem weiteren, der Gegenwart fernen, Charakteristikum mittelalterlichen Rechts. Da die Obrigkeit ein durchgehendes Instrumentarium zur Konfliktbewältigung weder zur Verfügung stellen konnte noch durchweg diesen Anspruch stellte, gab es Raum für rechtlich erlaubte, private Gewaltanwendung und die Anerkennung hierdurch geschaffener Ergebnisse.[47] Bereits die ältere Forschung war sich darüber bewußt, daß Fehde und gewaltsame Rechtsdurchsetzung neben dem „Rechtsgang" standen.[48] Otto Brunner hat in seinem berühmten Buch „Land und Herrschaft" die Fehdeführung sogar als Bestandteil der Rechtsordnung angesehen („Fehderecht").[49] Zwar teilt diese Sichtweise nicht jeder Wissenschaftler.[50] Aber ob bzw. in wel-

---

[45] *Krause*, Königtum und Rechtsordnung (wie Anm. 41), S. 39 f. („Offenheit des Rechts", hier S. 49 f.). – *Eberhard Isenmann*, Die städtische Gemeinde im oberdeutsch-schweizerischen Raum (1300-1800), in: Peter Blickle (Hg.), Landgemeinde und Stadtgemeinde in Mitteleuropa (HZ Beiheft 13), München 1991, S. 191(204), und die dort angegebene Literatur; *Hans Planitz*, Die deutsche Stadt im Mittelalter, Graz / Köln 1954 (ND Wiesbaden 1996), S. 297.

[46] *Weitzel*, Besprechung (wie Anm. 27), S. 691.

[47] Dazu ausführlich *Dilcher*, in diesem Band.

[48] Grundlegend *Franz Beyerle*, Das Entwicklungsproblem im germanischen Rechtsgang, I. Sühne, Rache und Preisgabe in ihrer Beziehung zum Strafprozeß der Volksrechte (Deutschrechtliche Beiträge X, 2), Heidelberg 1915, S. 235 ff.

[49] *Otto Brunner*, Land und Herrschaft. Grundfragen der territorialen Verfassungsgeschichte Österreichs im Mittelalter, Wien ^{5}1965 (^{1}1939), S. 18 u. ö.; nach *Franz Beyerle* (wie Anm. 48) geht die herrschende Meinung [das heißt die im Jahre 1915] dahin, „eine rechtliche Anerkennung i. S. eines subjektiven Rechtes, gewissen Unrechtstaten mit Fehde zu beantworten", anzunehmen (S. 237 mit weiteren Nachweisen), was *Beyerle* allerdings ablehnt.

[50] Anderer Ansicht *Franz Beyerle* (wie Anm. 48), S. 237 f.; *Heinz Holzhauer*, Zum Strafgedanken im frühen Mittelalter, in: Überlieferung, Bewahrung und Gestaltung in der rechtsgeschichtlichen Forschung, hg. v. Stephan Buchholz, Paul Mikat u. Dieter Werkmüller, Paderborn u. a. 1993, S. 179 (182); *Gadi Algazi*, Herrengewalt und Gewalt der Herren im späten Mittelalter. Herrschaft, Gegenseitigkeit und Sprachgebrauch, Frankfurt am Main / New

chem Umfang auch immer man nicht obrigkeitlich sanktionierte Gewalt im allgemeinen bzw. die Fehde im besonderen als Bestandteil der Rechtsordnung oder als Überbleibsel vorrechtlicher Verhältnisse ansieht, welche „Grenzpfosten [...] gegen den rechtlich geordneten Bereich“ bilden:[51] Diese Punkte sind aus heutiger Sicht prägend für die damaligen Verhältnisse, weil hier ein grundlegender Unterschied des Mittelalters zur Gegenwart liegt. Fragen der Selbsthilfe und Fehde haben immer wieder Brennpunkte rechtshistorischen Forschungsinteresses gebildet, und keine Darstellung mittelalterlichen Rechts kann an ihnen vorbeikommen.[52]

Das gilt auch für das mittelalterliche Recht selbst. Zahlreiche Rechtstexte beschäftigen sich mit der Zulässigkeit von Selbsthilfemaßnahmen wie Privatpfändung und Fehde.[53] Jedenfalls der Adel bzw. das Rittertum nahmen für sich das Recht in Anspruch, Konflikte mit Gewalt auszutragen. Ein gänzliches Verbot der Fehdeführung statuieren bekanntlich erst die Maximilianischen Reichsreformen von 1495.[54] Die Kämpfe fanden Anerkennung im Mainzer Reichslandfrieden von 1235, der bestimmte Regeln aufstellt, unter welchen Gewalt zulässig sein sollte. Nur bei Rechtsverweigerung sollte Fehde erlaubt sein, und zwar erst nachdem nach förmlicher Aufkündigung des Friedens (*diffidacio, widersage*) eine Frist von drei Tagen verstrichen war. Wer durch die Verletzung dieser Pflicht einen Schaden erlitt, konnte den Gegner verklagen. Erschien dieser nicht vor Gericht, drohte ihm die Oberacht.[55] Der ritterliche Kampf ist damit auch eine förmlich vollzogene Drohgebärde, welche den Gegner zum Einlenken bewegen konnte.[56]

York 1996; höchst erklärungsbedürftig bzw. mißverständlich ist die Feststellung *Elmar Wadles*, heute werde „nicht mehr bezweifelt, daß die Fehde des späteren Mittelalters ein anerkanntes und durch feste Grundsätze bestimmtes Verfahren zur Durchsetzung von Recht gewesen ist“ (*Wadle*, Entstehung der öffentlichen Strafe (wie Anm. 26), S. 230.

[51] *Holzhauer*, Zum Strafgedanken im frühen Mittelalter (wie Anm. 50), S. 182.

[52] *Karl Kroeschell*, Deutsche Rechtsgeschichte I (bis 1250), Opladen [11]1999, S. 39 ff.; *Heinrich Mitteis/Heinz Lieberich*, Deutsche Rechtsgeschichte, München [19]1992, S. 39 f., 155; *Laufs*, Rechtsentwicklungen in Deutschland (wie Anm. 16), S. 25, 88, 93; *E. Kaufmann*, Art. „Fehde“, HRG I (1971), Sp. 1083 ff., mit Nachweisen aus der älteren Literatur.

[53] Edictus Rothari, c. 45, 74, 245, 246; Lex Luitprandi, c. 15 ; Lex Saxonum, c. 18 ; Lex Visigothorum, VI, 1, 7 ; Lex Burgundionum, 2, 4; Sachsenspiegel Ldr I 54 § 4; II 27 § 4; II 28 § 2; III 20 § 2.

[54] *Elmar Wadle*, Die Delegitimierung der Fehde durch die mittelalterliche Friedensbewegung (zuerst 1999), in: *ders.*, Landfrieden, Strafe, Recht (wie Anm. 26), S. 103 ff.

[55] Mainzer Reichslandfrieden von 1235, Art. 6.(9.), Karl Zeumer (Hg.), Quellensammlung zur Geschichte der Deutschen Reichsverfassung in Mittelalter und Neuzeit, Tübingen [2]1913, Nr. 58, S. 68 f. – Zu der Regelung über die Fehde *Arno Buschmann*, Der Mainzer Reichslandfrieden von 1235 – Anfänge einer geschriebenen Verfassung im Heiligen Römischen Reich, JuS 1991, S. 453 (455), mit weiteren Hinweisen.

[56] *Gerd Althoff*, Regeln der Gewaltanwendung im Mittelalter, in: Peter Sieferle / Helga Brenninger (Hgg.), Kulturen der Gewalt. Ritualisierung und Symbolisierung von Gewalt in

Aber die ritterliche Fehde ist nur ein Aspekt der in bestimmten Schranken rechtlich gebilligten Gewaltanwendung. Fritz Kern vertrat bereits in seinem Werk von 1914 den Standpunkt, man könne die Geschichte mittelalterlicher Aufstände des 10. und 11. Jahrhundert nicht richtig verstehen, wenn man nicht „unter dem Chaos selbstsüchtiger Auflehnung und Anarchie [...] ein verworrenes und dunkles Rechtsbewußtsein erkennt, das jedem, der sich vom König in seinem Recht gekränkt fühlte, die Befugnis zusprach, für die Rechtsverweigerung sich selbst Genugtuung zu verschaffen. Ein eigenartiges, fließendes und unbestimmtes Recht, keiner anderen öffentlichen Befugnis vergleichbar!“.[57] Der Schluß Fritz Kerns auf ein über allen sozialen Gruppen schwebendes mittelalterliches Recht ist angezweifelt worden.[58] Feststehen dürfte jedoch, daß es nicht möglich ist, mittelalterliches Recht zu beschreiben, ohne auf das damals ganz andere Verhältnis von Recht und Gewalt einzugehen. Dieses Phänomen hält Otto Gerhard Oexle für so kennzeichnend für die westliche mittelalterliche Welt, daß er von einer „Kultur der Rebellion“ gesprochen hat. In der Stadt wie auf dem Land schaffen aufständische Gruppen durch „usurpatorische Verbrüderung“ in conjurationes neue rechtliche Tatsachen. Eine Analyse der zeitgenössischen Berichte zeigt, daß diese Form der „illegitimen Herrschaft“ auch auf Seiten der Regierenden im Grundsatz Anerkennung fand und insoweit als Teil der Rechtsvorstellung anzusehen ist.[59]

b. Rechtsrituale als Kommunikationsmittel im Konflikt

Je mehr eine obrigkeitliche Gewalt fehlt, desto stärker muß die Geltungskraft von Recht allein auf Konsens beruhen. Ist dieser gebrochen, so steht die Geltung

---

der Geschichte, Frankfurt am Main / New York 1998, S. 154(156 f.), unter besonderer Betonung der von *Althoff* immer wieder angeführten „Institution des Vermittlers“.

[57] *Fritz Kern*, Gottesgnadentum und Widerstandsrecht im früheren Mittelalter. Zur Entwicklungsgeschichte der Monarchie, 2. Aufl., hg. v. Rudolf Buchner, Münster/Köln 1954 (Leipzig [1]1914), S. 158; zum Stellenwert von *Kerns* Werk in der heutigen Forschungslandschaft *Kroeschell*, Deutsche Rechtsgeschichte I (wie Anm. 20), S. 151.

[58] *František Graus*, Die Gewalt bei den Anfängen des Feudalismus und die Gefangenenbefreiung der merowingischen Hagiographie, Jahrbuch für Wirtschaftsgeschichte 1(1961), S. 61-156, hier S. 153. - *Graus* bezeichnet das durch Kern gezeichnete Bild von einem „Recht, das zwar unserem Empfinden oft fremd ist, aber dem damaliger Menschen entsprach“ als eine Wunschvorstellung der germanistischen Rechtsgeschichte (a. a. O., S. 61); *Gadi Algazi*, Herrengewalt und Gewalt der Herren im späten Mittelalter. Herrschaft, Gegenseitigkeit und Sprachgebrauch, Frankfurt am Main / New York 1996, S. 35.

[59] *Oexle*, Kultur der Rebellion (wie Anm. 24), S. 131 f., 136 f. und passim; *Bernd Kannowski*, Bürgerkämpfe und Friedebriefe. Rechtliche Streitbeilegung in spätmittelalterlichen Städten (Forschungen zur Deutschen Rechtsgeschichte 19), Köln/Weimar/Wien 2001, S. 64 u. ö.; *ders.*, Widerstand de facto und de jure. Die Grenzen kommunaler Herrschaft im Spätmittelalter, in: Martin F. Polaschek / Anita Ziegerhofer (Hgg.), Recht ohne Grenzen - Grenzen des Rechts. Europäisches Forum Junger Rechtshistorikerinnen und Rechtshistoriker Graz 1997, Frankfurt am Main 1998, S. 65(71 f.).

des Rechts in Frage. Der Nutzen solchen ‚schwachen Rechts' für die Konfliktbeilegung liegt einerseits darin, daß es Gewalt im Rahmen hält, andererseits darin, daß es neben der Fehde den Rechtsgang, die Möglichkeit eines Verfahrens und damit eine Gesprächsebene hinsichtlich der Konfliktbeilegung ermöglicht. So stellen die Wergeldkataloge eine Verhandlungsebene für Kompensationszahlungen dar, welche die Blutrache verhindern sollen. Aber um eine solche Beilegung zu erzielen, sind die Parteien auf mündliche Kommunikation im Gericht angewiesen. Akzeptieren sie den Regelungsvorschlag der Urteiler nicht, so gibt es keine Möglichkeit, sie zu zwingen.[60] Gewalt ist dann unausweichlich. Das Gericht ist Rahmen des rechtsförmlichen Gesprächs, aber im Rechtsstreit gibt es gerade kein feststehendes Recht, denn ob ein ‚Rechtsanspruch' besteht oder nicht, steht eben im Streit.[61] An dieser Stelle ist die oben bereits angesprochene Bedeutung von Rechtsritualen in einer schriftarmen Gesellschaft noch einmal hervorzuheben. Das Ritual wurzelt im religiösen Bereich („Ritus") und bezeichnet eine in der Öffentlichkeit inszenierte Handlung, der eine rechtliche Bedeutung zukommt. Nach den Edictus Rothari sind die Begriffe „Ritual" und „Recht" schwer zu trennen: Voraussetzung für die Geltung neuen Rechts soll sein, daß dieses nach dem *ritus* des langobardischen Volkes bekräftigt werde.[62] Mit ritueller Inszenierung von Herrschaftsausübung im Mittelalter hat sich Gerd Althoff in diversen Arbeiten beschäftigt.[63] So pflegten karolingische Herrscher den Abschluß von Herrschaftsbündnissen durch öffentliche Demonstration von Freundschaft (*amicitia*) zu besiegeln, wobei auch der *deditio* als forme fixe einer öffentlichen Unterwerfung große Bedeutung zukam.[64] Gerhard Dilcher hat auf die Ähnlichkeit dieser Praxis mit den ebenfalls rituellen Kommunikationsformen

---

[60] In diese Richtung geht offenbar der mit dem Stichwort „Recht als Vorschlag" bezeichnete Gedankengang *Yoichi Nishikawas* aus einem unveröffentlichten Beitrag. Die im Rahmen einer Tagung im Jahre 1993 aufgestellte These „ entfaltete hohe Suggestionskraft und führte zu einer lebhaften Diskussion." *Nishikawa* hielt seinen Ansatz damals noch nicht für publikationsreif (Karl Kroeschell / Albrecht Cordes (Hgg.), Funktion und Form (wie Anm. 17), S. VI). - Kritisch zu diesem Ansatz *Weitzel*, Grund des Rechts (wie Anm. 28), S. 147.

[61] *Weitzel*, Dinggenossenschaft und Recht (wie Anm. 4) II, S. 1347; *ders.*, Gewohnheitsrecht und fränkisch-deutsches Gerichtsverfahren (wie Anm. 33), S. 67(74); *ders.*, Gerichtsöffentlichkeit im hoch- und spätmittelalterlichen Deutschland, in: Alfred Haverkamp (Hg.), Information, Kommunikation und Selbstdarstellung in mittelalterlichen Gemeinden, S. 71 (73).

[62] Edictus Rothari, c. 386: ... *quin etiam et per gairethinx secundum ritus gentis nostrae confirmantes, ut sit haec lex firma et stabilis* ... .

[63] Dazu jetzt *Gerd Althoff* (Hg.), Formen und Funktionen öffentlicher Kommunikation im Mittelalter (Vorträge und Forschungen 51), Stuttgart 2001; darin: *ders.*, Einführung (S. 7 f.); Die Veränderbarkeit von Ritualen im Mittelalter (S. 157 f.); zu dem Band die Rezension von *Thomas Ertl* vom 13.11.2001 (http://hsozkult.geschichte.hu-berlin.de/rezensio/buecher/2001/ErTh1101.htm).

[64] *Gerd Althoff*, Amicitiae und Pacta. Bündnis, Einung, Politik und Gebetsgedenken im beginnenden 10. Jahrhundert, Hannover 1992, S. 19 f.; *ders.*, Spielregeln der Politik im Mittelalter. Kommunikation in Frieden und Fehde, Darmstadt 1997.

bei der ritterlichen Fehde, wie Otto Brunner sie in seinem Werk „Land und Herrschaft“ behandelt hat, hingewiesen.[65]

III. Kontroversen

1. Gab es objektives Recht?

a. Heranführung an das Problem

Die Aussage, Schwerpunkt allen mittelalterlichen Rechts sei das Verfahren, ist bereits oben als konsentierte genannt worden. In Verbindung damit steht allerdings ein wesentlich schwierigerer, bislang ungeklärter Punkt. Die Frage geht dahin, ob vor Aufkommen des gelehrten Rechts überhaupt die Vorstellung existierte, es bestünden allgemeine Regeln, auf die man sich gegebenenfalls bei einer rechtlichen Auseinandersetzung berufen konnte. Das Problem wurde oben bereits im Zusammenhang mit dem Begriff der „Rechtsgewohnheit“ angesprochen; es kommt entscheidend darauf an, daß es sich eben um allgemeine Regeln handelt, das heißt um solche, die unabhängig von einem bestimmten (gerichtlichen) Streit bzw. Fall oder Sachverhalt existent sind. Anders gesagt: Gibt es ‚Recht‘ außerhalb desjenigen streitigen Verhältnisses bzw. gerichtlichen Verfahrens, welches es betrifft? Oder ist ‚Recht‘ nach dem Bild der mittelalterlichen Jahrhunderte stets nur das, was die Beteiligten (oder ein Gericht) für eine bestimmte Konstellation festgesetzt haben, also der Ausspruch für eine ganz bestimmte Situation und nichts darüber hinaus? Dieser für einen im heutiges Rechtsdenken stehenden Juristen nicht einfach nachzuvollziehende Zwiespalt läßt sich möglicherweise mit Hilfe der englischen Terminologie oder unserer Unterscheidung von objektivem und subjektivem Recht verständlich machen:[66] „right“ und „law“ sind zwei verschiedene Dinge. Es ist keineswegs denknotwendig, die Befugnis einer Person in einem bestimmten Fall und die abstrakte

---

[65] *Dilcher*, Bildung, Konstanz und Wandel von Normen und Verfahren, (wie Anm. 7), S. 189.

[66] *Karl Kroeschell*, ius omnium mercatorum, precipue autem Coloniensium (zuerst 1982), in: *ders.*, Studien (wie Anm. 6), S. 337(341); *ders.*, Bemerkungen zum „Kaufmannsrecht“ in den ottonisch-salischen Markturkunden (zuerst 1985), in: *ders.*, Studien (wie Anm. 6), S. 384. – Der Doppeldeutigkeit des deutschen Wortes „Recht“ waren mittelalterlichen Juristen sich, wie aus der Glosse zum Sachsenspiegel hervorgeht, durchaus bewußt: *Dit lose sus dy rechticheit nempt me un derwilen vor got/ unde got is dy rechticheit/ desse blivet alle thyt gerecht, ut Instit. de iusti. & iure § j* [gemeint ist Inst. 1.1.pr.] *So nempt men ok vorderunghe eins dinges vor ein recht unde also is yt hir umme/ wan wy ein ding irforderen mach vor gerichte dy het dar recht thu* ... III 13 v° *Wert ein mann vor gerichte umme ungerichte beklaget etc.* (zitiert nach der Ausgabe Augsburg 1516, ed. *Hans Rynmann von Öhringen*, in folgender Neuausgabe: *Karl August Eckhardt* (Hg.), Sassenspegel mit velen nyen Addicien san dem Leenrechte unde Richtstige (Bibliotheca rerum historicarum, Neudrucke 10, Sachsenspiegel Landrecht und Lehnrecht mit doppelter Glosse), Aalen 1978, dort S. 272, linke Spalte).

Ordnung von Regeln mit dem gleichen Namen zu benennen. Das eine setzt das andere nicht voraus.[67]

Das im letzen Satz Geäußerte dürfte heute communis opinio sein. Anders hingegen verhält es sich hinsichtlich der Frage, ob vor der Rezeption des gelehrten Rechts überhaupt objektives Recht existierte.

b. Stand der Diskussion

Karl Kroeschell vertritt den nicht ganz leicht zugänglichen Standpunkt, eine objektive Rechtsordnung im heutigen Sinne habe es im frühen deutschen Recht vor Beginn des 12. Jahrhunderts nicht gegeben.[68] Aus den Quellen jedenfalls lasse sich die Existenz einer solchen nicht ablesen. Für das Kaufmannsrecht des frühen Mittelalters kommt Kroeschell zu dem Ergebnis, mit „Recht" seien hier stets nur Rechtsverhältnisse zwischen bestimmten Leuten oder Sonderrechte bestimmter Personen gemeint, nicht aber eine normative Ordnung, die innerhalb der Kaufmannschaft bestanden habe.[69] Während des Überganges von der Antike zum Mittelalter gewinne auch in anderen Bereichen das Konkrete und Individuelle immer mehr an Bedeutung, während allgemeine Begriffe verschwimmen.[70] Zwar finde sich in den Quellen dieser Zeit auch der Begriff *lex*, der damals, anders als das Wort *ius*, nicht nur eine subjektive Berechtigung bezeichnet habe. Doch sei der hier zum Ausdruck kommende Rechtsbegriff ein rein formaler: Recht sei das, was das Gericht sagt, und zwar für ein ganz bestimmtes Streitverhältnis in bezug auf das Verfahren,[71] ohne daß damit eine weitergehende Aussage über die Existenz einer das Ergebnis der Entscheidung bestimmenden Legalordnung verbunden wäre:[72] Gerichtsurteile der damaligen Zeit erschöpften sich häufig in der Aussage, eine Partei dürfe oder solle einen bestimmten Beweis führen. Das Urteil sage also nur, wie weiter zu verfahren sei. Hiermit sei seitens des Gerichts in dem Rechtsstreit das letzte Wort gesprochen. Eine „mate-

[67] In diesem Kontext ist die Thematik der Bedeutung von Privilegien im Mittelalter zu nennen, dazu Barbara Dölemeyer / Heinz Mohnhaupt (Hgg.), Das Privileg im europäischen Vergleich (Ius Commune Sonderhefte 93), Frankfurt am Main 1997.

[68] *Kroeschell*, „Rechtsfindung" (wie Anm. 26), S. 327, 332; *ders.*, Bemerkungen zum „Kaufmannsrecht" (wie Anm. 66), S. 397; zustimmend *Wadle*, Entstehung der öffentlichen Strafe (wie Anm. 26), S. 229 f..

[69] *Kroeschell*, Bemerkungen zum „Kaufmannsrecht" (wie Anm. 66), S. 386 ff.

[70] *Kroeschell*, ius omnium mercatorum (wie Anm. 66), S. 341; *ders.*, Bemerkungen zum „Kaufmannsrecht" (wie Anm. 66), S. 384.

[71] *Kroeschell*, „Rechtsfindung" (wie Anm. 26), S. 329; *ders.*, Bemerkungen zum „Kaufmannsrecht" (wie Anm. 66), S. 386 f.; *Kroeschell*, Recht und Rechtsbegriff im 12. Jahrhundert (wie Anm. 20), S. 287 ff.

[72] Anderer Ansicht *Dilcher*, Bildung, Konstanz und Wandel von Normen und Verfahren, (wie Anm. 7), S. 191: „Allerdings ist Konfliktbereinigung in gerichtsförmlicher Weise nur denkbar beim Rückgriff auf normative, von allen Beteiligten geteilte Ordnungsvorstellungen, jedenfalls dann, wenn nicht Kadi-Justiz unter starkem obrigkeitlich-repressivem Zwang vorliegt".

rielle Bewertung" des Falles aufgrund der erwiesenen oder nicht erwiesenen Umstände erfolge dann nicht mehr.[73] Das sei auch dann nicht der Fall, wenn nach dem Urteil in dem Fall, daß der Beweis nicht erbracht wird, ein Eid für eine Bußzahlung zu leisten sein soll („zweizüngiges Urteil"). Die Möglichkeiten „Beweis oder Buße" stünden als Alternativen nebeneinander, so daß die Bußzahlung keineswegs als Rechtsfolge anzusehen sei. Weiterhin gehe es nicht um eine „Verurteilung zur Zahlung", sondern allein um die Auferlegung eines Eides, was lediglich als ein Verfahrensschritt anzusehen sei.[74] Erst im Verlauf des 12. Jahrhunderts hätten Regelungen unterschiedlicher Herkunft sich „zu einer neuen Art von objektivem Recht verdichtet."[75]

Einen ähnlichen Standpunkt hat Clausdieter Schott. Er ist der Meinung, „Gerechtigkeitsvorstellungen" seien erst durch die Begegnung mit Rom zu den germanischen Völkern gekommen. Zuvor wären Konflikte „durch Schlichtung oder in einem Spielmodell mit Gewinnern und Verlierern", das heißt durch (gerichtlichen) Zweikampf, bewältigt worden. Ein Rechtsbegriff im Sinne inhaltlicher Vorstellungen von richtig oder falsch habe hierbei gänzlich gefehlt.[76]

Gerhard Dilcher hat in bezug auf das Kaufmannsrecht des frühen Mittelalters, anhand welchem Karl Kroeschell seinen eben geschilderten Standpunkt unter anderem entwickelte,[77] eine entgegengesetzte Position eingenommen. Das „Kaufmannsrecht" beschränke sich nicht, wie Kroeschell meint,[78] allein auf „Freiheiten", welche die Kaufleute, wie die Urkunden zusichern, gegenüber Territorial- und Stadtherren genießen sollen. Wenn die Dokumente ein „Recht aller Händler" nennen, dann seien damit auch Bestimmungen gemeint, die im Verhältnis zwischen den *mercatores* gelten. Dilcher hat unter Hinweis auf den Aspekt der Oralität angeführt, daß er nicht von der Existenz einer „hypothetisch angesprochene[n], von der Faktizität abstrahierte[n], die Zukunft bestimmende[n] Norm"[79] ausgehe, weil solches ohnehin erst durch Verschriftlichung denkbar sei. Aber ob das Rekurrieren auf eine „ungeschiedene Verbindung von

---

[73] Anderer Ansicht *Weitzel*, Versuch über Normstrukturen und Rechtsbewußtsein (wie Anm. 4), S. 376: „Meine Auffassung geht dahin, daß im Urteil Einzelfallentscheidung *und* Norm enthalten sind."
[74] *Kroeschell* (wie Anm. 26), S. 329 f.
[75] *Kroeschell*, Recht und Rechtsbegriff im 12. Jahrhundert (wie Anm. 20), S. 301.
[76] *Schott*, Konfliktlösung in der Lex Burgundionum (wie Anm. 5), S. 945; ähnlich *Graus*, Die Gewalt bei den Anfängen des Feudalismus (wie Anm. 58), S. 63: „Langsam ringt sich die Erkenntnis durch, daß ursprünglich Recht und Stärke zusammenflossen, daß sich der übergeordnete Begriff „Gerechtigkeit" erst später entwickelt hat."
[77] *Karl Kroeschell*, Bemerkungen zum „Kaufmannsrecht" (wie Anm. 66), S. 397.
[78] So in bezug auf das Kaufmannsrecht auch *Siems*, Handel und Wucher (wie Anm. 21), S. 153 f.
[79] *Gerhard Dilcher*, Oralität, Verschriftlichung und Wandlungen der Normstruktur in den Stadtrechten des 12. und 13. Jahrhunderts (zuerst 1992), in: *ders.*, Bürgerrecht und Stadtverfassung im europäischen Mittelalter, Köln / Weimar / Wien 1996, S. 281(294).

Faktum und Wertung“[80] die grundlegende Verschiedenheit der Ansichten zu entschärfen vermag, ist höchst zweifelhaft. Abgesehen davon, daß Dilcher an dieser Stelle eine irgendwie geartete Verquickung von Tatsachen und Recht einräumt, hält er seine Position unverändert aufrecht: „Auch die orale Rechtsordnung hat natürlich bindende Regeln für alle Beteiligten, also ‚objektives Recht‘ ...“.[81] Gerade das aber stellt Kroeschell in Abrede. Es existiere kein Recht außerhalb einer konkreten Regelung durch die Parteien oder das Gericht. Eine solche Festlegung entfalte Wirkung für diesen einen konkreten Sachverhalt und keine darüber hinaus.

Kroeschells Negierung der objektiven Rechtsordnung steht in engem Zusammenhang mit seiner Auffassung von „Rechtsgewohnheiten“. Diese unterscheidet sich, wie durch den von Kroeschell gewählten Plural „Rechtsgewohnheiten“[82] zum Ausdruck kommt, von dem, was oben unter „Rechtsgewohnheit“ beschrieben ist. Mit dem Verfremdungseffekt der Bezeichnung allein, so führt er aus, sei noch nicht gesagt, was „Rechtsgewohnheiten“ eigentlich bedeuten soll und wodurch sie sich von „Gewohnheitsrecht“ unterscheidet.[83] Es gehe bei den Rechtsgewohnheiten ja gerade nicht um zwar ungeschriebenes, aber gleich einem modernen Gesetz geltendes Recht. Vielmehr gehe es um die Gewohnheit, für einen bestimmten Fall eine Regelung zu treffen; allein dieses Phänomen mache eine Gewohnheit aus, die eben keine „objektive Rechtsordnung“ hinter sich stehen habe und die auch in keiner Weise darauf abziele, eine solche hervorzubringen.[84] „Gewohnheit“ in diesem Sinne, das heißt, als „geltendes Recht“, war dem Mittelalter ursprünglich fremd, denn das deutsche Rechtswort „Gewohnheit“ sei lediglich „Glied um Glied eine Nachbildung des lateinischen Wortes *consuetudo* aus deutschem Sprachmaterial ...“.[85] Mit anderen Worten, die Frage, was gelte,

---

[80] *Dilcher*, Oralität, Verschriftlichung und Wandlungen der Normstruktur (wie Anm. 79), S. 292; gegen *Kroeschell*, wenn auch mit Zurückhaltung, wendet sich *Dilcher* ferner in seinem Aufsatz „Hell, verständig, für die Gegenwart sorgend, die Zukunft bedenkend“. Zur Stellung und Rolle der mittelalterlichen deutschen Stadtrechte in einer europäischen Rechtsgeschichte, in: *ders.*, Bürgerrecht und Stadtverfassung (wie Anm. 79), S. 243 (Anm. 38 auf S. 254/255); hier klingt an, daß *Dilcher* den Begriff „objektive Rechtsordnung“ überhaupt zur Beschreibung mittelalterlicher Verhältnisse für ungeeignet hält.

[81] *Dilcher*, Oralität, Verschriftlichung und Wandlungen der Normstruktur (wie Anm. 79), S. 293.

[82] *Karl Kroeschell*, Deutsche Rechtsgeschichte II (1250-1650), Opladen [8]1992, S. 86; *ders.*, Rezension zu Gerhard Dilcher u. a., Gewohnheitsrecht und Rechtsgewohnheiten im Mittelalter (Berlin 1992), Quaderni Fiorentini 23 (1994), S. 428(431 f.).

[83] *Karl Kroeschell*, Der Rechtsbegriff der Rechtsgeschichte. Das Beispiel des Mittelalters (wie Anm. 2), S. 315.

[84] Zweifelnd *Weitzel*, „Relatives Recht“ und „unvollkommene Rechtsgeltung“ im westlichen Mittelalter. Versuch einer vergleichenden Synthese zum „mittelalterlichen Rechtsbegriff“, in diesem Band, S. 50.

[85] *Karl Kroeschell*, Verfassungsgeschichte und Rechtsgeschichte des Mittelalters (zuerst 1983), in: *ders.*, Studien (wie Anm. 6), S. 347 (372), im Anschluß an *Gerhard Köbler*, Zur Frührezeption der consuetudo in Deutschland, Hist. Jb. 89 (1969), S. 337 ff.

wenn keine Regelung existiert, sei anachronistisch, weil sie nur aufkommen kann, wenn Regeln bestehen, die allgemein verbindlich sagen, was gelten soll, wenn nichts vereinbart ist. In bezug auf die „Rechtsgewohnheit" sei dem aber nicht so: Erbenhaftung trete nur durch die Verabredung einer solchen ins Leben,[86] und die eheliche Gütergemeinschaft erfahre Regelung durch die Vereinbarung einer solchen, und nur dadurch.[87]

Die Sichtweise Kroeschells, eine objektive Rechtsordnung habe nicht existiert, hat sich nicht durchgesetzt.[88] Deutlich widersprochen jedenfalls hat Jürgen Weitzel.[89] Es sei kaum zu verstehen, wie eine Gemeinschaft ganz ohne jede als allgemeingültig angesehene Regel, auf die man sich vor einem zur Streitentscheidung bevollmächtigten Gremium gegebenenfalls mit Erfolg berufen kann, auskommen soll[90] - auch wenn es nur ganz wenige fundamentale Sätze sind, wie daß Versprochenes grundsätzlich einzuhalten ist (essentiell gerade unter Kaufleuten) und daß es verboten ist, ein Mitglied der Gemeinschaft ohne weiteres zu töten. Ohne ein Mindestmaß an Erwartungen bezüglich des Tuns oder Unterlassens der Mitmenschen sei nicht vorstellbar, wie ein Zusammenleben funktioniert haben soll.[91] Und wie können diese (natürlich nicht notwendigerweise geschriebenen) Normen für eine rechtliche Entscheidung ohne jede Bedeutung sein? Und auch wenn die Quellen nur Aussprüche des Gerichts über das weitere Verfahren als „Recht" bezeichnen: Hängt es nicht von der Schwere des Vorwurfs oder dem Leumund desjenigen, der sich zu verantworten hat, ab, wie aufwendig

---

[86] *Wilhelm Ebel*, Über die Formen „Für mich und meine Erben" (wie Anm. 25), S. 236.

[87] *Heinrich Demelius*, Eheliches Güterrecht im spätmittelalterlichen Wien, in: Sitzungsberichte der Österreichischen Akademie der Wissenschaften, Phil.-hist. Kl., Bd. 265, 4. Abh. (1971); weitere Beispiele bei *Kroeschell* a. a. O.

[88] Anders für das Burgunderrecht *Clausdieter Schott*, Konfliktlösung in der Lex Burgundionum (wie Anm. 5), 959 ff.; anders auch *Gerhard Köbler*, auf dessen begriffsgeschichtliche Ergebnisse sich *Kroeschell* bei seiner Begründung maßgeblich bezieht: „Jedenfalls nicht nur in der Antike, sondern auch im Mittelalter gibt es das menschliche Organisationssystem „Recht". Dieses besteht auch in dieser Zeit nach meiner Ansicht aus einer Mehrzahl von objektiven Sätzen. Sie gelten grundsätzlich unabhängig von Ansprüchen Einzelner (subjektiven Rechten) und unabhängig von Aussprüchen von Streitentscheidungsstellen (Gerichten), mögen sie auch bei der Entstehung jener vielfach mitgewirkt haben." (*Gerhard Köbler*, Recht, Gesetz und Ordnung im Mittelalter, in: Kroeschell/ Cordes (Hgg.), Funktion und Form (wie Anm. 17), S. 93, 114 f.).

[89] Gegen *Weitzel* wiederum *Karl Kroeschell*, Rezension zu Gerhard *Dilcher* u. a., Gewohnheitsrecht und Rechtsgewohnheiten (wie Anm. 82), S. 433. – Die Absage an *Weitzel* ist die einzige Stelle, an welcher *Kroeschell* in seiner Rezension gegen einen der Beiträge des Sammelbandes Stellung bezieht. Er meint, *Weitzels* Sicht lege das Mißverständnis nahe, bei den Rechtsgewohnheiten „sei doch wieder vom Gewohnheitsrecht im herkömmlichen Sinne die Rede."

[90] *Dilcher*, Bildung, Konstanz und Wandel von Normen und Verfahren, (wie Anm. 7), S. 191; 193, mit Verweis auf *Simon Roberts*, Ordnung und Konflikt. Eine Einführung in die Rechtsethnologie, Stuttgart 1981.

[91] *Weitzel*, in diesem Band, S. 56; *Dilcher*, Mittelalterliche Rechtsgewohnheit (wie Anm. 3), S. 51.

es nach dem Urteil für ihn sein soll, sich zu entlasten?[92] Liegen dann nicht solchen Entscheidungen allgemeine Wertungen zugrunde? Kroeschell selbst scheint von der Existenz solcher Wertungen auszugehen. Er räumt ein, daß es „auch im spätantiken Vulgarrecht und im frühen Mittelalter [die] unentbehrliche Vorstellung vom objektiven Recht" gegeben habe.[93] Wenn die aus dieser Vorstellung erwachsenden Wertungen bestimmend dafür sind, was ein Gericht entscheidet, was spricht dann dagegen, sie als rechtliche anzusehen?

Bedenken gegen Kroeschells Auffassung bringt auch Harald Siems vor. Kroeschell argumentiert unter anderem, die wenigen Ansätze der Quellen zu einer objektiven Rechtsordnung seien Kopien (spät)antiker Vorbilder. Das gelte etwa für eine Stelle aus dem Prolog der Lex Baiuvariorum, wo es heißt: *Longa enim consuetudo pro lege habetur*. Denn Einwand, der Prolog sei Isidors Ethymologiae nachempfunden, hält Siems nicht für überzeugend. Zu stark sei die Vermischung unterschiedlichster Strömungen in den Leges, um antik-christliches und vermeintlich germanisches Gedankengut voneinander trennen zu können. Weiterhin stamme der fragliche Satz ja gerade nicht von Isidor. Aber selbst wenn er sich auch in antiken Quellen finden ließe, wäre damit nicht widerlegt, daß er auch Bestandteil des einheimischen Rechtsdenkens ist. Sonst hätte ihn der Verfasser des Prologs eben nicht in seinen Text aufgenommen.[94]

Hinsichtlich Kroeschells Auffassung von der Rechtsgewohnheit stellt sich eine Frage, die Diethelm Klippel in der Diskussion eines Vortrags von Jürgen Weitzel aufgebracht hat: Was ist das Rechtliche an der Rechtsgewohnheit?[95] Das einzige, was nach Kroeschells Auffassung davon übrigbleibt, ist möglicherweise das Verorten bestimmter Fallgruppen in den Bereich des Rechtlichen. Wenn etwa die Gewohnheit besteht, das eheliche Güterrecht zu regeln, folgt daraus, *daß* das Recht berührt ist. Eine ersichtlich besonders wichtige, für das Vermögen und damit das Leben der Beteiligten einschneidende Frage erforderte nach allgemeiner Auffassung ein hohes Maß an verbindlicher Regelung. So ließe sich das Rechtliche an der Rechtsgewohnheit dann charakterisieren.

Die Kontroverse über das objektive Recht im Mittelalter führt zu einer methodischen Kernfrage: Wie ist zu verfahren, wenn die Quellen über den gesuchten Gegenstand schweigen? Ist dann die (natürlich auf plausible Erwägungen gestützte) Vermutung erlaubt, er habe nichtsdestotrotz (wahrscheinlich) in einer

---

[92] Ob bei solchen Erwägungen die Schuld an dem Konflikt oder die Ehre der Betroffenen im Vordergrund steht (*Althoff*, in diesem Band, S. 83), kann für die Frage nach der Existenz einer objektiven Rechtsordnung dahinstehen.
[93] *Kroeschell*, ius omnium mercatorum (wie Anm. 66), S. 341; *ders.*, Bemerkungen zum „Kaufmannsrecht" (wie Anm. 66), S. 383.
[94] *Siems*, Handel und Wucher (wie Anm. 21), S. 453 f.
[95] Protokoll der Diskussion, in: Willoweit (Hg.), Begründung des Rechts (wie Anm. 28), S. 328; dazu auch *Althoff*, in diesem Band, S. 78.

bestimmten Form existiert? Oder zwingt das Schweigen der Quellen zu dem Schluß, *quod non est in actis, non est in mundo*? Diese Frage nach einem methodischen Credo läßt sich sicherlich nicht abstrakt-allgemein beantworten. Aber es sind Neigungen der Forscher zu erkennen, das eine oder das andere zu tun. Karl Kroeschell wird zu denjenigen zu rechnen sein, welchen das Schweigen der Quellen regelmäßig Anlaß zur äußersten Zurückhaltung gibt: Was nicht als Begriff in den Quellen vorkommt, stellt offenbar eine anachronistische Projektion dar.[96] Mit solchen Dekonstruktionen hat Kroeschell peu à peu wichtige Leitbegriffe der deutschen oder germanischen Rechtsgeschichte in ihren Grundfesten erschüttert.[97] Eine Konstruktion nach der Dekonstruktion nimmt er nicht immer vor. Immer wieder betont er die Vorläufigkeit seiner Ergebnisse[98] bzw. wirft neue, manchmal aus dem Trümmerfeld erst erwachsende Fragen auf.[99] Die abschließende Antwort kann auch einfach lauten, daß die Quellen zu der verfolgten Fragestellung schweigen.[100]

2. Gab es ‚Recht'?

a. Heranführung an das Problem

Auch nach heutiger Vorstellung ist Recht (jedenfalls unter anderem) das, was ein Gericht ausspricht. Regelmäßig heißt es in Urteilen, das Gericht habe etwas „für Recht erkannt", ohne daß das Gesetz diese gewohnte Formulierung vorschreiben würde:[101] Die praktischen Auswirkungen der verschriftlichten Rechts-

---

[96] *Karl Kroeschell*, Bemerkungen zum „Kaufmannsrecht" (wie Anm. 66), S. 397. – Ein wichtiges Beispiel für *Kroeschells* begriffsgeschichtliche Methode ist ferner seine Arbeit: Haus und Herrschaft (wie Anm. 2).

[97] *Karl Kroeschell*, Die Sippe im germanischen Recht (zuerst 1960), in: *ders.*, Studien (wie Anm. 6); *ders.*, Haus und Herrschaft (wie Anm. 98), S. 155 u. ö.; zusammenfassend *ders.*, Germanisches Recht als Forschungsproblem (zuerst 1986), in: *ders.*, Studien (wie Anm. 6), S. 65(86 f.).

[98] *Karl Kroeschell*, Recht und Rechtsbegriff (wie Anm. 20), S. 308; *ders.*, „Rechtsfindung" (wie Anm. 26); S. 333; *ders.*, Söhne und Töchter (wie Anm. 6), S. 64; *ders.*, Haus und Herrschaft im frühen deutschen Recht (zuerst 1968, wie Anm. 2), in: *ders.*, Studien (wie Anm. 6), S. 113(152); *ders.*, Wahrheit und Recht im frühen Mittelalter (zuerst 1986), in: *ders.*, Studien (wie Anm. 6), S. 399(416).

[99] *Karl Kroeschell*, Sippe im germanischen Recht (wie Anm. 97), S. 34; *ders.*, Haus und Herrschaft (wie Anm. 98), S. 155; *ders.*, Zur Lehre vom „germanischen" Eigentum (zuerst 1977), in: *ders.*, Studien (wie Anm. 6), S. 211(252); *ders.*, ius omnium mercatorum (wie Anm. 66), S. 345; ders., Verfassungsgeschichte und Rechtsgeschichte (wie Anm. 85), S. 380; *ders.*, Die Germania in der deutschen Rechts- und Verfassungsgeschichte (zuerst 1989), in: *ders.*, Studien (wie Anm. 6), S. 89(110); *ders.*, Die nationalsozialistische Eigentumslehre (zuerst 1989), in: *ders.*, Studien (wie Anm. 6), S. 253(273).

[100] *Kroeschell*, Wahrheit und Recht (wie Anm. 98), S. 416.

[101] § 313 ZPO; § 260 StPO; § 117 VwGO; § 105 FGO; § 131 SozGG.

ordnung sind eben bei Einzelfallentscheidungen, welche das Leben bestimmter Personen betreffen und unter Umständen verändern, am deutlichsten zu spüren.

Noch augenscheinlicher ist die Verbindung von Recht und Gericht, wenn eine schriftlich fixierte und damit greifbare Rechtsordnung gar nicht vorhanden ist. Dann muß Recht mit dem, was das Gericht sagt, identisch sein. Dieses urteilt nicht auf der Grundlage obrigkeitlicher Gesetzgebung, weil eine solche keine oder zumindest beinahe keine Rolle spielt. Unter dem Vorsitz des Richters ist die Gemeinschaft der Rechtsunterworfenen beziehungsweise eine Delegation derselben damit betraut, ein Urteil zu finden. Diese Form von „mittelalterlicher Gewaltenteilung“[102] zwischen Verfahrensleitung und Rechtserkenntnis hat Weitzel als „dinggenossenschaftlich“ bezeichnet. Und an genau diesem Punkt beginnt die Auseinandersetzung über eine zentrale Frage. Zugespitzt formuliert ist es diejenige, ob es im ersten Mittelalter überhaupt ‚Recht‘ gab. Solches dinggenossenschaftlich gefundene Recht zeichne sich, so Weitzel, gerade dadurch aus, daß es im Zweifel dem Einfluß der Mächtigen entzogen sei[103] und damit einen von der Herrscherpolitik abtrennbaren Bereich darstelle. Es geht also darum, ob Recht mehr oder etwas anderes ist als ein Machtmittel in Händen der Herrschenden. Weitzel hat seinen Standpunkt einmal wie folgt formuliert: „Der forschende Rechtshistoriker hat seine Erfahrungen mit Recht, er bringt sie in den Forschungsprozeß ein: als Jurist die der gegenwärtigen Rechtsordnung, als Historiker maximal die aus der Summe eigener und fremder Quellenarbeit. Diese Erfahrungen kennzeichnen die Welt des Mittelalters grundsätzlich als eine rechtlich verfaßte. Dem Recht kommt ausweislich tausender Quellenzeugnisse große Bedeutung und hohe Wertschätzung zu. Daß es auch Rechtsbruch und in bislang unbestimmtem Ausmaß rechtsfreie Räume gab, daß Anspruch und Umsetzung divergierten, steht dem nicht entgegen. Mit anderen Worten: Es gibt keine Vermutung für die ‚Rechtlosigkeit des Mittelalters‘ ... .“[104] Streitpunkt ist nunmehr, ob das Recht tatsächlich diese Bedeutung und Wertschätzung genoß.

b. Stand der Diskussion

Eine ganz andere Position in puncto einer solchen ‚Autonomie des Rechts‘ nimmt Gerd Althoff ein. Beratungen in rechtlichen und in politischen Angelegenheiten (*judicium* einerseits, *consilium* andererseits) seien im Mittelalter nicht

---

[102] Dazu bereits *Jürgen Weitzel*, Der Kampf um die Appellation ans Reichskammergericht (Quellen und Forschungen zur Höchsten Gerichtsbarkeit im Alten Reich 4), Köln/Wien 1976, S. 356 u. ö.; *ders.*, Über Oberhöfe, Recht und Rechtszug. Eine Skizze (Göttinger Studien zur Rechtsgeschichte 15), Göttingen 1981, S. 17 mit weiteren Nachweisen; von dieser „Gewaltenteilung“ spricht bereits *Max Weber*, Wirtschaft und Gesellschaft. Grundriss der verstehenden Soziologie, Studienausgabe, hg. v. Johannes Winkelmann, Tübingen ^{5}1972, S. 454.

[103] *Weitzel*, Dinggenossenschaft und Recht (wie Anm. 4) II, S. 1472; vgl. *ders.*, Besprechung (wie Anm. 27), S. 693 f.

[104] *Weitzel*, Versuch über Normstrukturen und Rechtsbewußtsein (wie Anm. 4), S. 374.

zu scheidende Bereiche. Althoff betont die Bedeutung öffentlicher Ritualen bei mittelalterlicher Herrschaftskommunikation und hebt immer wieder die Rolle von Vermittlern für die Beilegungen von Streitigkeiten hervor. Er bestreitet nicht, daß es auch die Möglichkeit der rechtlichen – das heißt (für ihn) gerichtlichen – Lösung gab, doch mißt er dieser kaum Gewicht bei. Immer wieder sei das Recht durch die Gewährung von Gnade und Einschaltung außergerichtlicher Vermittler umgangen oder durchbrochen worden. Das Gerichtswesen sei dem Herrscher untertan, so daß dessen Entscheidungen als „Machtmittel" anzusehen seien.[105] Für den geringen Stellenwert von Urteilen und Gerichtsverfahren führt Althoff unter anderem folgendes Beispiel an: Ein Hochadeliger riet einem anderen, er solle in seinem Konflikt auf ein Gerichtsverfahren verzichten, weil dieses ohnehin niemand wahrnehme, und lieber auf einen wesentlich publikumswirksameren Kriegszug setzen.[106] Was Weitzel in seiner grundlegenden Arbeit „Dinggenossenschaft und Recht" beschreibt, bezeichnet Althoff als graue Theorie.[107] Der Willkür des Gerichtsherrn, so steht bei Althoff zu lesen, sei kaum eine Schranke gesetzt gewesen.

Die oben angeführte, bestechend einfach wirkende Formel, Recht sei das, was vor Gericht gelte, vermag die Behauptung Althoffs, einen von (Macht-)Politik abgrenzbaren Bereich des Rechts habe es nicht gegeben, nicht eo ipso zu entkräften. Denn es schließt sich die Frage an, was eigentlich unter „Gericht" zu verstehen ist. Genauer gesagt: Was ist das Besondere, spezifisch Rechtliche, am Vorgehen eines solchen Gremiums? Die Formel ist für eine Abgrenzung ja nur tauglich, wenn das Gericht spezifisch rechtliche Entscheidungen trifft. Für eine ländliche Dingversammlung, welche darüber erkennt, ob jemand sich einen Rechtsbruch hat zuschulden kommen lassen oder seinem Nachbarn einen Schaden zu ersetzen hat, mag dies vielleicht weniger problematisch sein.[108] Bei einer Reichsversammlung hoher Würdenträger, welche die unterschiedlichsten Dinge zu entscheiden hat, ist es nicht so offensichtlich. Und aus eben diesem Bereich, nämlich Konflikten des Hochadels, stammen sämtliche von Althoff behandelten Fälle.[109] In bezug auf diese führt er das Argument ins Feld, die Beratung im Hinblick auf ein Urteil weise gegenüber einer sonstigen Beratung (*consilium*) keine Besonderheiten auf.[110] Weitzel steht demgegenüber auf dem Standpunkt,

---

[105] *Althoff*, in: Gerd Althoff, Hans-Werner Goetz, Ernst Schubert, Menschen im Schatten der Kathedrale. Neuigkeiten aus dem Mittelalter, Darmstadt 1998, S. 16, 26.
[106] *Althoff*, Spielregeln (wie Anm. 64), S. 76.
[107] *Althoff*, Menschen im Schatten der Kathedrale (wie Anm. 105), S. 17.
[108] *Weitzel*, Besprechung (wie Anm. 27), S. 697.
[109] *Weitzel*, Besprechung (wie Anm. 27), S. 697.
[110] *Althoff*, Spielregeln (wie Anm. 64), S. 160 f.; *ders.*, Menschen im Schatten der Kathedrale (wie Anm. 105), S. 17. – Auch *Karl Kroeschell* weist auf dieses Problem hin. Zwar sei des Königs „Position als Richter und als Gesetzgeber [...] nicht im einen wie im anderen Fall die gleiche, doch muß man damit rechnen, daß diese verschiedenen Rollen im Selbstverständnis des Herrschers und seiner führenden Berater miteinander verschmolzen" (Deutsche Rechtsgeschichte I (wie Anm. 20), S. 149).

die Behauptung, „Gerichtsverfahren und Beratung in politischen Dingen seien nicht geschieden worden", sei falsch. Weitzel verweist auf die verschiedenen Merkmale beider Verfahren. Ferner führt er an, aus der unterschiedlichen Benennung in den Quellen ließe sich erkennen, daß den Zeitgenossen durchaus vor Augen stand, daß es sich dabei um zweierlei handelte[111] und verweist auf „[z]igtausend gerichtliche Entscheidungen und Berichte über solche Entscheidungen von den Merowingerplacita bis in die frühe Neuzeit hinein", welche Althoff nicht beachtet habe.[112]

Überhaupt wendet Weitzel sich mit sehr deutlichen Worten gegen die Standpunkte Althoffs.[113] Dieser fordere einen Regelcorpus im Mittelalter und denke über eine „Gewaltenteilung" nach, was Anachronismen darstelle; das gelegentliche Erweisen von Gnade sei kein Beweis dafür, daß kein Recht existiert habe; auch in unseren Tagen beharrt die Obrigkeit manchmal nicht auf Vollzug des Rechts, ohne daß deshalb jemand auf den Gedanken komme, die Existenz desselben in Abrede stellen zu wollen; überhaupt wären die wenigen von Althoff vorgestellten Rechtsbrüche nicht zum Beweis dafür geeignet, daß generell das Recht wenig Achtung genossen habe; auch heute wird das Recht schließlich nicht überall eingehalten.[114] - Weitzels Rechtsbegriff läuft der Position Althoffs in einem zentralen Punkt zuwider: Das (dinggenossenschaftlich gefundene) Recht ist nach Althoff gerade nicht dem Zugriff der Mächtigen entzogen. Der Spruch der Dingversammlung ist dann ein Ausdruck von Machtpolitik. Schon durch den Titel seines Beitrages in diesem Band macht Althoff deutlich, daß Gerichtsentscheidungen von der Bedeutung der Betroffenen abhängig sind; der Streit zwischen den beiden Wissenschaftlern dreht sich im Kern um die Bedeutung spezifisch rechtlicher Lösungswege.

Weitzel erkennt bei Althoff eine ihm „unverständliche Geringschätzung des Rechts und seiner Wirkungsmöglichkeiten durch einen arrivierten Historiker."[115] Der fundamentale Konflikt um „Rechtsgeschichte oder Machtgeschichte" ist so neu nicht,[116] ebensowenig wie der Umstand, daß Rechtshistoriker manchmal geneigt sind, dem Recht in der Vergangenheit eine größere Bedeutung beizumes-

[111] *Weitzel*, Besprechung (wie Anm. 27), S. 694 f.; *ders.*, in diesem Band, S. 54, unter Berufung auf *Gerhard Köbler* (Anm. 36 bei *Weitzel*).
[112] *Weitzel*, Besprechung (wie Anm. 27), S. 693 f.
[113] So auch in diesem Band, S. 60.
[114] *Weitzel*, Besprechung (wie Anm. 27), S. 689(690 f.)
[115] *Weitzel*, Besprechung (wie Anm. 27), S. 695.
[116] *Heinrich Mitteis*, Rechtsgeschichte und Machtgeschichte (zuerst 1938), in: *ders.*, Die Rechtsidee in der Geschichte, Weimar 1957, S. 269-294; *Otto Brunner*, Moderner Verfassungsbegriff und mittelalterliche Verfassungsgeschichte (zuerst 1939), in: Hellmut Kämpf (Hg.), Herrschaft und Staat im Mittelalter (Wege der Forschung 2), Darmstadt 1956 (Neudruck 1984), S. 1-19.

sen, als ihre Kollegen vom Fachbereich für Geschichte das tun.[117] Ein Standpunkt, der Recht zumindest sehr weitgehend als eine Art Spielball in den Händen der Mächtigen ansieht, geht noch aus einer weiteren, allerdings in eine andere Richtung zielenden, neueren historischen Arbeit hervor.[118] Gadi Algazi vertritt in seiner Abhandlung von 1996 eine noch viel extremere Position als Althoff. Was Otto Brunner in „Land und Herrschaft" in einer Quelle als „Schutz und Schirm" interpretierte, also als Pflicht der Herren, ihre Bauern zu beschützen, zeige sich bei genauerem Hinsehen als nichts anderes als eine Schutzgeldzahlung: Es habe keine „Schutzpflicht von Rechts wegen" existiert, vielmehr seien die hilflosen Bauern gezwungen gewesen, sich von ihren Peinigern („Herren") Leben und Sicherheit zu erkaufen.[119] Wenn der Schwabenspiegel davon spräche, daß Herrschaft stets an Recht gebunden sei, so hätte er hierbei das Verhältnis zwischen König und Reichsfürsten, „Herrschaft über Freie", vor Augen, nicht aber diejenige über Bauern.[120] Auffälligerweise erntete die Arbeit unter Historikern begeisterte Rezensionen, weil sie Aufschlußreiches über Herrschaft im Mittelalter sage.[121] Anders ist die Reaktion des Rechtshistorikers Karl Kroeschell.[122]

Besonders deutlich werden die unterschiedlichen Beobachtungsperspektiven der beiden Wissenschaftler, wenn Weitzel fordert, Althoff mögen sich einen Begriff von rechtlicher Normativität verschaffen. Damit dürfte gemeint sein, einen Begriff davon, was Normen sagen, die dem Recht angehören, also eine Vorstellung davon, wie etwas richtigerweise in einem rechtsförmlichen Rahmen geschehen soll, und das im Gegensatz dazu – so läßt sich Weitzels Kritik wohl entnehmen – wie es tatsächlich geschieht. Dabei ist allerdings zu bedenken, daß es ein aus-

---

[117] *František Graus*, Die Gewalt bei den Anfängen des Feudalismus (wie Anm. 58), ist der Auffassung, die überwiegend rechtshistorische Ausrichtung der Forschung habe diese in eine Sackgasse geführt, so daß es nicht gelungen sei, den Gegensatz „Machtgeschichte versus Rechtsgeschichte" aufzulösen (a. a. O., S. 62 f.). Den Lösungsvorschlag von *Heinrich Mitteis*: „Die Rechtsgeschichte leugnet die Macht nicht, sie sucht sie zu rechtfertigen" (Rechtsgeschichte und Machtgeschichte (wie Anm. 116), S. 287) quittiert *Graus* nur mit der Bemerkung „Ein Kommentar erübrigt sich wohl" (a. a. O., Anm. 9 auf S. 63).
[118] *Weitzel*, Besprechung (wie Anm. 27), S. 700.
[119] *Algazi*, Herrengewalt und Gewalt der Herren (wie Anm. 58), S. 235 f.
[120] *Algazi*, Herrengewalt und Gewalt der Herren (wie Anm. 58), S. 86 f.(89 f.; Anm. 118 auf S. 90).
[121] DA 1999, 325 f. (von *Michael Toch*); damals 12/96, S. 59 (von *Robert Jütte*); FAZ 07.02.1997, S. 39 („Wie Herr und Knecht sich nicht zusammenrauften" von *Anthony Grafton*); kritische Anklänge finden sich in der Besprechung von *Hillay Zmora*, wenn es dort heißt, *Algazis* Arbeit habe aus mehreren Gründen die historische Realität nicht zutreffen erfaßt. Am Ende der Rezension steht jedoch, diese Mängel sollten nicht „obscure the fact that Algazi's reconceptualization of the relation between aristocratic domination and violence makes an outstanding theoretical contribution", German History 16 (1998), 75 f. (76).
[122] Sehr kritisch zu *Algazis* Ansatz *Kroeschell*, Deutsche Rechtsgeschichte I (wie Anm. 20), S. 211 („deutlicher Rückschritt"); kritisch zu *Algazi* auch *Kannowski*, Widerstand de facto und de jure (wie Anm. 59), S. 67.

gesprochen schwieriges Problem darstellt, inwieweit sich für die Mittelalterforschung eine Trennung von Sein und Sollen durchhalten läßt.[123] Recht ist eben nur als Recht erkennbar, wenn und soweit es durch die Zeitgenossen anerkannt und praktiziert wird („Rechtsgewohnheit(en)"). Von daher ist es für die rechtshistorische Erforschung des Mittelalters fruchtbar und unumgänglich, das tatsächliche Handeln von Personen zu betrachten. Für eine fachlich ohne Schwierigkeiten verwertbare Konstruktion ist dabei allerdings die korrekte und klare Verwendung einschlägiger Fachbegriffe vonnöten. Bei der Lektüre von Althoffs Werk regt sich in einem Rechtshistoriker gelegentlich der Wunsch, der Autor möge seine rechtliche Terminologie klarstellen, weil sie zu Unklarheiten und Mißverständnissen Anlaß gibt. Nehmen wir Althoffs Begriff der *consuetudines*. Diesen setzt er en passant und ohne einen Quellenbeleg mit dem gleich, was er als „Spielregeln der Politik" beschreibt.[124] Eingedenk der unter Rechtshistorikern geführten Diskussion um den Begriff der *consuetudo*[125] muß dies zu Verwirrung führen. Auch in bezug auf die Frage des „Schiedsgerichts" liegen Weitzel und Althoff vielleicht zumindest auch deshalb so weit auseinander, weil sie von grundverschiedenen Dingen sprechen. Recht ist, was vor Gericht gilt. Die nächste Frage ist nun wiederum, was man in erster Linie als „Gerichte" vor Augen hat. Sieht man als solches ein Entscheidungsgremium an, das kraft der ihm von Rechts wegen zukommenden Autorität über einen Fall zu entscheiden und auf Grundlage dieser Jurisdiktion zumindest irgendeine Art von Zwangsgewalt ausüben kann (Drittentscheid),[126] so gehen Althoffs Ausführungen über die große Bedeutung von Schiedsrichtern im Mittelalter – wie Weitzel insoweit zu Recht hervorhebt[127] - in die Irre. Solche Schiedsgerichte gewannen erst im 13. Jahrhundert unter dem Einfluß der Kirche an Bedeutung. Eine schiedsrichterliche Entscheidung als Alternative zu einer gerichtlichen war etwa der fränki-

[123] Dazu *Althoff*, in diesem Band, S. 81 („(D)as problematische Verhältnis von Norm und Wirklichkeit"), S. 85 („Rechtswirklichkeit").
[124] *Althoff*, Spielregeln (wie Anm. 64), S. 64.
[125] *Kroeschell*, Recht und Rechtsbegriff (wie Anm. 20), S. 294 ff.; *ders.*, „Rechtsfindung" (wie Anm. 26); S. 314 ff., 320 ff., 325; *Köbler*, Recht im frühen Mittelalter (wie Anm. 21), S. 208 ff.; 226 ff.; *Wolter*, Die „consuetudo" im kanonischen Recht bis zum Ende des 13. Jahrhunderts, in: Dilcher, Lück u. a., Rechtsgewohnheit (wie Anm. 3); *Weitzel*, Grund des Rechts (wie Anm. 28), 148 ff. (Darstellungen der Diskussion auch S. 140 f.; 142 f.)
[126] *Weitzel*, Art. „Gerichtsverfahren", Reallexikon der germanischen Altertumskunde, begründet v. Johannes Hoops, Bd. 11 (hg. v. Heinrich Beck), Berlin/ New York ^{2}1998, S.153(153); *ders.*, Dinggenossenschaft und Recht (wie Anm. 4) I, S. 23 f.
[127] *Weitzel*, Besprechung (wie Anm. 27), S. 699 f. – *Dilcher* geht – wohl ähnlich wie *Althoff* - im Gegensatz zu *Weitzel* von einem weiteren Begriff von „Schiedsverfahren" aus, wobei er allerdings von einem außergerichtlichen Verfahren zum Abschluß eines Vergleiches spricht, daß dann aber – so *Dilcher* – „historisch wohl der Vorläufer der gerichtlichen Sühnung [war]". *Dilcher* verweist bei seinen Ausführungen auf das Werk von *Andreas Heusler*, Das Strafrecht der Isländersagas, Leipzig 1911 (*Gerhard Dilcher*, Die Zwangsgewalt und der Rechtsbegriff vorstaatlicher Ordnungen im Mittelalter (in diesem Band), S. 126 mit Anm. 55).

schen Gerichtsbarkeit noch gänzlich unbekannt.[128] Zwar spielen Vermittler innerhalb und außerhalb von Gerichtsverfahren bei der Konfliktbeilegung eine Rolle, doch ist das keine Alternative zu einer Gerichtsentscheidung und damit kein Schiedsgericht im rechtshistorischen Sinne.[129] Scheitert nämlich der Versuch, mit Hilfe des Vermittlers den Streit beizulegen, so wird die eine Partei die andere vor ein Gericht ziehen oder Fehde führen,[130] vielleicht auch beides.[131]

Althoff könnte hierauf erwidern, das sei uninteressant, weil es „graue Theorie" gewesen sei: De facto hätten die Beteiligten sich immer wieder über Gerichtsurteile hinweggesetzt, wenn Vermittler in die Handlung eintraten.[132] Es geht ihm darum, wie die von ihm betrachteten Konflikte innerhalb des Hochadels tatsächlich abliefen. Und dabei hätten sich die Beteiligten um Regeln der Gerichtsbarkeit wenig gekümmert. Weitzel hält dem entgegen, Althoff habe keinen Begriff von rechtlicher Normativität und stilisiere Ausnahmefälle zur Regel hoch. Vielleicht lassen Auseinandersetzungen sich zumindest einfacher führen, wenn man sich, auch wenn das Forschungsinteresse verschieden ist, mehr um eine gemeinsame Sprache bemüht.

Je stärker der Rechtsbegriff durch das gerichtliche Verfahren bestimmt ist, desto größer muß der Widerspruch zu der Auffassung Althoffs sein. Einen Rechtsbegriff, welcher weniger das dinggenossenschaftliche Verfahren und mehr die Intensität gesellschaftlicher Reaktionen auf Verstöße zum Dreh- und Angelpunkt macht, treffen Althoffs Angriffe kaum. Ein Rechtsbegriff, der hauptsächlich „Konflikt und Ordnung" und die dadurch hervorgerufene Verdichtung von Regeln zu einem hohen Maß an Verbindlichkeit in den Vordergrund stellt, ist von Althoffs Standpunkten weniger weit entfernt.[133] Dann aber stellt sich erneut die Frage, was eigentlich das Rechtliche an der Rechtsgewohnheit ist. Was davon übrig bleibt, wenn das Gericht bzw. das Streitgespräch im rechtsförmlichen Rahmen wegfällt, ist wohl nach wie vor nicht klar. Althoff könnte geneigt sein zu antworten, die Frage könne dahinstehen, weil ihn nicht in erster Linien das Recht, sondern die Mechanismen zur Konfliktbeilegung in einer Gesellschaft interessieren, gleichgültig, ob es rechtliche sind oder nicht. Althoff bestimmt Recht allerdings – zumindest darin ist er sich mit Weitzel einig – sehr stark vom Gericht aus. Es ließe sich ja die Frage aufwerfen, ob das, was Althoff „Spielre-

---

[128] *Weitzel*, Art. „Schiedsgericht", LexMA VIII (1995), Sp. 1454(1454); *Kroeschell*, Deutsche Rechtsgeschichte II (wie Anm. 82), S. 34 ff., jeweils mit weiteren Hinweisen.

[129] *Weitzel*, Art. „Gerichtsverfahren", Reallexikon der germanischen Altertumskunde 11 (wie Anm. 126), S.153(153). - Ob *Althoff* den Begriff „Schiedsgerichtsbarkeit" in diesem Sinne verwenden will, ist nicht klar (Spielregeln (wie Anm. 64), S. 86, 98).

[130] *Weitzel*, Besprechung (wie Anm. 27), S. 691.

[131] *Kannowski*, Bürgerkämpfe und Friedebriefe (wie Anm. 59), S. 81 f.

[132] In diesem Band, S. 83 f.

[133] So basiert *Althoffs* Begriff von „Rechtsgewohnheiten" (er verwendet den Plural, dazu oben, Anm. 82) auf dem *Gerhard Dilchers, Althoff*, Spielregeln, S. 287 f. mit Anm. 15; S. 282 mit Anm. 2.

geln" nennt, als „Rechtsgewohnheit" zu klassifizieren sein könnte. Diese Frage drängt sich geradezu auf: Für die Autorität einer von Althoff in diesem Band betrachteten, qua Vermittler zustandegebrachten Lösung findet sich die Formulierung *rigor iustitiae*. Dennoch stellt Althoff die Frage nach dem Rechtscharakter und damit die nach dem Rechtsbegriff nicht.[134] Das möchte er, weil es sich nicht um sein Metier handele, den Rechtshistorikern überlassen und ihnen nichts vorschreiben. Was ihn in erster Linie interessiert, ist nicht das Recht als der ureigenste Gegenstand des Rechtshistorikers,[135] sondern Herrschaft und ihre Funktionsweise.[136] Daher rührt auch sein Gedanke, im Mittelalter habe keine „Gewaltenteilung" existiert. Es geht ihm dabei um das Verhältnis von Recht und Herrschaft.[137]

Dennoch: Den Begriff „Recht", in bezug auf welchen Althoff sich nicht festlegen will, benutzt er (unvermeidlicherweise) immer wieder. Die Verwendung ist nicht einheitlich. Grosso modo meint er damit das, was Gegenstand und Ergebnis gerichtlicher Verhandlungen ist.[138] An anderer Stelle aber spricht er sich für einen flexibleren Rechtsbegriff aus, der in der Lage ist, die von ihm beschriebene „Gemengelagen rechtlicher und außerrechtlicher Strategien der Konfliktbewältigung ohne Vorrang der rechtlichen einzuschließen".[139]

IV. Zusammenfassung

Bei den grundlegenden Kontroversen geht es in erster Linie um die Bedeutung, welche dem Recht zukam, was dann natürlich Auswirkungen darauf hat, welchen Begriff ein heutiger Beobachter sich davon zu machen hat. Was die Standpunkte einzelner Forscher hauptsächlich unterscheidet, ist die Darstellung und Gewichtung der verschiedenen Punkte. Die Nuancierungen und Unterscheidun-

---

[134] Ebenso *Gerd Althoff*, Die Veränderbarkeit von Ritualen im Mittelalter, in: ders. (Hg.), Formen und Funktionen öffentlicher Kommunikation im Mittelalter (Vorträge und Forschungen 51), Stuttgart 2001, S. 157 (175): „Das rituelle Verhalten hat gleiche Funktionen und gleiche Verbindlichkeit wie etwa der Eid oder der schriftliche Vertrag." - Das Wort „Recht" benutzt *Althoff* an keiner Stelle.

[135] So geht *Althoff* der Frage, in welchem Umfang die Aussagen über Achtfolgen, die er einem Lexikonartikel entnimmt, wirklich in mittelalterlichen Rechtstexten eine Stütze finden, nicht nach, obwohl das für seine Argumentationslinie durchaus von Bedeutung wäre (in diesem Band, S. 87). *Althoff* spricht sich dafür aus, nicht nur normative Texte, sondern auch andere Quellen in bezug auf das Recht zu verwenden; aber kann das dazu führen, normative Texte ganz aus der Betrachtung auszunehmen? - Ebenso wendet *Althoff* der Frage mittelalterlichen Urteilens im Sinne *Weitzels* kaum Aufmerksamkeit zu (in diesem Band, S. 86 mit Fußn. 27).

[136] *Gerd Althoff*, Einführung, in: ders. (Hg.), Formen und Funktionen öffentlicher Kommunikation im Mittelalter (Vorträge und Forschungen 51), Stuttgart 2001; S. 7 (8).

[137] *Althoff*, Menschen im Schatten der Kathedrale (wie Anm. 105), S. 35.

[138] In diesem Band, S. 80.

[139] In diesem Band, S. 90.

gen, die für den Standpunkt eines Wissenschaftlers prägend sind, hängen stark mit seiner Art, zu beobachten, das heißt, mit seiner Methode zusammen. Drei verschiedene Grundausrichtungen sind festzustellen. Erstens die Wortgeschichte, zweitens die Ausrichtung an „Ordnung und Konflikt" und drittens die Orientierung am Verfahren. Die erstere kennzeichnet das Werk von Karl Kroeschell[140] und seinem Schüler Gerhard Köbler. Dabei gilt es, zu erforschen, was in einer Zeit als sprachlicher Begriff vorhanden war. Dieses Vorgehen hat eine stillschweigende Voraussetzung, die nicht unbestritten sein dürfte: Wenn eine Rechtsvorstellung sich in den Quellen nicht begrifflich ausgebildet finde, sei zu vermuten, daß sie nicht existiert habe.[141] So hat sich auch die auf Grundlage dieser Überlegungen erwachsene Theorie, vor dem 12. Jahrhundert habe kein objektives Recht existiert, in der Fachwelt nicht durchgesetzt.

Der aus ursprünglich in der Ethnologie angesiedelten Überlegungen heraus erwachsene Ansatz, Recht anhand des Modells von „Konflikt und Ordnung" zu begreifen, integriert viele der oben genannten Eigenschaften des Rechtsbegriffs und ist vielleicht unter den dreien derjenige, welcher auf den wenigsten Widerspruch gestoßen ist. Weitzel hält ihm allerdings entgegen, er sei für die Abgrenzung des Begriffes „Recht" zu konturenlos.[142]

Der Ausgangspunkt des Verfahrens, den Weitzel in seinen Arbeiten wählt, sowie die immer wieder formulierten Definitionen ermöglichen es, sehr klare Linien in bezug auf den Gegenstand zu ziehen. Stärker als bei anderen scheiden aber Vorgänge, die jedenfalls in irgendeinem Zusammenhang mit rechtlicher Normativität stehen, aus dem Begriffsfeld „Recht" aus. Weitzel räumt dieser durch das Verfahren feststellbaren Größe „Recht" in der mittelalterlichen Gemeinschaft eine hohe Wertschätzung ein. Das unterscheidet ihn von Althoff, welcher meint, der Rechtsweg habe als einer neben vielen eine nur untergeordnete Rolle gespielt. Die Entscheidung, ob Recht vorliege oder nicht, läßt Althoff dahinstehen.

---

[140] Dazu *Karl Kroeschell*, Haus und Herrschaft (wie Anm. 2), S. 49 ff. („Methode und Funktion der Rechtsgeschichte ... Das Problem der Begriffsbildung") – Leider fehlt dieser methodische Traktat in dem Neudruck von 1995.

[141] Ausdrücklich anders *Weitzel*, Versuch über Normstrukturen (wie Anm. 4), S. 373: „... Bedenken richten sich gegen die Auffassung, eine Rechtsregel oder ein rechtlicher Zusammenhang müsse in jedem Fall begrifflich erfaßt, begrifflich auf den Punkt gebracht sein, um existieren zu können. Den Feinheiten langdauernder historischer Entwicklungen wird das nicht gerecht. die Zeitgenossen können einen rechtlichen Zusammenhang sehr wohl ausbilden und auch funktional erfassen (fortbilden), bevor es ihnen gelingt, diesen sprachlich auf den Punkt zu bringen, ihn von benachbarten Erscheinungen, mit denen er sprachlich noch im Gemenge liegt, abzusondern und ihn allein durch *seinen* Begriff zu kennzeichnen."

[142] *Weitzel*, in diesem Band, S. 56.

Rechtsgewohnheiten in lübischen Gesellschaftsverträgen*

Albrecht Cordes, Frankfurt am Main

(1) Nach § 433 Abs. 1 BGB hat der Verkäufer unter anderem die Pflicht, dem Käufer die Kaufsache zu übergeben. Das ist keine zwingende Norm, denn der Käufer mag die Sache bereits in Händen halten, etwa weil er sie zuvor schon entliehen oder gemietet hatte, oder die Parteien mögen sich geeinigt haben, dass die Sache weiter vom Verkäufer genutzt werden soll. Doch wenn etwas Abweichendes weder vereinbart noch aus den Umständen erkennbar ist, verpflichtet sich der Verkäufer durch den Vertragsschluss zur Übergabe. Das ist ein alltägliches Beispiel für das übliche Verständnis von dispositivem Recht. Wie steht es nun, ontologisch gesprochen, mit der Seinsweise dieses Gebots an einem fiktiven Tag, an dem alle bestehenden Kaufverträge erfüllt und neue noch nicht wieder geschlossen worden sind? „Gilt" der Satz von der Verkäuferpflicht auch an diesem Tag? Nach dem heute üblichen rechtstheoretischen Verständnis ist die Frage zu bejahen, da die Vorschrift ihre normative Qualität nicht einbüßt. Sie existiert unabhängig von dem tatsächlichen Verhalten der Rechtssubjekte und der Verträge, die sie schließen – gewissermaßen im Potentalis. Sobald nur zwei Parteien die allgemeine Abstinenz durchbrechen und wieder einen Vertrag schließen, wird sie wieder zu geltendem Vertragsinhalt. Doch auch außerhalb der rein normativen Sphäre entfaltet sie Wirksamkeit. Denn Normen dispositiven Rechts haben Modellcharakter. Sie schlagen eine Vertragsregel vor und beeinflussen dadurch die Überlegungen und Verhandlungen potentieller Vertragspartner im Vorfeld eines Vertragsschlusses[1].

Das Recht ist also allgegenwärtig. Seit dem Inkrafttreten des BGB und bis zu dem Moment, in dem sich der Gesetzgeber entschließt, auch diesen Teil des Schuldrechts zu reformieren, ergibt sich aus § 433 Abs. 1 BGB die besagte Verkäuferpflicht. So zumindest pflegen es Juristen zu formulieren, die sich von der Vorstellung leiten lassen, alles Recht, also auch das Vertragsrecht, bedürfe zu seiner Wirksamkeit einer Art staatlicher Konzessionierung – so, als gäbe es Kaufverträge nur, weil der Gesetzgeber den § 433 BGB gewährt hätte. Doch

* Der Aufsatz entstand aus der in Seminardiskussionen immer wieder an den Autor herangetragenen Aufforderung, zur Klärung der Diskussion um die „Geltung" von Recht, d.h. die Existenz objektiven Rechts, und um die Bedeutung des Begriffs „Rechtsgewohnheiten" in der früh- und hochmittelalterlichen Welt einheimischen ungelehrten Rechts beizutragen. Dies soll hier versucht werden. Es geht also weniger um einen eigenständigen Beitrag zu dem schwierigen Diskurs als vielmehr um das pädagogische Ziel, die bisherige Diskussion zu strukturieren und einem modernen Juristen verständlich zu machen.

[1] Für die zwingenden Vorschriften des Strafrechts liegt diese Wirksamkeit unabhängig von der begangenen Straftat noch deutlicher auf der Hand. Ihr ideales Ziel ist es, nicht zur Anwendung kommen zu müssen, weil sie potentielle Täter von dem inkriminierten Verhalten abgeschreckt hat. Auch insofern könnte man von einem Vorschlag der Norm sprechen, sich regelkonform zu verhalten – kombiniert mit der Ankündigung, wie die Rechtsgemeinschaft auf die Nichtannahme dieses Vorschlags zu reagieren gedenkt.

findet wirklich alles Recht seinen Geltungsgrund im Staat bzw. in Freiräumen, die der Staat aus seiner Machtvollkommenheit ausgegliedert und seinen Rechtssubjekten eingeräumt hat? Aus historischer, besonders aus mediävistischer Sicht ist die Frage schon deshalb zu verneinen, weil verbindliche Verträge ein wesentlich älteres Phänomen sind als staatliches Recht und vor allem auch als der Staat selbst. Die Pflicht ergibt sich vielmehr bereits aus der eigenen Willensentscheidung des Verkäufers, den Kaufvertrag zu schließen. Abstrakter gesprochen entsteht die Verbindlichkeit durch die freiwillige Unterwerfung der Parteien unter eine Abmachung. So entpuppt sich die Vorstellung von der abstrakten Geltung dispositiven Rechts, die dem studierten Juristen in Fleisch und Blut eingegangen ist, bei näherem Hinsehen als hochabstrakt und durchaus nicht selbstverständlich.

Wie steht es daneben mit der Qualität der Vertragspraxis als Rechtsquelle? Rechts- und andere Gewohnheiten spielen im geltenden Recht eine nicht unerhebliche Rolle: Die Verkehrssitte bei der Auslegung von Verträgen (§ 157 BGB) und zur Bestimmung der Leistungspflicht des Schuldners (§ 242 BGB), und ihr wichtigster Unterfall, der Handelsbrauch (§ 346 HGB), der etwa zur Beurteilung eines kaufmännischen Bestätigungsschreibens oder bei den Handelsklauseln relevant wird. Den üblichen Definitionen zufolge handelt es sich bei den Handelsbräuchen nicht um Rechtsnormen, insbes. nicht um Gewohnheitsrecht, sondern um Regeln, die in der kaufmännischen Praxis befolgt werden, und die durch tatsächliche Übung über einen gewissen Zeitraum hinweg entstehen. Der Unterschied zum Gewohnheitsrecht ist also vor allem das Fehlen der *opinio necessitatis*: Handelsbräuche können entstehen, ohne dass die Beteiligten von ihrer Rechtsverbindlichkeit überzeugt sein müssen.

(2) Diese beiden Fragen des geltenden Rechts berühren sich in einer schwierigen rechtshistorischen Grundsatzdebatte, in die das skizzierte Vorverständnis vom geltenden Recht – bewusst oder unwillkürlich – einfließt. Es geht um die Entstehung von Normativität, von verbindlichen Regeln in den noch nicht vom gelehrten Recht, dessen Gesetzesbegriff und dessen Rechtsquellenlehre geprägten Bereichen mittelalterlichen Rechts. Die Debatte wird mit generellem Anspruch geführt, doch die Quellen, mit deren Hilfe die Diskussion erst aus den Sphären der theoretischen Unverbindlichkeit auf den Boden der wissenschaftlichen Überprüfbarkeit herabgeholt werden kann, entstammten nur der Vertragspraxis. Auch das Material für diesen Diskussionsbeitrags wurde aus dieser Sparte gewählt, allerdings erweitert um ein damit zusammenhängendes stadtrechtliches Statut.

Der Ausgangspunkt ist die „unter Sachkennern im Prinzip unstreitige Einsicht, daß das schriftlose Recht von einer schwächeren und andersartigen

Geltungsstruktur ist als das heutige Recht“[2]. Die ältere Vorstellung, das frühe einheimische Recht sei Gewohnheitsrecht gewesen, wird heute allgemein abgelehnt. Denn das Umfeld ist natürlich ein völlig anderes, weil die mittelalterlichen Rechtsgewohnheiten in einer Welt ohne gelehrtes Recht, ohne ausgefeilten Normbegriff und ohne nach der Subsumtionsmethode arbeitende Richter entstanden – so dass die Arbeit mit dem Konzept „Gewohnheitsrecht“ jedenfalls nicht weiter führt, solange ihm sein logisch notwendiges komplementäres Element, das gesetzte Recht, noch fehlt. Die geringere Normdichte lässt für die Ausbreitung von Rechtsgewohnheiten ungleich mehr Raum.

Wenn es aber kein Gewohnheitsrecht gab, wie war dann die rechtliche Welt außerhalb der Rechtsgewohnheiten beschaffen? Was „galt“, wenn die Vertragspartner nichts vereinbart hatten? Karl Kroeschell hält dafür eine den vom modernen Recht geprägten Juristen irritierende Antwort bereit: Außerhalb der Vereinbarung, der freiwilligen Unterwerfung gab es kein objektives Recht im Sinne der vom Einzelfall unabhängigen Geltung von Rechtsnormen – nach heutigem Verständnis der Kern von Normativität – oder zumindest können wir es nicht erkennen. Wohl gab es Religion, Sitte und Brauch; außerdem existierten Zwang, Gewalt und Unfreiheit. Weiterhin gab es Gerichte und Gerichtsverhandlungen, die nach festen Spielregeln abliefen, in diesem Sinne also Prozessrecht. Für den studierten Juristen ist es schwierig, den eigenen Gegenstand wegzudenken; es scheint, als seien wir von einer Art *horror vacui* befallen. Vielleicht hilft das heute noch präsente Konzept eines rechtsfreien Raumes dabei, das Gemeinte zu verstehen. Freilich darf dessen pejorative Konnotation nicht unbesehen mit transferiert werden. Wie es mit unserer Vorstellungskraft auch beschaffen sein mag - dass Sätze objektiven Rechts unabhängig vom Willen der Rechtsunterworfenen „gelten“ können, ist für Kroeschell erst eine Idee der gelehrten Rechtstheorie seit Bologna.

Die These von der Abwesenheit von Recht außerhalb von vertraglichen Vereinbarungen wird auf drei parallele Untersuchungen gestützt. Anhand alemannischer (Hans Rudolf Hagemann) und Wiener (Heinrich Demelius) Eheverträge und norddeutscher Klauseln, die eine Mithaftung der Erben beabsichtigten, (Wilhelm Ebel)[3] zeigt sich, dass eine ungeschriebene Legalordnung hinter den Verträgen nicht zu greifen ist. Die Frage, was ohne Vertrag gilt, führt ins Leere. Der Vertrag ist keine privatautonome Abweichung

---

[2] Jürgen Weitzel, Gewohnheitsrecht und fränkisch-deutsches Gerichtsverfahren, in: Gerhard Dilcher, Heiner Lück, Reiner Schulze, Elmar Wadle, Udo Wolter, Gewohnheitsrecht und Rechtsgewohnheiten im Mittelalter (Schriften zur Europäischen Verfassungsgeschichte 6), 1992, 82.

[3] Hans Rudolf Hagemann, Gedinge bricht Landrecht, in: ZRG.GA 87 (1970), 114-189; Heinrich Demelius, Eheliches Güterrecht im spätmittelalterlichen Wien, in: Sitzungsberichte der Österreichischen Akademie der Wissenschaften, Philosophisch-Historische Klasse 265, 4 (1970); Wilhelm Ebel, Über die Formel „Für mich und meine Erben“ in mittelalterlichen Schuldurkunden, in: ZRG.GA 84 (1967), 236-274.

von einer Norm des Gewohnheitsrechts, sondern ist „für die Rechtslage maßgeblich, ohne dass es eine gedankliche Alternative gäbe“, wie Kroeschell Ebel zitiert. Erst im Spätmittelalter erweitert sich die normative Ordnung; erst dann wird in dem Rechtssprichwort „Gedinge bricht Landrecht“ das Verhältnis zwischen Vertrag und metavertraglicher Legalordnung gedanklich erfasst[4].

Die Diskussion um die Rechtsgewohnheiten hat sich in den vergangenen Jahren kräftig belebt. Nachdem der Begriff bereits im frühen 19. Jh. gelegentlich verwendet worden war[5], reaktivierte Kroeschell ihn 1973 im zweiten Band seines Lehrbuchs „Deutsche Rechtsgeschichte“. Mit seiner Hilfe sollen dort anachronistische Vorstellungen von der Existenz von Gewohnheitsrecht im Frühmittelalter zurechtgerückt werden. Kroeschell übernahm das Ergebnis einer wortgeschichtlichen Untersuchung, die er selbst angestoßen hatte, und in der Gerhard Köbler zu dem Ergebnis gelangt war, bei dem althochdeutschen Wort gi-wona-heite handele es sich um eine stückweite Übersetzung des lateinischen Worts con-sue-tudo[6]. Die lateinische Wurzel des Begriffs führte zu dem Schluss, das auch die Sache selbst, also die Vorstellung, dass sich aus der Kombination von langer Übung *(longa consuetudo)* und Überzeugung von der Notwendigkeit dieser Übung (*opinio necessitatis)* eine verbindliche neue Norm ergeben kann, nicht aus der noch ungelehrten Welt des einheimischen Rechts entstammen könne[7]. Unterstützung fand diese Ansicht in der Beobachtung, dass Reflexionen über Gewohnheitsrecht wie etwa die berühmte Ablehnung der rechtsbildenden Kraft schlechter Gewohnheiten, da Jesus nicht „Ego sum consuetudo“, sondern „Ego sum veritas“ gesagt habe, nicht fränkischem oder sonstigem germanischen Rechtsdenken, sondern der Welt des kanonischen Rechts entstammt. Wie zwingend dieser Schluss von der Wort- auf die Sachgeschichte ist, bedürfte allerdings noch der näheren Erörterung. Denn es wäre ein Grund für das

---

[4] Karl Kroeschell, Deutsche Rechtsgeschichte 2 (1250-1650), 1973, 85 f.

[5] Wilhelm Arnold, Cultur und Rechtsleben, 1805, 270 ff., dazu Karl Kroeschell, Ein vergessener Germanist des 19. Jh.: Wilhelm Arnold, in: FS für Hermann Krause, 1975, 253 ff. Der Begriff wird dann wieder von Friedrich Carl von Savigny, System des heutigen Römischen Rechts, Bd. 1, 1840, 13, im Zusammenhang der Verschriftlichung des deutschen Rechts in Sachsen- und Schwabenspiegel verwendet; dazu Gerhard Dilcher, Mittelalterliche Rechtsgewohnheit als methodisch-theoretisches Problem, in: Gewohnheitsrecht und Rechtsgewohnheiten (Fn. 2), 30.

[6] Gerhard Köbler, Das Recht im frühen Mittelalter (Forschungen zur deutschen Rechtsgeschichte 7, hg. von Sten Gagnér u.a.) 1971; dazu die gegenüber der Methode kritische Rezension von Gerhard Dilcher, ZRG.GA 90 (1973), 267 f.

[7] Kroeschell (Fn. 4), 84-86 – ein fast hermetisch dichter Text mit dem Titel „Mittelalterliche Rechtsbildung“. Köblers Schriften sind dort nachgewiesen, und der vorletzte Absatz endet mit der zentralen Formulierung: „Das mittelalterliche deutsche Recht kennt also Rechtsgewohnheiten, aber kein Gewohnheitsrecht.“ Von dort aus leitet Kroeschell zum Prozessrecht über, das es ohne Frage bereits gab, und stellt der Forschung die Aufgabe, im Bereich großflächiger Auswertungen von Gerichtsurteilen wie den Sprüchen des Ingelheimer Oberhofs streng zwischen gesetztem und Vertragsrecht zum einen und zwischen materiellem und formellem Recht zum anderen zu unterscheiden. Das Kapitel wäre nicht aus Kroeschells Feder, wenn es nicht mit der Feststellung schlösse: „Alle diese Fragen sind noch offen.“

Bedürfnis zu suchen, dass der gelehrten lateinischen Kultur gerade dieses gedankliche Konzept entlehnt wurde. Liegt die Vermutung nicht nahe, dass diese Rezeption erfolgte, weil es im einheimischen Recht ein dem Gewohnheitsrecht ähnliches Phänomen gab, zu deren Bezeichnung man sich des gelehrten Imports bediente? Doch im Moment kommt es nur darauf an, dass Kroeschell, um das einheimische Recht vom gelehrten Konzept des Gewohnheitsrechts abzugrenzen, die Reihenfolge der Wortteile und die Genitivbeziehungen vertauschte und „Gewohnheit" in den Plural setzte. Der Begriff „Rechtsgewohnheiten" hat im wesentlichen negierenden Charakter. Er beschreibt zunächst einmal nur Charakterzüge, die das einheimische Recht im Unterschied zur gelehrten Welt des Gewohnheitsrechts nicht hatte.

Der Rechtshistorikertag in Nimwegen 1990 widmete dem Thema „Gewohnheitsrecht und Rechtsgewohnheit" eine eigene Sektion, deren Ergebnisse in einem viel beachteten Sammelband veröffentlicht wurden[8]. Dort trifft die neue Begriffsbildung im großen und ganzen auf Zustimmung. Die Unterschiede kommen eher unterschwellig, aber in nicht unerheblichen Nuancen zum Ausdruck. So steht Gerhard Dilcher dadurch, dass er den Allgemeinbegriff Rechtsgewohnheit dem auf die einzelnen Inhalte zielenden Plural vorzieht, dem traditionellen germanistischen Standpunkt noch wesentlich näher als Kroeschell. So ist bei ihm von einer „von den Traditionen der germanischen Reichsgründungen, einer den sozialen Kreisen verbundenen nichtschriftlichen überlieferten Ordnung" die Rede, die „jedenfalls bis ins 12./13. Jh. das Rechtsleben dieser europäischen Reiche" beherrscht habe[9]. Jürgen Weitzel spricht in diesem Band zwar, wie zitiert, von der „schwächeren und andersartigen Geltungsstruktur" des mittelalterlichen Rechts und scheint dabei „Rechtsgewohnheiten" mehr oder weniger mit schriftlosem Recht im allgemeinen gleichzusetzen. Aber das bedeutet für ihn keine völlige Abwesenheit objektiven materiellen Rechts. Seiner Meinung nach haben auch den zweizüngigen prozessualen Urteilen der fränkischen Gerichte bestimmte materiellrechtliche Auffassungen zugrundegelegen – eine Vorstellung, die sich letztlich doch wieder dem Konzept einer aus Gewohnheit „geltenden" Rechtsordnung annähert[10]. Die Kontroverse ist letztlich nicht lösbar, da Einigkeit besteht, dass konkrete Sätze frühen materiellen Rechts nicht überliefert sind. Die Entscheidung hängt, wie Bernd Kannowski im vorangehenden Beitrag zutreffend feststellt, letztlich davon ab, wie man mit dem Schweigen der Quellen umgeht. So mag die Frage hier auf sich beruhen.

Zustimmung fand Dilchers Beobachtung, dass man mit dem Wechsel von „Gewohnheitsrecht" zu „Rechtsgewohnheit" die normative Ebene verlässt und statt dessen die Bühne empirischer und soziologischer Betrachtung betritt. Außerdem betonte Dilcher den verfremdenden Charakter der Begriffsbildung.

---

[8] Gewohnheitsrecht und Rechtsgewohnheiten (Fn. 2). Dazu wiederum die Rezension von Kroeschell, in: Quaderni Fiorentini 23 (1994), S. 428-434.

[9] Dilcher (Fn. 2), 29.

[10] Weitzel (Fn. 2), 82, dazu Kroeschell (Fn. 8), 433.

Mir selbst scheint der Begriff bisher vor allem destruktive Potenz entwickelt zu haben. Über die Ablehnung einer Annahme von Gewohnheitsrecht gelehrten Typs hinaus sind noch keine Inhalte erkennbar, auf die sich die Verwender des Begriffs geeinigt hätten. Aus diesem Grund schlug Weitzel in seiner Rezension des Bandes „Funktion und Form" vor, die an der schriftlichen Diskussion Beteiligten zum Zwecke der Begriffsklärung zu versammeln[11] und regte damit zu der Tagung über die mittelalterlichen Rechtsbegriffe, die zu dem vorliegenden Sammelband führte, an. Doch dass sich die Teilnehmer des Symposiums auf diese Vorgabe letztlich nur bedingt einließen, ist ein Indiz dafür, dass sich die Diskussion um die Inhalte des Begriffs „Rechtsgewohnheit" in einer Sackgasse befindet.

(3) Vermutlich ist es, um die theoriegesättigte Diskussion zu beleben, nötig, unter Zurückstellung der terminologischen Probleme die Quellengrundlage zu verbreitern. Dies soll im folgenden mit einer weiteren Gruppe von Verträgen, den lübischen Gesellschaftsverträgen aus der Zeit um 1300, geschehen. Dieser Gegenstand erweitert den Horizont insofern um eine neue Perspektive, als hier eine Vertragspraxis mit einer einschlägigen statutarischen Norm korrespondiert. So kommt die Frage ins Spiel, ob Rechtsgewohnheiten ihren Charakter verändern, wenn ein Statut in ihren Regelungsbereich tritt[12]. Wie schon bei den bisher in diesem Zusammenhang erwähnten Fallgruppen aus dem Ehegüterrecht und der Erbenhaftung lässt sich auch hier die allmähliche Wandlung einer recht festgefügten, aber von Anfang an nie ohne Ausnahmen geübten Vertragspraxis verfolgen. Zum anderen aber kann man das Verhältnis der Verträge zu dem stadtrechtlichen Statut, das einen zentralen Punkt dieser Verträge, nämlich die Gewinnteilung, behandelt, beobachten[13].

Dieser Artikel, der 168. in der Zählung der nach 1270 entstandenen Lübecker Kanzleihandschrift, findet sich in den älteren, lateinischen Textfassungen noch nicht, wurde also im letzten Drittel des 13. Jh. erstmals in das lübische Recht aufgenommen, genauer gesagt: genau wie die anderen Ergänzungen dieser Zeit einfach hinten an den bestehenden Corpus stadtrechtlicher Statuten angehängt. Der Artikel bestimmt, dass der Kapitalgeber

[11] Jürgen Weitzel, Besprechung von Funktion und Form. Quellen- und Methodenprobleme der mittelalterlichen Rechtsgeschichte, hg. v. Karl Kroeschell und Albrecht Cordes, 1996, in: ZRG.GA 116 (1999), 532 ff.

[12] Man könnte auf die Idee kommen, von einem Problem der Normdurchsetzung zu sprechen, doch das wirkt eher unzeitgemäß. Ob der darin unterstellte logische und zeitliche Vorrang wirklich der Norm und nicht vielmehr der Vertragspraxis zukommt, müsste sich erst noch erweisen.

[13] Albrecht Cordes, Spätmittelalterlicher Gesellschaftshandel im Hanseraum (Quellen und Darstellungen zur hansischen Geschichte N.F. 45), 1998, 80-88. Vgl. insbesondere die Synopse 2 auf S. 82 zu dem besagten Statut sowie Kap. 4 und 5 zur Auswertung der Gesellschaftsverträge. Zum Verhältnis beider zueinander bisher nur die kurze Bemerkung auf S. 323. Weil die hier angestellten normtheoretischen Überlegungen dort noch weitgehend ausgeblendet waren, erlaubt sich der Verfasser, das gleiche Material erneut zu präsentieren.

im Gewinnfall seinen überschießenden Einsatz vorweg zurückerhalten und der Gewinn dann ohne Rücksicht auf die Relationen der Kapitalbeteiligung in gleiche Teile geteilt werden soll. Im Verlustfall hingegen soll das verbliebene Kapital ohne Rücksicht auf die geleistete Arbeit in Relation zu den Kapitalverhältnissen geteilt werden. Die beiden denkbaren Teilungsmaßstäbe (nach Personen oder nach Höhe des Kapitaleinsatzes – hansisch gesprochen: nach Mannzahl oder nach Markzahl) waren also bekannt, und ob der eine oder der andere angewandt wurde, war vom Erfolg der Gesellschaft abhängig. Da die Beteiligungsverhältnisse unregelmäßig waren, lässt sich nicht allgemein feststellen, welche Regelung für welchen Gesellschafter mehr Vorteile bot. Der Grund für diese starre Halbierung des Gewinns dürfte vielmehr in der einfachen Anwendbarkeit dieses Prinzips auch ohne schriftliche Hilfsmittel liegen. Dementsprechend hängt die langsame Aufweichung des Prinzips zugunsten flexiblerer Teilungsmaßstäbe im Laufe des 14. Jh. wohl mit den zunehmenden Schrift- und Rechenkenntnissen und den Anfängen der kaufmännischen Buchführung zusammen. Art. 168 bildet eine inhaltliche und genetische Einheit mit dem Artikel davor, demzufolge Gewinne, die vor der Erbauseinandersetzung mit Erbgut erzielt werden, zwischen den Erben geteilt werden müssen. Mit diesen beiden Artikeln beginnt zwar die lübische Rechtsetzung auf dem Gebiet des Gesellschaftsrechts, nicht aber diese spezifische Methode der Gewinn- und Verlustteilung. Sie findet sich vielmehr schon einige Jahrzehnte zuvor, seit der Mitte des 13. Jh., in vereinzelt überlieferten Gesellschaftsverträgen aus dem lübischen Rechtskreis – an anderer Stelle wurde vorgeschlagen, diesen frühen hansischen Gesellschaftsvertragstypus durchgängig als Widerlegung zu bezeichnen. Dass die Widerlegung in dem Moment, da sie das Licht der Schriftlichkeit erblickt, bereits in ausgefeilter Komplexität formuliert ist, lässt vermuten, dass sie nicht erst in diesem Moment erstmals erdacht, sondern schon zuvor, in einem mündlich praktizierten Handelsrecht, entwickelt wurde. Das Statut greift also nicht modifizierend in das Vertragsrecht ein, sondern nimmt eine bereits bestehende Vertragspraxis in das Stadtrecht auf. So viel zur Zusammenfassung der älteren Ergebnisse.

Die entscheidende Frage für den heutigen Zusammenhang ist nun, ob mit diesem Statut eine normative Ebene oberhalb oder zumindest jenseits einer festgefügten Vertragspraxis betreten worden ist. Um dazu Stellung nehmen zu können, ist ein Blick auf diese Praxis nötig. Im späten 13. Jh. und bis etwa 1320 entsprechen Statut und Vertragspraxis einander. Damit reagieren die Kaufleute nicht etwa auf das neue Statut, sondern halten einfach an ihrem Handelsbrauch, ihrer Rechtsgewohnheit fest. Die Frage, warum dann überhaupt das neue Statut in das Stadtrecht eingefügt wurde, pflegt man mit dem Hinweis auf die Anfragen von Töchterstädten über die Rechtslage in Lübeck, also mit der Notwendigkeit der Bewidmung neu gegründeter Städte im Ostseeraum mit einem bewährten Stadtrecht, zu beantworten. Die Aufnahme der beiden gesellschaftsrechtlichen Artikel in das Stadtrecht um 1270 zeigt also, dass sich die genannten Regeln nun fest im lübischen Rechtsdenken etabliert hatten.

Doch die Vertragspraxis ließ sich von der Bestimmung in Art. 168 nicht aufhalten. In der folgenden Zeit, zunehmend ab etwa 1340, kommen Verträge vor, in denen sich nicht nur die Verlust- sondern auch die Gewinnteilung an den Kapitalanteilen orientiert. Zudem – ein Reflex der veränderten Handelstechnik – wird die Widerlegung nun des öfteren auch für Geschäftsbeziehungen eingesetzt, bei denen nicht nur ein Partner aktiv ist, sondern beide für die Gesellschaft handeln. Daneben werden aber weiterhin noch zahlreiche Verträge geschlossen, die der Vorstellung, welche dem Statut zugrunde liegt, genau entsprechen. Deshalb würde es zu weit gehen, zu behaupten, die im Statut widergespiegelte Regelung sei aus der Übung geraten. Sie bildete die Vertragspraxis nur nicht mehr so vollständig ab wie zu ihrer Entstehungszeit.

Doch die Formulierung, das Statut sei nicht mehr „befolgt" worden, ist nur angemessen, wenn es normative Wirkung hatte. Stellte der besagte Art. 168 einen Sollenssatz auf? Die sprachliche Struktur („Widerlegt einer den anderen, so soll er sein Vorgeld vorweg zurückerhalten") entspricht durchaus einer modernen Norm. Auch den Umstand, dass es von Anfang an Partner gab, die abweichende Gewinnquoten vereinbarten, kann man nach moderner Doktrin mit dem Hinweis auf den dispositiven Charakter des Statuts erklären. In die gleiche Richtung deutet es, dass für Verträge, die um 1300 keine oder keine vollständige Regelung über die Gewinn- und Verlustteilung trafen, vermutlich die im Statut vorgesehene Lösung galt. Nimmt man hinzu, dass die Stadt Lübeck sich schon kurz vor der Entstehungszeit des Statuts darum bemühte, studierte Juristen als Stadtschreiber in ihren Dienst zu nehmen[14], und dass zur gleichen Zeit die hansische Schwesterstadt Hamburg den studierten Magister Jordan von Boizenburg mit der Verfassung ihres Ordeelbooks beauftragte[15], so spricht auch zeitlich gesehen nichts dagegen, für die Lübecker Statuten um 1300 eine Prägung durch die gelehrte Normenhierarchie anzunehmen. Die Anzahl der Verträge, in denen von der Freiheit, eine abweichende Regelung zu treffen, Gebrauch gemacht wurde, wuchs, ohne dass ein Bedürfnis nach Aktualisierung des Statuts spürbar wäre. Dass die Verträge, um es noch einmal mit Ebel zu sagen, „für die Rechtslage maßgeblich [waren], ohne dass es eine gedankliche Alternative gäbe", ist in dieser Lage nicht mehr wahrscheinlich. Das Statut scheint modernem dispositivem Gesetzesrecht zumindest insoweit zu entsprechen, als es den Parteien einen Regelungsvorschlag machte und zugleich die Standardlösung für das fragliche Problem fixierte. Hat man aber, das ist die Konsequenz dieser Überlegungen, im lübischen Recht um 1300 bereits mit modernem, vom gelehrten Recht beeinflussten Gesetzen zu tun, so scheiden sie als Beleg zur Charakterisierung der Rechtsgewohnheiten älteren Typs aus. Auch die anderen spätmittelalterlichen Beispiele, die Sprüche des Ingelheimer Oberhofs[16] ebenso wie die besagten güterrechtlichen Vertragstypen, werden

[14] Kroeschell, Deutsche Rechtsgeschichte Band 1: Bis 1250, 11. Aufl. 1999, 268.
[15] Cordes (Fn. 13), 71.
[16] Günter Gudian, Art. Ingelheimer Oberhof, in: HRG 2, 1978, 360 f.

damit zur Klärung der Eigenschaften des ungelehrten Rechts aus der Zeit vor Bologna fraglich. Man wird sich hier ebenso wie bei anderen aussagekräftigen Quellengruppen wie den bäuerlichen Weistümern vor Rückschlüssen aus dem Spät- ins Hoch- und Frühmittelalter hüten müssen.

(4) Wie rechtlich sind Gewohnheiten? Sind Gewohnheiten, Brauchtum, sittliche Regeln Recht? Wenn man gerichtliche Erzwingbarkeit zum Wesensmerkmal von Recht erhebt, so wird man die Frage rasch ablehnen. Die mittelalterliche Rechtsgeschichte kann sich mit diesem scharfen Rechtsbegriff jedoch nicht abfinden, wenn sie sich ihres Gegenstandes nicht ganz weitgehend berauben und sich gewissermaßen selbst wegdefinieren will. Doch an allen Enden der Rechtswissenschaften, nicht zuletzt in der modernen Rechtstheorie, bemüht man sich um ein weiteres Verständnis von Recht. Das noch nicht vom gelehrten Recht berührte Mittelalter bietet zahlreiches Anschauungsmaterial für Reflexionen über nicht normatives Recht, über mittelalterliches „Soft law", das sich ebenso wie das heute diskutierte transnationale „Soft law" ohne eine übergeordnete gesetzgebende Autorität entwickelt hat. Vor allem die in den Statuten seit den germanischen Stammesrechten niedergeschriebenen „Normen" scheinen zu einem großen Teil kaum zur kontroversen Konfliktlösung geeignet gewesen zu sein. Sie boten wohl eher Lösungen an, auf die sich die Streitenden ohne Gesichtsverlust einlassen konnten. Über diesen fehlenden Normcharakter, der sich vielleicht mit dem Schlagwort „Recht als Vorschlag" bezeichnen lässt, ist weiter nachzudenken.

Die gelehrte Doktrin von der klaren Normativität und Erzwingbarkeit des Inhalts einer Rechtsnorm ist dem einheimischen Rechtsdenken – oder zumindest dem lübischen Gesellschaftshandel um 1300 – jedenfalls fremd. Ebensowenig finden sich Hinweise auf die Überzeugung, dass etwas auf eine bestimmte Weise getan werden muss, weil es bisher so üblich war. Von Gewohnheitsrecht ist an dieser Stelle also nichts zu spüren. Immerhin betrat mit den lübischen Statuten zumindest ein Vorläufer seines Pendants, des gesetzten Rechts, die Bühne. Bei den typischen Regelungen der lübischen Gesellschaftsverträge handelte es sich nach wie vor um Rechtsgewohnheiten im oben beschriebenen Sinne. Aus ihrer Anschauung ergibt sich, indem aus der üblichen Definition des Gewohnheitsrechts die *opinio necessitatis* ausgeklammert wird, folgender Definitionsvorschlag: <u>Rechtsgewohnheiten waren eingeübte, vielfach wiederholte Verhaltensweisen auf einem Gebiet des Rechts, zu denen man nicht verpflichtet war, deren Verbindlichkeit erst durch Konsens und freiwillige Unterwerfung entstand und die über die konkrete Verabredung hinaus keine bindende Wirkung für die Zukunft entfalteten.</u>

Diese Definition hat Folgen für den hier im kaufmännischen Vertragsrecht verwendeten Rechtsbegriff, der nur einer unter vielen historisch relevanten ist und keine Absolutheit beanspruchen kann. Recht in diesem Sinne ist nicht alle Lebensbereiche durchdringende Normativität, sondern ein Lebensbereich neben anderen: nämlich ein Teil des wirtschaftlichen und politischen Handelns in der

Öffentlichkeit. Rechtsgewohnheiten in diesem Sinne entstammen in erster Linie einer eingespielten Vortragspraxis. Dorther stammen deshalb auch die bisherigen Beispiele. Aber auch die der Privilegienvergabe und vielleicht auch der Gerichtsgebrauch im Sinne einer Routine unterhalb der zwingenden Voraussetzungen des Prozessrechts könnten weitere Untersuchungsfelder sein, mit deren Hilfe man den Charakter des noch nicht vom gelehrten Ius Commune durchdrungenen einheimischen Rechts auf die Spur kommen könnte.

(5) Je weiter der Jurist sich in der Vergangenheit zurückbewegt, desto mehr zwingt ihn sein Gegenstand dazu, sich von gewohnten Grundvorstellungen des geltenden Rechts zu trennen. In letzter Konsequenz fordert die Beschäftigung mit der älteren Rechtsgeschichte ihm die paradoxe Anstrengung ab, den eigenen Gegenstand und damit den eigenen Standpunkt wegzudenken[17]. Dieser Entfremdungsprozess verläuft in drei Schritten. Zuerst geht es um ein Recht ohne Staat, was zumindest einem Mediävisten, der sich mit dem Recht außerhalb der gelehrten Welt des Jus commune beschäftigt, noch relativ leicht fällt, dann um ein Recht ohne nachweisbare materielle Inhalte, also um reine prozessuale Spielregeln. Im dritten Schritt geht es dann sogar um die Frage der Entstehung von Recht überhaupt und darum, ob es auch archaische Gesellschaften geben kann, die überhaupt noch keine rechtlichen Strukturen ausgeprägt haben.

Die Diskussion um die Rechtsgewohnheiten spielt sich primär auf der zweiten Stufe ab. Dort stellt sich die Frage, ob es eine menschliche Gesellschaft ohne objektives Recht geben kann – eine Idee, welche die juristische Vorstellungskraft stark strapaziert[18]. Das Problem wird aber einfacher, wenn man klarer als bisher zwischen zwei gedankliche Ebenen unterscheidet. Während für Kroeschell und in seinem Gefolge Köbler und auch Harald Siems das eigene, subjektive Rechtsdenken der früh- und hochmittelalterlichen Menschen im Mittelpunkt steht, versuchen Dilcher und Weitzel eher, das auf ihren Untersuchungsgebieten beobachtete Verhalten mit wissenschaftlichen, also mit ex-post-Kategorien objektiv als Recht zu qualifizieren. Vielleicht trägt es zur eingeforderten Begriffsklärung[19] bei, wenn man die beiden Denkrichtungen als subjektiven bzw. objektiven Ansatz bezeichnet. Es liegt auf der Hand, dass nicht nur die Ergebnisse, sondern schon die Fragestellungen von dieser Weichenstellung wesentlich vorherbestimmt werden.

---

[17] Etwas milder Dilcher (Fn. 2), 29: Der Erkenntnisvorsprung, den der historisch arbeitende Jurist durch seine Erfahrung mit dem geltenden Recht gegenüber dem Historiker möglicherweise hat, sei jenseits der Anfänge des gelehrten Rechts aufgebraucht. Dementsprechend wechsele man mit dem Tausch der Genitivbeziehungen von der normativen Ebene des Gewohnheitsrechts auf die empirisch-soziologische Ebene der Rechtsgewohnheit. Zustimmend Kroeschell (Fn. 8).

[18] Prinzipiell abgelehnt wird diese Möglichkeit von Weitzel (bei Fn. 10).

[19] Weitzel (Fn. 11).

Für den subjektiven Ansatz kommt den zeitgenössischen Synonymen für Recht entscheidende Bedeutung zu. Daher stammen aus dieser Richtung Wortgeschichtsforschungen, Überlegungen zu den frühmittelalterlichen Sprach- und Übersetzungsproblemen und andere, eng an Quellen mit spezifisch rechtlichem Charakter arbeitende Untersuchungen. Der objektive Ansatz hingegen ist eher bereit, Plausibilitätsschlüsse aus soziologischen und ethnologischen Gesetzmäßigkeiten zu ziehen. Vor allem die Idealtypen aus dem Ideenvorrat Max Webers leiten hier die Erkenntnis. Von außen, etwa durch Chronisten, beobachtete Verhaltensweisen wie Wanderungsbewegungen und Kriegszüge, Konflikte um Beuteteilung, Scheu vor den Heiligtümern fremder Religionen oder sogar Haartrachten werden einbezogen, was die Quellengrundlage erweitert. Daraus schließt man dann auf rechtliche Vorstellungen der mittelalterlichen Menschen, welche diese so nicht formuliert haben. Aus dieser Perspektive gesehen existiert in einer archaischen Rechtswelt Recht, wenn sich Regelhaftigkeiten beobachten lassen, die der Forscher des 20. und 21. Jh. als Recht definiert.

Der subjektive Ansatz hingegen verhält sich gewissermaßen agnostisch und sieht dort, wo die Zeitgenossen nicht selbst von „Recht" sprechen, keine Möglichkeit, etwas über ihre rechtlichen Vorstellungen auszusagen. Die Behauptung ist also nicht, es habe kein objektives Recht gegeben, sondern vielmehr, uns fehle die Möglichkeit, es zu erkennen. Orale Rechtskulturen fallen damit, wenn nicht zufällig nichtnormative Quellen über ihr Recht informieren, als Untersuchungsgegenstände aus. Diese Denkrichtung braucht sich nicht mit dem Rechtsbegriff abzumühen – sie orientiert sich einfach an den Quellenbegriff „Recht", muss dann freilich noch klären, inwieweit sich die Wortfelder decken. Dass auch der moderne Rechtsbegriff Schwankungen unterliegt, wie an aktuellen Diskussionen über das Soft law und Neue Lex Mercatoria sichtbar ist, braucht hier nicht weiter betont zu werden. Der objektive Ansatz hingegen kann ohne weiteres auch orale Rechtskulturen einbeziehen, steht aber vor der schwierigen Aufgabe, zu begründen, wann und warum sich spezifisch Rechtliches aus anderen Geflechten von Normativität wie Religion, Sitte sowie schlicht dem „Recht" des Stärkeren herauszulösen beginnt. Dem häufig dazu eingenommenen (gewissermaßen das Hindernis verweigernden) Standpunkt, das sei in der Frühzeit noch nicht möglich, ist entgegenzuhalten, dass so der Unterschied zu der Aussage, objektives Recht sei noch nicht feststellbar, minimal wird. Pointiert gesagt wählt der objektive Ansatz eigene Definitionskriterien und bezeichnet mit ihrer Hilfe ein regelhaftes Verhalten als Recht, während der subjektive Ansatz sich auf diejenigen sozialen Phänomene beschränkt, welche die Zeitgenossen selbst Recht nannten.

Drei Beispiele mögen zur Verdeutlichung beitragen. Objektiv gesehen gibt es Bauern, sobald Menschen mit einem Pflug Felder bestellen, subjektiv jedoch erst, sobald sie sich selbst so bezeichnen oder bezeichnet werden – was erst dann der Fall sein wird, wenn die Gesellschaft beginnt, sich auszudifferenzieren und neben der agrarischen noch andere Lebensformen (reine Krieger, Priester und Händler) zu ermöglichen[20].

Ein anderes Beispiel für die entgegengesetzten Ergebnisse, zu denen die beiden Ansätze führen, ist der erstaunte Bericht des Chronisten, dass der Heide Alarich 410 n.Chr. bei der Plünderung Roms vor den christlichen Kirchen zurückscheute. Mit einem objektiven Ansatz lässt sich die These aufstellen, Alarich habe die Kirchen verschont, weil er sie als Stätten des Asyls respektierte. Von da aus kann man dann die weitere Frage stellen, inwieweit sich die Asylrechtsvorstellungen bei verschiedenen germanischen Stämmen ähneln[21]. Vom subjektiven Ansatz aus hingegen ist die Frage unlösbar, weil das Wort „Asyl" nicht in der Quelle vorkommt, und möglicherweise auch anachronistisch, weil die Gefahr besteht, dass ein modernes Verständnis von Asyl in die Vergangenheit zurückprojiziert wird.

Das dritte Beispiel sind die zweizüngigen Urteile des älteren einheimischen Prozesses, auf deren rein prozessualen Charakter vor allem Kroeschell immer wieder hinweist. Es handelt sich bekanntlich um die Zuweisung des Rechts an eine Partei, allein oder mit Eidhelfern einen Beweis führen zu dürfen. Das Gericht entscheidet lediglich, diese Seite sei „näher daran", den Beweis führen zu dürfen, und bestimmt die Rechtsfolgen sowohl für den Erfolg als auch für das Misslingen der Beweisführung, ohne eine materiellrechtliche Aussage zu treffen. Kann man sich aber vorstellen, dass diese Zuweisung des Beweisvorrechts ausschließlich aus formalen Gründen, völlig ohne Überlegungen dazu, welche Lösung in der Sache zu einem gerechteren Ergebnis führte, getroffen wurde? Wie schon eingangs gesagt, ist die Frage letztlich nicht zu entscheiden, da aus dem Schweigen der Quellen argumentiert werden muss.

Nach der Distanzierung vom staatlichen Recht und vom objektiven Recht wäre in einem dritten Schritt schließlich sogar die Vorstellung von einer menschlichen Gruppe ohne alles Recht, also auch ohne Regeln zur Konfliktlösung (sozusagen archaischem Prozessrecht) ins Spiel zu bringen. Wenn man nicht so weit gehen will wie die bekannte Institutionenstelle, die Ehe, Fortpflanzung und Aufzucht des Nachwuchses als Teile eines sogar im Tierreich geltenden Ius naturale bezeichnet[22], kann es kaum einem vernünftigen Zweifeln unterliegen, dass das Recht als Kulturprodukt ebenso wie Sprache und Dichtung

---

[20] Karl Kroeschell, Verfassungsgeschichte und Rechtsgeschichte des Mittelalters, in: Ders., Studien zum frühen und mittelalterlichen deutschen Recht (Freiburger rechtsgeschichtliche Abhandlungen N.F. 20), 1995 [Erstveröffentlichung 1983], 347 (368 f.).

[21] Das ist das Thema der von Gerhard Dilcher betreuten Dissertation von Daniela Fruscione (erscheint demnächst).

[22] Inst. 1, 2, pr.: *Ius naturale est quod natura omnia animalia docuit. Nam ius istud non humani generis proprium est, sed omnium animalium, quae in caelo, quae in terra, quae in mari nascuntur. Hinc descendit maris atque feminae coniugatio, quam nos matrimonium appellamus, hinc liberorum procreatio et educatio: videmus etenim cetera quoque animalia istius iuris peritia censeri.*

(um es in der Grimmschen Trias zu sagen) eine Geschichte und damit auch einen Anfangspunkt hat. In einer frühen Phase der Zivilisation sind Konflikte also ohne Recht gelöst worden, und das kann nur heißen: durch List und Gewalt. Doch dies sind Überlegungen, die hier nicht weiter verfolgt zu werden brauchen, weil sie weit über das Thema hinaus in anthropologische Grundsatzfragen hineinführen. Immerhin ist der Versuch, die Diskussion um die Rechtsgewohnheiten in diesen Rahmen zu stellen, vielleicht geeignet, zu demonstrieren, in welch hohem Maße es sich um einen spezifisch juristischen Diskurs handelt.

"Relatives Recht" und "unvollkommene Rechtsgeltung" im westlichen Mittelalter. Versuch einer vergleichenden Synthese zum "mittelalterlichen Rechtsbegriff"

Jürgen Weitzel, Würzburg

I. Einleitung und Fragestellung

Die Bemühungen um den „Rechtsbegriff des Mittelalters" blicken inzwischen auf stattliche drei Jahrzehnte zurück. Dabei setze ich ihre Anfänge auf Arbeiten Karl Kroeschells vom Jahre 1968 an, ohne die Phase der Erarbeitung dieser Studien oder auch andere einschlägige (Vor-) Veröffentlichungen näher in Betracht zu ziehen.[1] Im Laufe der Jahre wurde das Thema immer wieder erörtert, der Kreis der Diskutanten nahm zu, ebenso wie sich die Perspektiven, von denen aus man den Gegenstand anging, und die methodischen Zugänge, die man wählte, erweiterten. Im Grundanliegen herrscht, jedenfalls unter den Rechtshistorikern, Einigkeit: Es geht darum, das weithin am gesetzten Schriftrecht, an der systematisch-geschlossenen Rechtsordnung orientierte Verständnis des mittelalterlichen Rechts aufzubrechen. In einer frühen Phase stellte sich die Diskussion schwerpunktmäßig als Kritik an Fritz Kerns Diktum vom „guten alten Recht", das gewissermaßen ohne Anfang und Ende sei, dar. Inzwischen stehen jedoch Normbildung und Normstruktur in einem weitaus grundsätzlicheren Sinne zur Diskussion. In dieser Situation, die bei aller Einigkeit doch auch unterschiedliche Zugänge und jedenfalls nicht auf Anhieb als einheitlich oder auch nur kompatibel erkennbare Ergebnisse aufweist, erscheint es mir sinnvoll, die bislang zum „mittelalterlichen Rechtsbegriff" entwickelten Konzepte stärker als bisher geschehen miteinander zu vergleichen. Die Bemühungen zielen auf Erkenntnisgewinn auf einem schwierigen Felde, auf dem Missverständnisse leicht eintreten, aber doch auch ausgeräumt oder auf wirklich bestehende Divergenzen reduziert werden können. Die Bemühungen zielen ferner darauf, das zu sichern, was unter Rechtshistorikern in dieser Debatte Konsens ist, um damit auch zu klären, was Rechtshistoriker mit der

---

[1] Vgl. Karl Kroeschell, Haus und Herrschaft im frühen deutschen Recht, Göttingen 1968; ders., Recht und Rechtsbegriff im 12. Jahrhundert, in: Probleme des 12. Jahrhunderts (= VuF 12), Sigmaringen 1968, S. 309-335; ders., Der Rechtsbegriff der Rechtsgeschichte. Das Beispiel des Mittelalters, in: ZRG GA 111 (1994), S. 310-329; ders., Deutsche Rechtsgeschichte Band 1: bis 1250, 11. Aufl., Opladen 1999, S. 26-29, 69-73, 81 f., 149-152; ders., Studien zum frühen und mittelalterlichen deutschen Recht, Berlin 1995; Gerhard Dilcher u.a., Gewohnheitsrecht und Rechtsgewohnheiten im Mittelalter, Berlin 1992; Funktion und Form. Quellen- und Methodenprobleme der mittelalterlichen Rechtsgeschichte, hrsg. von Karl Kroschell und Albrecht Cordes, Berlin 1996; Jürgen Weitzel, Der Grund des Rechts in Gewohnheit und Herkommen, in: Die Begründung des Rechts als historisches Problem, hrsg. von Dietmar Willoweit, München 2000, S. 137-152.

Erörterung des mittelalterlichen Rechtsbegriffs nicht intendieren, nicht meinen, nicht fördern wollen welche Elemente des Rechtsbegriffs bei diesen Überlegungen also nicht zur Disposition stehen.

Der Versuch, die Problematik durch die Beschreibung des Rechts als „relativ" oder „von unvollkommener Geltung" zu fördern, will zunächst einmal nichts anderes als einen Gegenpol aufzeigen, von dem her unser vom gegenwärtigen Rechtsbegriff geprägtes Vorverständnis aufgebrochen und erweitert werden soll. Die heutige Rechtsnorm kann insofern als „absolut" oder als „vollkommen" geltend beschrieben werden, als sie sich unzweifelhaft von anderen äußerlich oder auch innerlich verpflichtenden Normen - wie Sitte und Brauch, Moral und Religion - abhebt und ebenso unzweifelhaft innerhalb eines bestimmten örtlichen und sachlichen Geltungsbereichs gegenüber jedermann - also ohne Ansehen der Person - einen uneingeschränkten Geltungsanspruch bei relativ bestimmt angebbaren Rechtsfolgen erhebt. Normenhierarchien stellen klar, welches von mehreren Rechten, die denselben Gegenstand regeln, die Oberhand behält, so dass sich die Normen nicht gegenseitig ins Gehege kommen. Kompetenznormen regeln, wer welches Recht setzen darf - und wer solches nur prätendiert. Hinsichtlich der Regelungsintensität allerdings sind Abstufungen bekannt. Man denke nur an die Ermessensnormen des öffentlichen Rechts und im internationalen Bereich an das sog. soft-law, insbesondere das des internationalen Wirtschaftsrechts. In einem zweiten Schritt geht es dann allerdings um die Ausformulierung einer für das Mittelalter geeigneten Normstruktur. Die Gefahr, dass dann irgendwann einmal ein „System" die sich fruchtbar an konkreten Defizitsituationen orientierende Forschung einschränken könnte, ist heute sehr weit entfernt. Rückwirkungen auf das Verständnis gegenwärtiger Normbildung sind späterhin nicht mehr ausgeschlossen. Karl Kroeschell hat schon vor Jahren auf das Beispiel des „rechtsordnungslosen" Vertrages hingewiesen.[2]

Unter dem Obertitel „relatives Recht" könnten wohl zwei einander benachbarte, jedoch gegenständlich wie auch nach der Intensität, mit der sie bislang von Rechtshistorikern diskutiert wurden, zu unterscheidende Bereiche erörtert werden. Zum einen geht es um die vergleichsweise breit erörterten Entstehungsbedingungen von Recht, also um die entwicklungsbezogene Unterscheidung von Recht und Noch-Nichtrecht, von Recht und „Ordnung", von rechtlicher und nichtrechtlicher Gewohnheit, sowie zur Frage, wann und wie aus dem einen das andere, aus einer allgemeinen Sozialnorm eine spezielle Rechtsnorm, aus dem Vollzug der Lebensordnung das kontrafaktische Recht wird. Möglicherweise ist aber das Unterfangen, die *Entstehung* und das *Werden* von Recht zu erfassen, zu anspruchsvoll. Dann könnte es nur noch um die

---

[2] Kroeschell, Rechtsbegriff der Rechtsgeschichte (wie Anm. 1), S. 328 f.; Thomas Reimann, Zur Lehre vom „rechtsordnungslosen" Vertrag, Bonn 1970.

Kriterien gehen, nach denen frisch entstandenes Recht als solches *erkannt*, vom Nicht-Recht, von allgemeiner Gewohnheit, von der Sozialnorm schlechthin abgegrenzt wird. Es entfiele die Notwendigkeit - aber selbstverständlich auch die Chance -, das *Warum* einer Entwicklung zu erfassen. Soweit dann die Norm beides ist, Sitte *und* Recht, Religion *und* Recht, könnte man von „relativem" Recht sprechen. Noch einen Schritt weiter geht der von manchen Ethnologen und Soziologen gebrauchte „funktionale" oder „komparative" Rechtsbegriff,[3] der darauf verzichtet, überhaupt noch nach Recht und Sitte, nach rechtlicher und sozialer Gewohnheit unterscheiden zu wollen. Dieser Bereich der Entstehungsbedingungen und -kriterien wird nachfolgend behandelt, allerdings inzidenter, das heißt, es ist mir nicht gelungen, ihn kategorial sauber von einem sogleich zu nennenden zweiten Problembereich abzugrenzen.

Der zweite Problembereich unterhalb des Titels ist der einer unvollkommenen oder reduzierten *Geltungsstruktur* unstreitig in die Existenz getretenen Rechts. Welche Formen unvollkommener Rechtsgeltung scheinen in den historischen Quellen auf? Welche sind überhaupt denk- und erschließbar, ethnologisch bezeugt, rechtstheoretisch konstruierbar? Lassen sich nach gemeinsamen Merkmalen bestimmte Gruppen „unvollkommener Rechtsgeltung" bilden? Ich denke wir stehen hier in den weitaus meisten Belangen noch völlig am Anfang. Folglich geht es zunächst um eine Art Stoff- und Fallsammlung, die Überlegungen zum „relativen Recht" und zu Formen „unvollkommener Rechtsgeltung" erst einmal zusammenbringt. Ob sich dann zu den aufgefundenen Erscheinungsformen vergleichend-vereinheitlichend Näheres wird sagen lassen, ist derzeit offen.

Mit dem Ende der Einleitung ist der Punkt gekommen, kurz an eine Selbstverständlichkeit zu erinnern: Das Mittelalter kennt nicht nur *ein* Recht, sondern zumindest und prinzipiell deren zwei. Auf weitere Unterscheidungen glaube ich zumindest hier verzichten zu können. Gegenstand und Zielpunkt aller nachfolgenden Überlegungen ist stets das profan-ungelehrte, nicht das kirchlich-gelehrte Recht. Da allerdings beide Traditionen nicht unverbunden nebeneinander stehen, geht es auch um Einwirkungen auf- und um Verschränkungen miteinander. Doch bleibt die Perspektive grundsätzlich die des schriftlosen, ungelehrten, weltlichen Rechts, in dem die erörterte Problematik primär angesiedelt ist.

II. Durchführung

---

[3] Hubert Rottleuthner, Rechtstheorie und Rechtssoziologie, München 1981, S. 167 ff.; Simon Roberts, Ordnung und Konflikt. Eine Einführung in die Rechtsethnologie, Stuttgart 1981, S. 17 ff., 196 ff..

Die juristische Geltung von Normen ist als ihre Soll-Geltung, als Verbindlichkeit einer Verhaltensanforderung zu unterscheiden von faktischer Geltung oder Effizienz und von der moralischen Anerkennung, die Rechtsnormen erfahren. Rechtstheorie und Methodenlehre bestimmen die Rechtsgeltung aufgrund des ordnungsgemäß durchgeführten Gesetzgebungsverfahrens sowie der materiellen Anforderungen, die die Verfassung als „Grundnorm" an Recht stellt.[4] Im Mittelalter kann es „Rechtsgeltung" in diesem engen, auf den Staat und seine normativen Vorgaben für Gesetzgebung und Rechtsgeltung abstellenden Sinne nicht geben. Schon die Geltung ungeschriebenen Rechts wird der Gegenwart zum Problem. Die Formel von der langdauernden Übung zu der Rechtsgeltungswille hinzutreten müsse, um „geltendes" Gewohnheitsrecht zu erzeugen, ist für die Gegenwart - wie das gänzlich streitige Richterrecht zeigt - und erst recht für die Vergangenheit problematisch. Die deutschsprachigen Rechtstheoretiker sind auf das staatlich gesetzte und durchgesetzte Recht fixiert. Die viel variantenreicheren historischen Formen von Rechtsbildung und Rechtsgeltung werden grundsätzlich nicht thematisiert. Es ist schon die Ausnahme, wenn sich einer von ihnen über vorstaatliches und/oder ungeschriebenes Recht zusätzlich Gedanken macht und Recht schließlich als „die Summe der geltenden, d.h. vom Gesetzgeber erlassenen und/oder von den Gerichten angewendeten (‚gerichtsfähigen') Normen" bezeichnet, wobei dann allerdings die Fragen des vorstaatlichen Rechts gesondert behandelt werden und die Definition der juristischen Geltung als Soll-Geltung des staatlich gesetzten Rechts *vom Leser* um den Bereich des von den Gerichten entwickelten Rechts erweitert werden muss.[5]

Akzeptiert der Rechtshistoriker, insbesondere der Mediävist, dass er für den von ihm behandelten Gegenstand Rechtsgeltung nach *heutigem* Verständnis nicht reklamieren kann, so bleibt es für ihn doch unabdingbar, über Rechtsgeltung im Mittelalter nachzudenken. Er kann sich von der Geltungsfrage nicht einfach verabschieden, muss also eigene Vorstellungen von Rechtsgeltung, seinen eigenen Geltungsbegriff entwickeln. Dies freilich in einer Relation zum

[4] Gerhart Husserl, Die Frage nach dem Geltungsgrund des Rechts, zugleich eine Auseinandersetzung mit Karl Larenz, Das Problem der Rechtsgeltung, in: ZfRechtsphilosophie 5 (1931), S. 153-184; Hans Kelsen, Vom Geltungsgrund des Rechts, in: Völkerrecht und rechtliches Weltbild. FS für Alfred Verdross, hrsg. von F.A. Frh.v.d. Heydte u.a., Wien 1960, S. 157-165; Gerhard Otte, Zum Problem der Rechtsgeltung in der jur. Logik, in: Rechtstheorie (Beiheft 1) 1979, S. 253 ff.; Ralf Dreier, Der Begriff des Rechts, NJW 86, 890 ff.; Georg Küpper, Begriff und Grund der Rechtsgeltung in der aktuellen Diskussion, in: Rechtstheorie 22 (1991), S. 71-86; Robert Alexy, Begriff und Geltung des Rechts, 2. Aufl., Freiburg 1994; Theodor Schilling, Rang und Geltung von Normen in gestuften Rechtsordnungen, Berlin 1994, S. 159 ff.; Dirk Heckmann, Geltungskraft und Geltungsverlust von Rechtsnormen, Tübingen 1997, 18 ff..

[5] Bernd Rüthers, Rechtstheorie, München 1999, S. 36, 191.

heutigen Geltungsbegriff - wie sonst sollten wir die Sache verstehen können. Im Prinzip haben dies Rechtshistoriker immer schon getan. Wenn auch meist vergleichsweise unreflektiert und wenig nachhaltig, in Parallelen zum Geltungsdenken der Gegenwart, deren Berechtigung gerade in Frage steht. Aus dem äußeren Erscheinungsbild als schriftlichem Rechtssatz, gar aus dem Bild eines Rechtsbuches als einer „Kodifikation", aus der rechtlich relevanten Verhaltensweise von Personen, aus den Gründen, die - mehr oder weniger sicher - zu einer gerichtlichen Entscheidung führten, schlossen und schließen wir auf die „Geltung" von Rechtsnormen zurück. Aus einzelnen Rechtsgewohnheiten haben wir jahrzehntelang die umfassende Geltung einer „gewohnheitsrechtlichen Rechtsordnung" erstehen lassen. Doch ist das Verständnis dafür, dass solche Schlüsse problematisch sind, dass „Rechtsgeltung" im Mittelalter stärker hinterfragt, differenzierter beschrieben und erfasst werden muss, in den letzten Jahren geradezu sprunghaft angestiegen. Karl Kroeschell stellte kürzlich im Hinblick auf die fränkischen Stammesrechte die Frage, ob ihnen als Rechtsaufzeichnungen überhaupt „normative Geltung zukam, ob man sie also wirklich als Rechtsquellen bezeichnen sollte". Zu den Kapitularien merkte er an, „eine normative ‚Geltung' über den konkreten Anlass hinaus ist nicht nachweisbar".[6] Für das Kirchenrecht, so hat Peter Landau unlängst ausgeführt, lasse sich auf die Frage nach der Geltung der Kanones vor dem 12. Jahrhundert jedenfalls „eine Antwort im Sinne des heutigen Verständnisses von Rechtsgeltung ... nicht geben".[7] Ich selbst habe - überzogen, wie ich heute sehe - die Tauglichkeit von Überlegungen zur Rechtsgeltung für das frühere Mittelalter generell in Frage gestellt. „Vielleicht war Rechtsgeltung als eine auf Schriftrecht bezogene Kategorie gar nicht vermittelbar. Möglicherweise glaubten nur die Herrschenden daran, dass das von ihnen Beschlossene ‚gelten' solle, ja ‚gelten' könne und alles andere war ‚Anspruch' und ‚Effektivität', sei es die der Rachehandlung, die des gerichtlichen Bußverfahrens oder die des peinlichen Strafurteils".[8] Verliert sich „Geltung" angesichts miteinander konkurrierender Unrechtsbewältigungsformen und der Möglichkeit, dass vorliegende Rechtstexte schon deshalb den Lauf der Rechtsgewohnheiten nicht beeinflussten, weil alle Voraussetzungen fehlten, unter denen die niedergeschriebenen Regeln sinnvollerweise einen Anspruch auf Beachtung überhaupt erheben konnten, nicht in einer schemenhaften Geltungsvorstellung von Herrschern und Herren, der im Bewusstsein der Normadressaten wenig

[6] Karl Kroeschell, Recht (allgemeine Darstellung; westlicher Bereich), in: Lexikon des Mittelalters Bd. VII, Sp. 510-513.

[7] Peter Landau, Die Durchsetzung neuen Rechts im Zeitalter des klassischen kanonischen Rechts, in: Institutionen und Geschichte, hrsg. von Gert Melville, Köln u.a. 1992, S. 137-155, 137 ff.

[8] Jürgen Weitzel, Strafe und Strafverfahren in der Merowingerzeit, in: ZRG GA 111 (1994), S. 66-147, 77.

oder nichts entsprach? Es kann rechtshaltig scheinende Situationen und Texte geben, deren Regeln „Geltung“ abgesprochen werden muss. Gleichwohl aber ist die Kategorie „Rechtsgeltung“ als solche auch im Mittelalter unverzichtbar. Es muss sogar vermehrt über sie nachgedacht werden, um den Regelungsumfang des mittelalterlichen Rechts und seine eigengeartete Normstruktur zu erkennen. Einschlägige Arbeiten hätten, so hat Karl Kroeschell unlängst formuliert, „damit begonnen, die seltsame Versteinerung des älteren deutschen Rechts in den systematischen Lehrbüchern des deutschen Privatrechts zu überwinden“.[9] An der Notwendigkeit, auf Geltungsindizien abstellen zu müssen, wird sich für den Forscher auch künftig kaum etwas ändern. Unsere Quellen reflektieren das Problem der Rechtsgeltung nicht ausdrücklich. Folglich müssen in erster Linie Umstände, die uns als Defizite erscheinen, auf ihre Bedeutung für das Geltungsproblem befragt werden: fehlende Schriftform; mangelnde Verwaltung schriftlich gefasster Normen (keine Sammlung, kein Archiv, keine Aufhebung älterer Normen); dauerhaft konkurrierende Normgeber, Rechtserzeugungsquellen und normative Regelungskomplexe; mangelnde Effektivität.[10]

Eine „relative“ oder „unvollkommene“ Geltung von Recht ist der gegenwärtigen Normenlehre nicht bekannt. Das gilt jedenfalls für die gängigen Lehrbücher zur Rechtstheorie, Methodenlehre und Rechtsphilosophie.[11] Es mag sein, dass sich sonst irgendwo Hinweise auf diese Denkfigur finden lassen. Prinzipiell aber ist es ein wichtiges Merkmal der „juristischen Geltung“ von Rechtsvorschriften, dass sie gegenüber den Normadressaten vollkommene Gültigkeit beanspruchen, dass diese ausnahmslos und ohne Einschränkungen an die Norm gebunden sein sollen.[12] Die Rechtsnorm erhebt also definitionsgemäß einen allgemeinen, einheitlichen und absoluten Geltungsanspruch. Unter den Vorgaben des modernen Staates, seines Herrschafts- und Gewaltmonopols, seines einheitlichen Bürgerverbandes, seiner Regularien zur politischen Willens- und zur Rechtsbildung usw. ist das ja auch einleuchtend. Was aber gilt für vorstaatliches, für ungeschriebenes oder gar für vorstaatliches und ungeschriebenes Recht, für Situationen, in denen alle vorgenannten Faktoren ausfallen? Angesichts miteinander gewissermaßen anarchisch-urwüchsig konkurrierender Herrschaftsträger, Rechtsbildungsvorgänge und Normenkomplexe, angesichts auch von Normbildung aus Verträgen, scheint die Denkfigur „unvollkommene oder reduzierte Rechtsgeltung“ nicht a limine abweisbar.

[9] Kroeschell, Rechtsbegriff der Rechtsgeschichte (wie Anm. 1), S. 314.
[10] Für Nachfragen in Richtung auf „Geltungsindizien“ danke ich Regina Ogorek.
[11] Die gängigen unter ihnen wurden ohne Erfolg durchgesehen.
[12] Vgl. Rüthers (wie Anm. 5), S. 190.

Um in den zu erörternden Bereich einzuführen, darf ich zuerst an Jörg Riegels Beispiel, das Sie aus dem Reader zu dieser Veranstaltung kennen, erinnern.[13] Die Tswana kennen danach in Geltung stehende Normen, die in ihrer „Wirkweise" abhängig sind sowohl von den verfolgten Streitzielen als auch von den Beziehungen zwischen den Streitenden. Die Normen wirken „in Alltagsfällen" unmittelbar in konsequenter Anwendung. Handelt es sich hingegen um Streitigkeiten von großem Gewicht und gesteigerter sozialer Komplexität, so werden sie durch die Spielräume des Verfahrens und die gesellschaftlichen und individuellen Zusammenhänge, in die der Streit eingebunden ist, in ihrer Wirksamkeit ausgeschlossen oder doch reduziert. Es geht also um prinzipiell geltende Normen, die sich in besonderen Fällen, sei es in Ansehung der Sache oder auch in Ansehung der Person, nicht durchsetzen, die also nicht stets und vollumfänglich kontrafaktisch wirken.

Nehmen wir als zweites Beispiel die Kompositionensysteme der Leges. Die dort verzeichneten, als Buße zu leistenden Schillingsbeträge mussten nicht nur oft durch Sachwerte substituiert werden. Sie gelten uns auch nur als „Richtwerte" dafür, was man der Sippe eines Erschlagenen oder dem Verletzten selbst als Ausgleich für die Tat anbieten konnte, ohne dass die eine oder andere Partei dabei „das Gesicht verloren" hätte. Insofern sind die Bußsysteme ein „Vorschlag", den der Normtext den Parteien unterbreitet, die ihm folgen können oder auch nicht.[14] Die nur unvollkommene Geltung dieses Rechtes kommt aber auch darin zum Ausdruck, dass es keinen Rechtszwang gab, die compositio auf jeden Fall der Blutrache vorzuziehen, und dass, wenn sich denn der Täter einem Gerichtsverfahren stellte, ohne seine Unterwerfung unter das Urteil ein Rechtszwang auf Entrichtung der Buße gegen ihn nicht ausgeübt werden konnte.[15] Die Bedenken gehen noch weiter und verlassen das hier erörterte Phänomen, wenn man mit Karl Kroeschell den Rechtsquellencharakter der Rechtsaufzeichnungen des Mittelalters selbst in Frage stellt.

Eine im Mittelalter durchgängig zu beobachtende Form „unvollkommener" Rechtsgeltung resultiert aus Gegebenheiten, die ich knapp mit dem Schlagwort „Normenkampf" zusammenfassen möchte. Aufgrund höchst vielgestaltiger Normbildungsprozesse, einer Vielzahl miteinander konkurrierender Herrschaftsträger und Gerichte und fehlender bzw. umstrittener Regelungen zum Vorrang gewisser Normenkomplexe gegenüber anderen, die denselben Gegenstand zu regeln bemüht sind, kommt es im Mittelalter unvergleichlich öfter als im modernen Staat zur Konkurrenz normativer Regelungsgeflechte

---

[13] Jörg Riegel, Ethnologie und Rechtsgeschichte. Möglichkeiten des interdisziplinären Kontaktes mit der Rechtsethnologie, in: Funktion und Form (wie Anm. 1), S. 229-250.

[14] Vgl. Hermann Nehlsen, Buße (Dt. Recht), in: Lexikon des Mittelalters II, Sp. 1144-1149, 1146; Weitzel, Grund (wie Anm. 1), S. 146 f.

[15] Vgl. Jürgen Weitzel, Dinggenossenschaft und Recht, Köln u.a. 1985, S. 804 ff., 871 ff.

miteinander. Die Vorstellung von Normenhierarchien und deren Verbindlichkeit setzt sich in Deutschland offenbar erst in den Jahren um 1400 unter dem Einfluss des gelehrten Rechts durch.[16] Bis dahin kann man also in weiten Bereichen nicht davon sprechen, dass bestimmten Normenkomplexen so etwas wie Regelungsexklusivität hinsichtlich einer bestimmten Art von Lebenssachverhalten zukomme. Vielmehr beschneiden und relativieren sich Rechtsnormen hinsichtlich ihrer tatsächlichen Anwendung gegenseitig. Auch können Rechtsregeln mit dem Brauch, die einschlägigen Lebenssachverhalte einer *vertraglichen* Regelung zuzuführen, konkurrieren. Da solche Konkurrenzverhältnisse zwischen Normen bzw. zwischen Normen und dem Brauch vertraglicher Regelung nicht selten über lange Zeiträume hinweg bestehen, muss man davon ausgehen, dass die jeweiligen Rechtsnormen „relativ" gelten, nämlich jedenfalls zunächst nur da und dort, wo es ihnen gelingt, den Konkurrenten aus dem Feld zu schlagen. Es wäre sicherlich unter den Gegebenheiten des mittelalterlichen Rechtswesens unangebracht, einer der beiden miteinander konkurrierenden Regelungsformen im Hinblick auf die andere die Geltung völlig abzusprechen. Das wäre eine moderne, nicht aber eine dem Mittelalter angemessene Lösung.

Das Beispiel, an dem ich jenen, den Geltungsanspruch relativierenden und reduzierenden „Normenkampf" knapp illustrieren möchte, ist das Verhältnis von Kompositionensystem und Bußleistung einerseits, Formen peinlichen Strafens andererseits.[17] Hier findet sich die Konkurrenzsituation vorwiegend während des früheren Mittelalters, ist aber nicht auf dieses beschränkt, besteht vielmehr regional bis in das 16. und frühe 17. Jahrhundert hinein fort. Man wird eine derartige Konkurrenzsituation kaum angemessen erfassen, wenn man - für das frühe Mittelalter - die Existenz von Strafrecht mangels „Normativ-masse" oder mangels zukunftsgestaltenden Potentials in Abrede stellt. Denn diese Normen waren vorhanden. Merowingische Königsgesetze, karolingische Kapitularien[18] und das langobardische Edikt erhoben insoweit auch einen Geltungsanspruch und sie waren sogar - sicherlich nach Zeiten, Völkern und „Straftatbeständen" unterschiedlich - effektiv. Zudem würde die fehlende Effektivität grundsätzlich der Normgeltung keinen Abbruch tun. Da nun aber kein „Geber" peinlicher Strafnormen im früheren Mittelalter jemals hoffen konnte, seine Normen würden sich unter Verdrängung konkurrierender gewohnheitlicher Rechtsvorstellungen von Blutrache und Sühneleistung in

[16] Jürgen Weitzel, Gewohnheiten im lübischen und im sächsisch-magdeburgischen Rechtskreis, in: La coutume (= Rec. de la Société Jean Bodin LII), 2. Teil, Brüssel 1990, S. 325-358, 338 f., 348.

[17] Vgl. auch Jürgen Weitzel, Vorverständnisse und Eckpunkte in der Diskussion um ein frühmittelalterlich-fränkisches Strafrecht, in: FS für Gerd Kleinheyer, hrsg. von Franz Dorn und Jan Schröder, Heidelberg 2001, S. 539-567, S. 561 ff.

[18] Anders wohl Kroeschell (wie Anm. 6), dem ich, insoweit nicht folgen möchte.

absehbarer Zeit „flächendeckend" durchsetzen, erscheint mir die Beschreibung jener Normen als Recht, das nur einen reduzierten Geltungsanspruch erhebt, als diskussionswürdig.

Fehlende Regelungsexklusivität als Folge einander widerstreitender Rechtsnormen will mir als ein für das Mittelalter geradezu typischer Sachverhalt erscheinen. Für den Bereich der Kirche gewinnt das Problem unterschiedlicher Gewohnheiten, die das Kirchenrecht bis auf Gratian prägten, ein besonderes Gewicht, verstand sich die Kirche doch prinzipiell als Einheit. Gleichwohl bestimmten über Jahrhunderte hin divergierende Gewohnheiten und divergierende Kanones das Bild des Kirchenrechts. Es ist gerade dieser Befund, der Landau zu der bereits zitierten Aussage veranlasste, den Kanones komme jedenfalls keine Geltung im Sinne des heutigen Verständnisses von Rechtsgeltung zu.[19]

Zahlreiche Zusammenhänge werden unter dem Stichwort „unvollkommene Rechtsgeltung" neu zu durchdenken sein. Hier noch der Hinweis auf denkbare Konkurrenzen zwischen kirchlichem und weltlichem Recht. Ich hoffe jedoch, dass jedem unter Ihnen zusätzlich zur frei zu vereinbarenden Buße und zum „Normenkampf" mangels Normenhierarchie oder geklärter Regelungskompetenz weitere Beispiele eingefallen sind. Die Kernbereiche des Phänomens „relative Rechtsgeltung" liegen jedoch in den Schwerpunkten der mittelalterlichen Rechtsbildung. Joachim Rückert hat in seinem Vortrag auf dem Rechtshistorikertag in Köln 1992 von den „Zentren der normativen Aktivität" gesprochen.[20] Hier muss sich die neue Denkfigur bewähren. Nun ist es möglicherweise nicht ganz unstreitig, wo diese Zentren liegen. Grundsätzlich und unter dem Vorbehalt nachfolgender näherer Erklärung kann ich jedoch Rückerts Aussage, sie lägen in „vertraglicher (notarieller) Geschäftspraxis und im Prozess" folgen. Ich gehe zudem davon aus, dass sich hiergegen in diesem Kreis auch sonst kein prinzipieller Widerspruch erheben wird. Rechtsgeschäftliche Praxis und Prozess dürften mit allen hier versammelten Vorstellungen von früher Rechtsbildung vereinbar sein: auch mit dem Fehlen einer normativen Legalordnung und materiell-objektiven Rechts, bei Existenz allerdings von Verfahrensregeln (Kroeschell); auch mit der Beschreibung der Verhältnisse durch die Begriffe „Ordnung und Konflikt" (Dilcher).

Auf die Rechtsbildung aus rechtsgeschäftlicher Praxis und Verwillkürung im Ebelschen Sinne, aus Statut, Gewohnheiten, Privilegien, hergebrachten Rechten und Gerichtsgebräuchen, also aus vielgestaltigen Einzelelementen, hat immer

---

[19] Landau (wie Anm. 7).

[20] Joachim Rückert, Die Rechtswerte der germanischen Rechtsgeschichte im Wandel der Forschung, in: ZRG GA 111 (1994), S. 257-309.

wieder Karl Kroeschell entscheidend abgestellt.[21] Das Landrecht des 12. Jahrhunderts ist ihm ein „Gewebe“ solcher Elemente, „das sich zu einer neuen Art von objektivem Recht verdichtet“. Für die Frage der Qualität des Rechts gewinnt bei ihm dabei die „feste Gewohnheit ... Rechtsverhältnisse in der einen oder anderen Weise vertraglich zu regeln“, besonderes Gewicht. Diese Übung steht jenseits einer ungeschriebenen Legalordnung und eines geschlossenen Regelsystems, worauf Kroeschell unter Hinweis auf einschlägige Arbeiten von Wilhelm Ebel zur Formel „für mich und meine Erben“,[22] von Hans Rudolf Hagemann zu Übertragungen unter Nutzungsvorbehalt sowie zur Formel „Gedinge bricht Landrecht“[23] und von Heinrich Demelius zum zweispurig vertraglichen ehelichen Güterrecht im spätmittelalterlichen Wien[24] zu Recht immer wieder bestanden hat.

Wo zunächst normfreies Regelverhalten und wertfreie Sitte auf dem Wege konstanter Vertragspraxis in Rechtsgewohnheit(en) umgewandelt werden, scheint die „relative“ Geltungsweise des ja aus vertraglicher Verpflichtung erwachsenden Rechts mit Händen zu greifen. Es will das über Jahrzehnte und Jahrhunderte hin gleichförmig geübte Rechtsgeschäft als Vorstufe des Rechtssatzes erscheinen. Und doch ist der Übergang von der massenhaft und ständig wiederholt begründeten zweiseitigen Vertragsbindung zur allseitig verpflichtenden Rechtsnorm nicht leicht auf den Begriff zu bringen. „Die Binnenstruktur dieses Rechts“ der Rechtsgewohnheiten, „seine spezifische Rechtsqualität also, ist“ - so hat es Kroeschell, ebenfalls in Köln 1992, formuliert - mit der sich vom Gewohnheitsrecht abwendenden Bezeichnung als *Rechtsgewohnheit* „noch nicht erfasst“.[25] Die vorgenannten Arbeiten von Ebel, Hagemann und Demelius hätten sich um diese „spezifische Rechtsqualität bemüht“. Doch ist dies offensichtlich nur im Sinne der Darstellung der Herkunft von Rechtsnormen aus Vertragspraxis zu verstehen. Wie die Geltungsweise der dergestalt gebildeten Rechtsgewohnheit zu verstehen sei, blieb wohl offen.

Über Formen nur zweiseitiger, rechtsgeschäftlich erzeugter Rechtsgeltung gibt die gegenwärtige Rechtstheorie kaum etwas her. Ihre Überlegungen zur

---

[21] Kroeschell, Recht und Rechtsbegriff (wie Anm. 1); ders., Deutsche Rechtsgeschichte I (wie Anm. 1), S. 185, 290 f.; ders., Rechtsbegriff der Rechtsgeschichte (wie Anm. 1), S. 313 f.
[22] Wilhelm Ebel, Über die Formel „für mich und meine Erben“ in mittelalterlichen Schuldurkunden, in: ZRG GA 84 (1967), S. 236-274.
[23] Hans Rudolf Hagemann, Übertragungen mit Nutzungsvorbehalt in alemannischen Formeln und Urkunden, in: Archiv des Historischen Vereins des Kantons Bern 44 (1960), S. 339-358; ders., Gedinge bricht Landrecht, in: ZRG GA 87 (1970), S. 114-189.
[24] Heinrich Demelius, Eheliches Güterrecht im spätmittelalterlichen Wien, in: Sitzungsberichte der Österreichischen Akademie d. Wiss., phil.-hist. Kl. Bd. 265, 4. Abh., Wien 1970.
[25] Kroeschell, Rechtsbegriff der Rechtsgeschichte (wie Anm. 1), S. 315.

Rechtsgeltung erschöpfen sich in der *Gesetzes*geltung.[26] Vertraglich-konkrete Verbindlichkeit wird nicht als Rechtsetzung oder Normbildung verstanden, damit auch nicht in Erörterungen zur Rechtsgeltung einbezogen, sondern auf die von der staatlichen Rechtsordnung gewährte „Privatautonomie“ abgedrängt. Sie ist nicht Norm, sondern (nur) subjektives Recht. Das einzige mir bekannt gewordene Buch, das sich mit Normbildung und Rechtsgeltung auf der Grundlage vertraglich-konkreter Rechtsbeziehungen befasst, ist die 1925 von Gerhart Husserl unter dem Titel "Rechtskraft und Rechtsgeltung. Eine rechtsdogmatische Untersuchung. Erster Band: Genesis und Grenzen der Rechtsgeltung" vorgelegte Bonner Habilitationsschrift, dem berühmten Vater gewidmet. Husserl kennt unterschiedliche „Intensitätsgrade der Rechtsgeltung“. Er spricht insoweit beispielsweise von „unvollkommener“ oder „reduzierter“ Rechtsgeltung. Die „abhängige“ Rechtsgeltung, die er näher analysiert, weil sie mit den Grenzen der Rechtsgeltung zusammenhängt, ist ein Fall der unvollkommenen Rechtsgeltung. „Abhängige“ Rechtsgeltung demonstriert Husserl an frühen Formen des Kaufvertrages, bei denen das Recht des Käufers an der Sache über mehrere Stufen der Rechtsgewinnung hin vom Willen des Verkäufers abhängig bleibt. „Die Rechtsgeltung solcher Rechtssachverhalte ist mithin eine *abhängige* in dem Sinne, dass von dem künftigen Verhalten einer Partei ihr rechtliches Sein abhängt.“[27] Die unvollkommene Rechtsgeltung insgesamt wird allerdings in dem genannten Buch nicht entwickelt, sie bleibt dem "II. Teil dieser Untersuchung" über die Intensitätsgrade der Rechtsgeltung vorbehalten - und dieser ist nicht erschienen.

Karl Kroeschell hat in seinem Kölner Vortrag von 1992 Johann Stephan Pütter, Karl Friedrich Eichhorn und last but not least Justus Friedrich Runde genannt, in deren Rechtsquellenlehre noch das Herkommen *und* die vertragsmäßige Autonomie die zentrale Stellung einnahmen. Doch sei diese Linie um 1828/29 verebbt. Schon und selbst für Otto Gierke waren dann Herkommen *und* Normsetzung durch Vertrag nur noch - so Kroeschell - dessen Hauptbeispiele für die „Unvollkommenheit der alten deutschen Rechtsidee“, die einerseits die „Privatautonomie“ nicht richtig erfasst und andererseits „Normen wie die statutarischen Rechtssatzungen adliger und fürstlicher Familien oder von Dorf-

[26] Auch Ferdinand Kirchhoff, Private Rechtsetzung, Berlin 1987, blieb für meine Fragen unergiebig.

[27] Gerhart Husserl, Rechtskraft und Rechtsgeltung. Eine rechtsdogmatische Untersuchung. Erster Band: Genesis und Grenzen der Rechtsgeltung, Berlin 1925, S. 118, 169 ff., 177 (Zitat), 198. Zu G. Husserl vgl. die ihm zu seinem 75. Geburtstag gewidmete Festschrift, hrsg. von Thomas Würtenberger, Frankfurt a. M. 1968; Britta Böhler, Gerhart Husserl. Leben und Werk, Diss. iur. Freiburg i. Br. 1992. Husserl hat sein Werk mit rechtsgrundsätzlichen Betrachtungen fortgesetzt, zunächst mit „Rechtssubjekt und Rechtsperson“, in AcP N.F. 7 (1927), S. 129-209. Zu dem geplanten zweiten Teil seiner Habilitationsschrift und dem hier interessierenden Gegenstand der Intensitätsgrade der Rechtsgeltung ist er jedoch soweit ersichtlich nicht zurückgekehrt.

und Stadtgemeinden" als vertragsmäßig zustande gekommen angesehen habe.[28] Um die Normativität des mittelalterlichen Rechts zu erfassen, müssen wir also zurück zu Runde, Eichhorn und Pütter. Und möglicherweise hilft uns Husserl bei der Formulierung eines rechtstheoretischen Systems, das vertragliche, also konkret-konsensuale-relative Beziehungen als Ausgangspunkt von Normativität nimmt und auch die Faktoren benennt, die zur ausschließlichen Beschäftigung mit *Gesetzes*geltung und zur Absonderung der Privatautonomie führten: Das also wäre das Programm. Ein Programm, das ich hier nur andeuten und ansatzweise beschreiben, nicht aber ausführen kann. Im Versuch, die Bedeutung rechtsgestaltender Vertragspraxis außerhalb der Alternative des sonst geltenden Rechts zu beschreiben, habe ich 1983/84 in Anlehnung an Husserl formuliert: „Ein Recht, das in seinem Kernbereich konkret-konsensual gestaltet ist, hat keine Schwierigkeiten, den (gesamtheitlich) gewillkürten und den (individuell) vertraglich hergestellten Konsens als vereinbarte lex inter partes anzuerkennen. Die Parteien bringen zwei- oder mehrseitig geltende Normen in Autonomie, nicht in Wahrnehmung einer staatlichen Ermächtigung hervor".[29] Es kommt also meines Erachtens darauf an, Rechtsgeltung aus konsensual geprägten, zwei- und mehrseitigen, doch eben konkreten und „relativ" bleibenden Verpflichtungen zu erklären. Möglicherweise liegt hierin die die Normativität der Rechtsbildungszentren „vertragliche Geschäftspraxis" und „Prozess" miteinander verbindende Brücke. Denn es handelt sich, worauf ich Wert lege, um *zwei* solcher Zentren, nämlich um Herkommen (=Prozess) *und* Normbildung durch rechtsgestaltende Vertragspraxis (=Autonomie).

Wenden wir uns also dem Bereich des Prozesses zu. Ich bitte zugleich um Nachsicht dafür, dass ich mich hier vorwiegend auf meine eigenen früheren Arbeiten stütze. Nachsicht auch für kritische Äußerungen zur Auffassung anderer, auch hier anwesender Kollegen. Wir wollen ja miteinander ins Gespräch kommen. Es stellt sich jetzt unabweisbar die zuvor gegenüber den Rückert'schen „Zentren normativer Aktivität" zurückgestellte Frage, was denn eigentlich der Gegenstand der prozessualen Normbildung sei, womit sich der Prozess befasse, insbesondere aber, was aus ihm - außer einer Entscheidung des anhängigen Streites - „herauskomme". Es wird der Gegenstand prozessualer Aktivität insofern zum Problem, als meine Überlegungen zur konsensgegründeten Normativität und relativen Geltungsschwäche des „deutschen Rechts" jedenfalls auch und sogar im Schwerpunkt das Verhältnis von Prozess und Recht *als bereits existenter Rechtsgewohnheit* betreffen. Ich gehe also, rechtsgestaltende Vertragspraxis durchaus anerkennend, davon aus, dass es - auch im frühen - deutschen Mittelalter Bereiche gab, die von Rechtsgewohnheit(en) geprägt waren. Als Beispiele habe ich „das Deliktsrecht mit seinen Bußtatbeständen" sowie „das gesamte Gebiet der

[28] Kroeschell, Rechtsbegriff der Rechtsgeschichte (wie Anm. 1), S. 320 ff.

[29] Jürgen Weitzel, Deutsches Recht, in: Lexikon des Mittelalters III, Sp. 777-781.

geltungsbegründenden (Vertrags-)Formen, der Gerichtsverfassung und des gerichtlichen Verfahrens“ genannt. Abgesehen von der allseits akzeptierten Existenz von Verfahrensregeln wird nun aber die Existenz materiell-objektiven Rechts - im früheren Mittelalter - in vielgestaltiger Weise und in unterschiedlicher terminologischer Einkleidung in Abrede gestellt. Karl Kroeschell tut dies ausdrücklich und konsequent bis hin zum 12. Jahrhundert, in dem dann schließlich aus dem vorgenannten „Gewebe“ das neuartige materiell-objektive Recht entstehe.[30] Gerhard Dilcher lässt in Anwendung der ethnologischen Begrifflichkeit von „Ordnung und Konflikt“ bestehenden Rechtsgewohnheiten nur in der Form der germanisch-volkssprachlichen Fach- und Kennworte, insbesondere der Malbergischen Glossen, bescheidenen Raum. In ihnen kämen Rechtsinhalte als Streitprogramme zum Ausdruck.[31] Doch wer will wissen, wie viele solcher Begriffe in Gebrauch standen? Was ihnen - Kroeschell und Dilcher - unter solchen Vorzeichen Gegenstand einer prozessualen Rechtsbildung sein könnte, vermag ich nicht zu sagen. Gerhard Köbler allerdings billigt auch der früh- und hochmittelalterlichen, ja sogar der germanischen Epoche, in der eine eigene Terminologie des Richtigen vor der Berührung mit der Antike mit dem Christentum bestanden habe, eine objektive Dimension des Rechts zu. Es habe „eine frühmittelalterliche Vorstellung von Recht als dem Richtigen, also eine Art Gerechtigkeitsvorstellung durchaus existiert“.[32] Der ewa genannte Regelbestand lasse sich kaum auf das Verfahrensrecht beschränken. Auch andere haben an der Existenz objektiven Rechts im Mittelalter festgehalten.[33] Joachim Rückert legt sich nicht fest. Einerseits kritisiert er Wilhelm Ebel dafür, dass er trotz seiner Studie über „Für mich und meine Erben“ (1967) neben dem „nur im Einzelfall bewusst werdenden Recht“ doch einen „unbewusst bleibenden Gesamtvorrat rechtlicher Vorstellungen“ hinzudenke. Andererseits anerkennt er selbst jedenfalls im Prinzip und unter vorsichtigen bis gelegentlich unklaren Einschränkungen die Existenz von - objektiv-materiellen - Rechtsgewohnheiten. So zunächst bei der negativ abgrenzenden Beschreibung der „Zentren der normativen Aktivität“. Sie lägen jedenfalls „nicht in ganz ungeformter Übung (Gewohnheit)“, lautet eine der Ausgrenzungen. Die Formung erfolgt dabei wohl durch Vertragspraxis und Prozess. Womit doch wohl auch die Gewohnheit als Gegenstand des Prozesses

[30] Vgl. insb. die oben Anm. 1 und 2 genannten Beiträge, die meisten davon auch in „Studien zum frühen und mittelalterlichen deutschen Recht“; ferner seine Besprechung zu „Gewohnheitsrecht und Rechtsgewohnheiten im Mittelalter“ (wie Anm. 1), in: Quaderni Fiorentini 23 (1994), S. 428-434.

[31] Gerhard Dilcher, Mittelalterliche Rechtsgewohnheit als methodisch-theoretisches Problem, in: Gewohnheitsrecht und Rechtsgewohnheit (wie Anm. 1), S. 21-65, 38 ff., 55.

[32] Gerhard Köbler, Das Recht im frühen Mittelalter, Köln u.a. 1971, S. 226 f.

[33] Winfried Trusen, Gutes altes Recht und consuetudo. Zu den Anfängen der Rechtsquellenlehre im Mittelalter, in: Festschrift für Günter Küchenhoff, Berlin 1972, S. 189-204; Gustaf Klemens Schmelzeisen, Objektives und subjektives Recht. Zu ihrem Verhältnis im Mittelalter, in: ZRG GA 90 (1973), S. 101-120.

erkannt und anerkannt ist. Sodann wird unter dem Stichwort „consuetudo“ gesehen, dass „längere Zeit unbestrittene Verhältnisse als vermutlich rechtmäßig und richtig erinnert“ werden. Dann aber werden die Rolle des Prozesses und der Langzeit-Erinnerung herb relativiert: „Recht existiert greifbar nur als *gut* erinnerbares ... , als *täglich* praktiziertes wie im Handelsrecht, im Seerecht und in der Vertragspraxis, als konfirmiertes wie in den Rechtsbestätigungen der Städte. Sonst bleibt es *undeutlich*. Deswegen (?) ist dieses undeutliche ‚Recht‘ aber nicht Gewohnheitsrecht im heutigen Sinn, vielleicht schon Rechtsgewohnheit, oft nur unbestimmte Lage“.[34]

Wollte ich jetzt die Problematik der Existenz materiell-objektiven Rechts ausführlich diskutieren, wir fänden - zeitlich gesehen - nicht mehr zur „unvollkommenen Rechtsgeltung“ zurück. Einige Anmerkungen müssen jedoch sein. Zum ersten: Es scheint mir dringend erforderlich, diese Diskussion von der Epoche des frühen Mittelalters abzulösen. Die Überlegungen gelten teilweise „germanischen“, also vormittelalterlichen Verhältnissen und prinzipiell übergreifen sie, da die Problematik mit der weithin fehlenden Schriftform des Rechts verkoppelt ist, das *gesamte ungelehrte* Mittelalter. Es lässt sich zudem die Annahme nicht begründen, das frühe Mittelalter sei „noch weniger normativ“ gewesen, als das hohe. Es können „Konzepte“ der vorgenannten Art nur insofern an bestimmte Epochen geknüpft werden, als wir in diesen ein Mehr oder Weniger an Schriftrecht ausmachen. Im übrigen aber geht es um modellhafte, gelegentlich an frühmittelalterlichen, gelegentlich aber auch an hoch- oder gar an spätmittelalterlich-städtischen - erinnert sei an die spätmittelalterliche Vertragspraxis Wiens im Ehegüterrecht - Beispielen illustrierte Überlegungen *idealtypischer* Art dazu, wie man sich die frühesten Existenzformen materiellen Rechts vorzustellen habe, wie man ihr Auftreten und ihre Sonderung gegenüber allgemeinen Sozialnormen erklären oder doch auch nur erkennen könne. Solche Prozesse der Rechtsbildung und die mit ihnen verbundenen Verständnisschwierigkeiten sind nicht auf einen bestimmten Teil des „schriftlosen Mittelalters“ beschränkt, sondern sie vollziehen sich ständig, und zwar stehen sie in unterschiedlichen Stufen der normativen Ausformung fortwährend nebeneinander. Man kann allenfalls sagen, dass sie mit der gesicherten, langfristig anhaltenden Zunahme von Schriftrecht *insgesamt* tendenziell abnehmen. Einschnitte wären also im 13. Jahrhundert, dann mit der Vollrezeption um 1500 und schließlich mit dem Verbot der Rechtsgewohnheiten im 18. Jahrhundert zu machen. Aber die quantitative Minderung der Rechtsgewohnheiten ist nicht eigentlich unser Problem.

Es gibt also, so scheint mir, keine festlegbare Stunde Null in der Bildung von Rechtsgewohnheiten. Sie entstehen vielmehr immer da, wo eine hinreichende Kommunikation über als richtig erachtete, äußerlich verpflichtende Regeln

[34] Rückert (wie Anm. 20), S. 305. Hervorhebungen und Fragezeichen von mir.

stattfindet. Sie sind modellhaft gesprochen *stets* neben Bereichen der undifferenzierten Lebensordnung zu vermuten. Es bedarf dazu noch nicht einmal des Gerichts. Unstreitig sind die in der Lex Salica aufgezeichneten Bußsummen älter als die fränkische Gerichtsbarkeit. Die Bußsummen erwuchsen offenbar aus der Übung der zwischen den Sippen gepflogenen Sühneverhandlungen. Dass der Charakter der *Leges* als Rechtsquellen in Frage steht, dass *ihre* normative Geltung als Rechtsaufzeichnung - zu Recht - bezweifelt wird, gründet in Bedenken am Willen zu und an den Voraussetzungen für Gesetzgebung oder auch für die nur tendenziell normativ wirkende Rechtsaufzeichnung im fränkischen Reich. Das hat jedoch nichts mit dem „relativen Geltungsanspruch" *gewohnheitlich* begründeter Regeln für den Ausgleich von Unrecht zu tun.

Es ist also fraglich, ob es in unserem historischen Gesichtsfeld je einen Zustand gab, der sich ausschließlich als undifferenzierter Vollzug der Lebensordnung kennzeichnen lässt. Einige Ethnologen haben dieses Problem unter dem Kennwort des „funktionalen Rechtsbegriffs" schon verabschiedet.[35] Die Debatte erscheint ihnen offenbar als unfruchtbar. Wenn wir als Rechtshistoriker gleichwohl danach fragen, wann „Recht" entsteht, dann müssen wir jedenfalls für das gesamte Mittelalter unweigerlich die Existenz von Gerichten mit in Betracht nehmen. Die Gerichtsversammlung ist nach Alter, Verbreitung und Dauerhaftigkeit die institutionalisierte Form öffentlicher, nämlich Allgemeinheit bildender und auf Allgemeingeltung der getroffenen Beschlüsse zielender Kommunikation äußerlich verpflichtender Verbindlichkeiten schlechthin. In einer Gesellschaft, die Gerichte kennt und in der Gerichte mit einer angemessenen Regelmäßigkeit tätig werden, bestehen immer auch Lebensbereiche und Lebenszusammenhänge, die gerichtlich geklärt oder jedenfalls klärbar sind. Vor Gericht wird im fränkischen Bußverfahren zwar eine Einigung der Parteien erzwungen, doch wird nicht einfach ein „Vertrag geschlossen". Entscheidend ist die im Gericht hergestellte Öffentlichkeit. Der Verletzte, der Kläger kann seinen Konflikt nicht nur mit dem Täter, sondern zusammen mit vielen anderen „besprechen" und so lösen. Seine Sache gewinnt die Aufmerksamkeit derer, die sich für die Erhaltung des Friedens als zuständig erachten, auch derer, die in einer ähnlichen Situation waren oder in sie kommen können. Es wird so die Sache des Einzelnen verhandelt, dies jedoch aus dem Blickwinkel der Allgemeinheit. Und deshalb nach gewissen Regeln, in einer gewissen Regelhaftigkeit, die jedenfalls den an eine „relative Rechtsgeltung" zu stellenden Anforderungen genügt. Insoweit ist auch *„relatives"*, in seiner Geltung *„unvollkommenes"* Recht - wenn es denn zur Anwendung kommt - kontrafaktisch. Es ist ein sozial beachtlicher Wirklichkeitsbestand außerhalb der Lebensordnung selbst.

---

[35] Wie Anm. 3.

Diese Regeln sind auch inhaltlicher Art. Zwar überwiegt Verfahrensrichtigkeit, doch können Recht und Gericht sich nicht im Verfahren erschöpfen. Jede Beurteilung, jedes Urteil ist „Entscheidung" und erfolgt diese nicht völlig willkürlich, was mit dem Sinn und dem im Mittelalter rund ein Jahrtausend zu beobachtenden Funktionieren von Gerichtsbarkeit nicht vereinbar ist, so bedarf es auch inhaltlicher Kriterien. Ich zitiere Gerhard Köbler: „Die Beurteilung ganz bestimmter Geschehnisse als mit rehte realisiert setzt einen einschlägigen Maßstab einfach voraus".[36] Persönlich muss ich gestehen, dass mich die Vorstellung eines nur aus Verfahrensregeln und vertraglichen Absprachen bestehenden Rechts überfordert. Ich gebe auch zu bedenken, dass die Zuordnung von Beweislastregeln entweder zum Verfahrens- oder aber zum materiellen Recht in der heutigen Prozessrechtslehre höchst umstritten ist.[37]

Gerhard Dilcher schließt die Existenz inhaltlicher Normen zwar nicht aus, er setzt das Wort „Normen" jedoch in Anführungszeichen und sieht in ihnen „die Ordnung ... welche nicht einen ausdifferenzierten Rechtsbereich darstellt, sondern die aus Überlieferung, Sitte, Moral und Religion bestehende, als richtig angesehene Lebensordnung".[38] Aber wie passt dies zur zeitgleich existierenden Institution „Gericht"? Soll am Gericht inhaltlich über Sitte, Moral oder Religion befunden werden? Diese Selbstverleugnung des Juristen und Rechtshistorikers gegenüber anderen Normensystemen scheint mir denn doch zu weit zu gehen. Gerichtsfähige Normen sind *Recht.* Wird ein religiöses Gebot vor Gericht beachtet, so ist es zumindest *auch* Recht, eben „relatives" Recht. Denn es konstituiert die vor Gericht ablaufende, letztlich auf zwangsweise Durchsetzung angelegte Entscheidungsfindung mit, gehört also insoweit der eigengearteten Spezies von Normen an, die wir „Recht" nennen.

Ich konsentiere also, dass das Recht in den überwiegend oralen Gesellschaften des Mittelalters häufig nicht ausdifferenziert in der Lebensordnung ruht. Daneben gibt es die rechtsgestaltende Vertragspraxis. Daneben gibt es aber ferner auch Bereiche, in denen Rechtsgewohnheiten materiell-objektiver Art Rechtsgeltung beanspruchen. Sie leitet sich im wesentlichen aus der gerichtlichen Kommunikation und nicht nur aus einer „täglichen" Rechts- und Vertragspraxis, wie sie nur in Handelskreisen und in Städten stattgefunden hat, her. Schließlich traf sich die jeweilige Rechtsgemeinschaft mehrmals jährlich im Gericht!

In diesem Sinne kehre ich zur Problematik des unvollkommenen oder reduzierten Geltungsanspruchs von Rechtsgewohnheiten zurück. Die Frage

---

[36] Köbler (wie Anm. 32).

[37] Vgl. auch Jürgen Weitzel, Versuch über Normstrukturen und Rechtsbewusstsein im mittelalterlichen Okzident (450-1100), in: Zur Entwicklung von Rechtsbewusstsein, hrsg. von Ernst-Joachim Lampe, Frankfurt a.M. 1997, S. 371-402, 372 ff.

[38] Dilcher (wie Anm. 31), S. 38 ff., 52.

nach der Normstruktur des ungeschriebenen Profanrechts im Sinne von Herkommen und Rechtsgewohnheit stand am Anfang meiner Überlegungen zu einer „relativen Rechtsgeltung". Nur über sie habe ich in „Dinggenossenschaft und Recht" gearbeitet. Sie in ihrer normativen Gestalt zu verstehen, war damals mein unhinterfragtes Anliegen. Ich halte das Verständnis *ihrer* Normativität auch heute noch für unabdingbar, um zugleich die Normstruktur des aus rechtsgestaltender Vertragspraxis hervorgehenden Rechts zu erkennen. Die schriftlosen und herrschaftsfernen Rechtsgewohnheiten gelten mangels Fixpunkt in schriftlicher Verkörperung und mangels Verwaltung durch einen staatlich-autoritativen Rechtsstaat nur konkret-konsensual, als stillschweigend konsentierte Gewohnheit oder als (erneut) im Gericht zwangsweise hergestellter Konsens.[39] Existenz und/oder Inhalt schriftlosen Profanrechts können mithin jederzeit von einer Partei existentiell in Frage gestellt werden. Abhilfe im Sinne einer rechtlichen Klärung des entstandenen Konflikts schafft dann nur der im Gericht erneut erzielte Konsens. Ich habe deshalb davon gesprochen, dass die konsensgegründete Normativität eine „relative Geltungsschwäche" nur gedanklich existierender Regeln zur Folge habe. Heute denke ich, dass diese „Geltungsschwäche" eine Erscheinungsform „unvollkommener" oder „reduzierter" Rechtsgeltung ist. Und zwar die, die man als strukturelle Form unvollkommener Rechtsgeltung bezeichnen kann. Sie gründet nämlich in der Seinsweise, in den Existenzbedingungen des schriftlosen Rechts selbst. Dieses *kann* überhaupt nur - solange es nicht mit dem in Analogie zum Schriftrecht gedachten „Gewohnheitsrecht" vermengt und verwechselt wird - eine unvollkommene Geltung entwickeln. Insofern ist die Reduzierung der Rechtsgeltung hier eine „normative". Im Gegensatz hierzu kann die nur unvollkommene Geltung schriftlich gesetzten Rechts aus äußeren Gründen erwachsen: aus Spielräumen der Parteien, die der „Normgeber" gar nicht ausschließen will; aus der Beschneidung des Anwendungsbereichs durch sachlich konkurrierende Normen, die der „Normgeber" in Rechnung stellt; aus der Beachtung des Ansehens der Person, die unausgesprochen vorausgesetzt wird; usw. Die reduzierte Geltung eines schriftlich verfügten Rechtssatzes ist folglich akzidentiell oder auch „faktisch" begründet, jedenfalls dann, wenn der Normgeber die Gesetzgebungsidee erfasst hat und demgemäss auch einen

[39] Vgl. Jürgen Weitzel, Gewohnheitsrecht und fränkisch-deutsches Gerichtsverfahren,, in: Gewohnheitsrecht und Rechtsgewohnheiten (wie Anm. 1), S. 67-86, 72 ff., 76 ff.; Weitzel (wie Anm. 29), Sp. 780. Dabei sollte sich niemand an dem Wort „Konsens" reiben, indem er an diesen zu hohe Anforderungen stellt, vielleicht gar eine ausdrücklich formulierte Zustimmung nach erfolgtem Diskurs erwartet. Das entspräche nicht den Formen der Willensbildung im deutschrechtlichen Thing. Vgl. zu diesen Jürgen Weitzel, Umstand, in: HRG V, Sp. 437-442. Grob gesagt gilt der Satz qui tacet, consentire videtur, der auch Zustimmungsformen wie Duldung und Anerkennung deckt. Auch das Herkommen ist, da ohne Teilhabe des Gerichts an seiner Entwicklung schwerlich denkbar, Konsens in dem beschriebenen Sinne und nicht nur „spontane Ordnung". - Verf. dankt Joachim Rückert für Anregungen zum Thema.

vollkommenen Geltungsanspruch hätte formulieren können. Dies festzustellen ist aber angesichts des Vorherrschens einer konsensual-traditionalen Rechtsvorstellung oft gerade das Problem.[40]

In meinem Artikel „Deutsches Recht“, aus dem ich vorgehend hinsichtlich der rechtsgestaltenden Vertragspraxis zitierte, habe ich, anders als in „Dinggenossenschaft und Recht“, ansatzweise den Versuch unternommen, die Normativität *beider* Großbereiche des Rechts und der Rechtsbildung - also Herkommen/Rechtsgewohnheit *und* rechtsgestaltende Vertragspraxis - nach einheitlichen Kriterien zu erklären. Die Brücke besteht wohl darin, dass die Normativität beider Bereiche „konkret-konsensual“ ist, was hinsichtlich der rechtsgestaltenden Vertragspraxis selbst einer näheren Erläuterung nicht bedarf. Dass damit das Problem nicht geklärt ist, ob und warum die aus konstanter Vertragspraxis schließlich erwachsende Rechtsgewohnheit als solche nur von „unvollkommener Geltung“ ist, wurde bereits angedeutet. Möglicherweise teilt sie schlicht die in jenen Zeiten überwiegend zu beobachtende relative Rechtsgeltung. Denn nach alledem wird man sagen müssen, dass die Geltungsweise des mittelalterlichen Rechts *zumeist* eine nur relative oder unvollkommene war. Erst die allmählich hinzutretenden autoritativen Rechtsanwendungs- oder gar Rechtsinhaltsbefehle dürften hieran wesentliches geändert haben.[41] Es bedürfen - so wird man nach alledem noch immer sagen müssen - die Erscheinungen des nur im Konsens geltenden Rechtssatzes und der rechtssatzvertretenden Vertragspraxis auch fernerhin weiterer tatsächlicher und rechtstheoretischer Erhellung.[42]

III. Abgrenzungen

Zum Phänomen der „unvollkommenen Rechtsgeltung“ gehört wohl nicht das weite Feld des auf einzelne Stände oder Schichten beschränkten Rechts. Dieses hat allerdings gleichermaßen im Vorrang des Besonderen vor dem Allgemeinen, des Örtlichen und Regionalen vor dem Nationalen wie auch in der örtlichen und sachlichen Aufgliederung der Gerichtsbarkeit seine Grundlage. Die Fragen nach

---

[40] Für Anregungen im Hinblick darauf, ob die die Rechtsgeltung reduzierenden Faktoren normativer oder faktischer Art seien, danke ich Regina Ogorek.

[41] Zur Unterscheidung zwischen Rechtsgeltungs- und Rechtsinhaltsbefehl vgl. Jürgen Weitzel, Merkantilismus und zeitgenössische Rechtswissenschaft, in: Städtewesen und Merkantilismus in Mitteleuropa, hrsg. von Volker Press, Köln u.a. 1983, S. 45-81, 69-72.

[42] Ich hätte deshalb gerne einen Rechtstheoretiker als Teilnehmer an der Vortragsreihe des Graduiertenkollegs im Dezember 2000 gesehen, kam jedoch mit meinem diesbezüglichen Vorschlag leider zu spät.

dem „schichtspezifischen Privatrecht“[43] oder nach einem schichtspezifischen Strafrecht[44] gehen davon aus, dass der Geltungsanspruch des auf Stand oder Schicht abstellenden Rechts von vornherein auf Mitglieder *dieses* Standes oder *dieser* Schicht beschränkt ist. Es wird also schon nach den Normadressaten unterschieden, nicht aber werden innerhalb eines zunächst erhobenen einheitlichen Geltungsanspruchs Relativierungen vorgenommen. Selbstverständlich aber *können* innerhalb ständisch oder schichtspezifisch geltenden Rechts weitere Relativierungen im Hinblick auf bestimmte Sachlagen oder Personen in der Anwendung und Umsetzung des Rechts erfolgen. Im Strafrecht etwa wäre eine solche einschlägige Relativierung der Norm die Entscheidung „nach Ansehen der Person“, etwa innerhalb des Kreises der Bürger einer Stadt, für die alle grundsätzlich gleiches Bürgerrecht gilt. Hierbei geht es dann nicht um ein schichtspezifisches Strafrecht, sondern um ein „schichtspezifisches Strafen“ im Angesichte und trotz einheitlicher Normierung.[45] Neuere Untersuchungen bestätigen durchaus die Annahme, dass ein derartiges „relatives Strafen“ weit verbreitet war, wobei sich allerdings vor der definitiven Zuordnung dieser Erscheinungen zum Phänomen nur reduzierter Rechtsgeltung weitere schwierige Fragen auftun. Zu erörtern wäre etwa die die Person insgesamt zur Disposition stellende Grundlage des Strafens im Bürgereid. Zu erörtern wären ferner die Erscheinung der Gnade[46] und ihr vielgestaltiges Umfeld. Dabei sollte man die Gnade selbst nicht mit dem Phänomen „reduzierter Rechtsgeltung“ in Verbindung bringen, da sie den Geltungsanspruch des Rechts nicht in dieser oder jener Weise relativiert, sondern ihn gänzlich negiert und aufhebt, und dies aus einem anderen und höher als das Recht eingestuften Prinzip. Was allerdings das Umfeld der Gnade angeht, also die während des gesamten Mittelalters zu beobachtende Ablösung von Blutstrafen selbst bei schwerwiegenden Untaten, das „Richten nach Gnade“ oder nach billigem, statt nach strengem Recht, den Strafverzicht aufgrund vorheriger oder verabredeter Unterwerfung und dergleichen mehr, möchte ich derzeit nicht einmal den Ansatz einer Erklärung wagen. Es wäre auch die Frage zu stellen, ob, in welchem Ausmaße und vornehmlich warum eigentlich, von den Zeitgenossen eine nach dem Ansehen der Person differenzierte Strafzumessung als rechtens und keineswegs als willkürlich empfunden wurde.

---

[43] So der schöne Aufsatz von Wolfgang Leiser, Schichtspezifisches Privatrecht, in: ZRG GA 93 (1976), S. 1-20.

[44] Vgl. Helmut Martin, Verbrechen und Strafe in der spätmittelalterlichen Chronistik Nürnbergs, Köln u.a. 1997.

[45] Die hier angesprochenen Erscheinungen des ungleichen Strafens und der ungleichen oder gar gänzlich fehlenden Durchsetzung selbst geschriebener Strafnormen geben immer wieder zu höchst kontroversen Diskussionen auch mit Neuzeithistorikern Anlass.

[46] Vgl. dazu aus letzter Zeit Jürgen Weitzel, Gnade, in: Reallexikon Germ. Altertumskunde, Bd. 12 S. 240-247; Thomas Brückner, Das ‚ius aggratiandi‘: Gnade und Recht und ihre Interaktion in der rechtswissenschaftlichen Literatur der frühen Neuzeit, in: TRG 69 (2001), S. 57-79.

Keinesfalls relativiert werden darf die Qualität des Rechts als einer besonderen, eigengearteten Spezies von Normen, deren „Eigenbereich“ darin gründet, dass Recht und Gericht das bestimmten Verfahrensregeln folgende, von Öffentlichkeit und öffentlicher Zwangsgewalt geprägte, auf Drittentscheidung angelegte letzte Mittel zur friedlichen Beilegung von Konflikten sind.[47] Auf die Bedeutung der Gerichtsversammlung als der nach Alter, Verbreitung und Dauerhaftigkeit hervorragenden Form öffentlicher, nämlich Allgemeinheit bildender und auf Allgemeingeltung der getroffenen Beschlüsse zielender Kommunikation wurde bereits hingewiesen. Das Auftreten auch anderer Streitbeilegungs- und Kommunikationsformen vermag der „Eigenständigkeit“ des Rechts keinen Abtrag zu tun. Insbesondere besteht kein Anlass, Gerichtsverfahren und Urteil als Form und Ergebnis verbindlicher Konkretisierung des Rechts und als Grundlage öffentlicher Vollstreckung in ihrer Qualität zu relativieren. Das Gerichtsverfahren ist keine beliebige Kommunikationsform und das im Urteil artikulierte Recht keine beliebige Sozialnorm. Wir erkennen als einen Bereich grundsätzlicher Problematik Formen „unvollkommener Rechtsgeltung“, nicht aber Urteile, die nur „Verkündung“ außerhalb des gerichtlichen Verfahrens gewonnener Kommunikationsergebnisse gewesen seien. Das konsentierte und gebotene Urteil ist in der konkreten Situation absolut geltendes und durchsetzbares Recht. Was freilich im Einzelfall (gewaltsame) Verhinderung der Durchsetzung, Verzicht der begünstigten Partei auf das Urteil oder auf dessen Durchsetzung und anderes mehr keineswegs ausschließt.

[47] Zum Nachfolgenden vgl. meine Besprechung zu Gerd Althoff, Spielregeln der Politik im Mittelalter. Kommunikation in Frieden und Fehde, Darmstadt 1997, und Gerd Althoff, Hans-Werner Goetz, Ernst Schubert, Menschen im Schatten der Kathedrale. Neuigkeiten aus dem Mittelalter, Darmstadt 1998, in: ZRG GA 117 (2000), S. 689-702.

Theophanu und Adelheid
Zum Problem der Vormundschaft über Otto III.
Karl Kroeschell, Au im Breisgau

Vorbemerkung

Als mich Albrecht Cordes vor geraumer Zeit einlud, bei dem Kolloquium über "Rechtsbegriffe im Mittelalter" einen Vortrag zu halten, sah ich darin zunächst eine Gelegenheit, meine verschiedenen Stellungnahmen zu diesem Fragenkreis[1] noch einmal übersichtlich zusammenzufassen. Allerdings wurde mir zunehmend zweifelhafter, ob ein solcher Versuch wirklich sinnvoll wäre. War nicht alles längst gesagt, was ich zu sagen wußte, sodaß ich mich nur wiederholen könnte? Lohnte es sich wirklich, noch einmal den Divergenzen nachzugehen, die sich womöglich in den Arbeiten ausmachen ließen, die Gerhard Köbler und ich vor 30 Jahren fast gleichzeitig vorgelegt hatten?[2] Könnte ich denn zu den jüngsten Problemskizzen von Jürgen Weitzel und Gerhard Dilcher[3] überhaupt noch etwas Weiterführendes sagen? Wäre nicht ein neuer Zugriff auf die Quellen nötig, den nun wohl eher Jüngere leisten müßten ?

So ziehe ich es vor, *ius, lex* und *consuetudo*, Gewohnheitsrecht und Rechtsgewohnheiten für diesmal beiseite zu lassen und wende mich stattdessen einem konkreten mittelalterlichen Fall zu, in dem es gleichfalls um Recht und Rechtsbegriff im Mittelalter geht, zu dem sich aber vielleicht sogar etwas Neues sagen läßt. Ich spreche daher heute über das Problem der Vormundschaft über (oder Regentschaft für) den minderjährigen König Otto III. in den Jahren 984-994.

---

[1] Vgl. zuletzt K. Kroeschell, Verfassungsgeschichte und Rechtsgeschichte des Mittelalters, in: Gegenstand und Begriffe der Verfassungsgeschichte (Der Staat, Beiheft 6, 1983) S. 47-77; Ders., Der Rechtsbegriff der Rechtsgeschichte. Das Beispiel des Mittelalters, in: ZRG.GA 111 (1994) S. 310-329; Ders., Art. Recht (allgemein und westl. Bereich), in: LexMA VII (1996) Sp. 510-513.

[2] K. Kroeschell, Recht und Rechtsbegriff im 12. Jh., in: Probleme des 12. Jahrhunderts (Vorträge und Forschungen 12 (1968) S. 309-335; G. Köbler, Zur Frührezeption der consuetudo in Deutschland, in: Hist.Jb. 89 (1969) S. 337-371; Ders., Das Recht im frühen Mittelalter (1971).

[3] J. Weitzel, Versuch über Normstrukturen und Rechtsbewußtsein im mittelalterlichen Okzident (450-1100), in: Zur Entwicklung von Rechtsbewußtsein, hrsg. v. E.-J. Lampe (stw 1315, 1997) S. 371-402; G. Dilcher, Bildung, Konstanz und Wandel von Normen und Verfahren im Bereich mittelalterlicher Rechtsgewohnheit, in: Prozesse der Normbildung und Normveränderung im mittelalterlichen Europa, hrsg. v, D. Ruhe u. K.-H. Spieß (2000) S. 187-201.

Die Ereignisse

Am 23. Dezember 983 wurde der dreijährige Otto III. in Aachen zum deutschen König gekrönt[4]. Die Weihehandlung wurde von den Erzbischöfen Willigis von Mainz und Johannes von Ravenna vorgenommen, die das Kind zuvor aus Italien nach Deutschland geleitet hatten. Am Tage darauf traf die Nachricht ein, daß der Vater des kleinen Königs, Kaiser Otto II., schon am 7. Dezember im Alter von nur 28 Jahren unerwartet in Rom verstorben sei.

Die politischen Folgen dieses Ereignisses wurden alsbald sichtbar. Der ehemalige Herzog Heinrich von Bayern ("der Zänker"), ein Vetter Ottos II., erschien wieder auf der Bildfläche. Nach wiederholten Aufständen gegen den Kaiser war ihm 977 sein Herzogtum aberkannt worden; seitdem hatte er sich bei Bischof Folkmar von Utrecht in Haft befunden. Der Bischof ließ ihn jetzt nicht nur frei, sondern schloß sich ihm sogar an, als er nach Köln ritt, um von Erzbischof Warin die Herausgabe des kleinen Königs zu fordern. Offenbar berief er sich dabei auf seine Stellung als ältester männlicher Verwandter des Kindes[5].

In der Folgezeit war Heinrich anscheinend bestrebt, sich selbst zum Herrscher des Reiches zu machen. Umstritten ist dabei, ob er nur ein Mitkönigtum erstrebte oder ob er, wie die Mehrheit der Historiker heute annimmt, Alleinherrscher werden wollte. Jedenfalls hielt er Hof wie ein König und feierte die hohen Kirchenfeste an zentralen Orten der ottonischen Königslandschaft um den Harz. Am Palmsonntag 984 weilte er in Magdeburg, und das Osterfest beging er in Quedlinburg, wo er auch die junge Mathilde, eine Schwester des königlichen Kindes, in seine Gewalt brachte. Hier wurde er von seinen Anhängern öffentlich als König gefeiert (*a suis publice rex appellatur*)[6].

Allerdings zeigten sich hier auch schon erste Schwächen seiner Position. Bis dahin hatte Heinrich vor allem im deutschen Episkopat prominente Anhänger gefunden. Nun erwies sich, daß jedenfalls die weltlichen Großen Sachsens zu den Ottonen hielten. Eine große Oppositionsgruppe um den Herzog Bernhard von Sachsen (aus dem Hause der Billunger) hatte sich auf der Asselburg (zwischen Hildesheim und Salzgitter gelegen) zusammengefunden[7]; zu ihr gehörte als einziger Kleriker der junge Adlige Bernward (*comes et clericus*), der spätere

[4] Grundlegend zu den Ereignissen namentlich der Jahre 984 und 985: Mathilde Uhlirz, Jahrbücher des Deutschen Reiches unter Otto II. und Otto III., Bd.2. Otto III. (1954) S. 9-35. Neuere Darstellungen des Geschehens etwa bei J. Fried, Der Weg in die Geschichte. Die Ursprünge Deutschlands bis 1024 (1994) S. 550-602; G. Althoff, Otto III. (1996) S. 37-54; Amalie Fössel, Die Königin im mittelalterlichen Reich (2000) S. 320-332. Die Quellen sind am leichtesten zugänglich bei Mathilde Uhlirz, Die Regesten des Kaiserreichs unter Otto II. und Otto III., Bd.2. Otto III. (Regesta Imperii II,3, Neubearb. 1956) Nr. 956t-980b S. 419-462.

[5] Nach dem Bericht der Quedlinburger Annalen habe Heinrich vorgegeben, *ob ius propinquitatis* für den kleinen König sorgen zu wollen. Vgl. Mathilde Uhlirz, Regesten Nr. 956y S. 420.

[6] Dies berichtet Bischof Thietmar von Merseburg in seiner Chronik IV, 2, zweisprach. Ausg. v. W. Trillmich (FSGA Bd. 9, 1957) S. 117 f.

[7] Die Teilnehmer verzeichnet Thietmar von Merseburg (wie vor. Anm.) S.117.

Lehrer Ottos III. und berühmte Bischof von Hildesheim[8]. Hinzu kamen nun die, welche die Osterfeier in Quedlinburg verlassen hatten, weil sie dem jungen König treubleiben wollten. Ein Versuch Heinrichs, die Unterstützung der fränkischen Großen zu erlangen, scheiterte kurz darauf bei einem Treffen in Bürstadt.

Nun muß aber auch von den beiden Kaiserinnen die Rede sein, die sich noch in Italien aufhielten. Theophanu, die Mutter des kleinen Königs, hatte sich nach dem Tode ihres Gatten noch im Dezember zu ihrer Schwiegermutter Adelheid begeben, die in der alten Königsstadt Pavia weilte. Es sei daran erinnert, daß Adelheid eine burgundische Königstochter war, die jung mit dem italischen König Lothar II. vermählt worden war[9]. Nach dessen frühem Tod 950 war sie in die Gefangenschaft seines Rivalen und Nachfolgers Berengar von Ivrea geraten. Es gelang ihr zu fliehen und den deutschen König Otto I. um Hilfe zu bitten, der 951 in Italien erschien und, selbst gleichfalls verwitwet, mit Adelheid die Ehe schloß. Bei seiner Kaiserkrönung in Rom im Februar 962 wurde sie mit ihm gekrönt. Ihre Schwiegertochter Theophanu wiederum war zwar keine byzantinische Kaisertochter, wie man sie bei der Brautwerbung für Otto II. wohl zunächst erhofft hatte[10]. Sie war vielmehr die Nichte des Kaisers Johannes Tzimiskes, eines Usurpators, der sich, erfolgreich als Heerführer wie als Liebhaber der Kaiserinwitwe, zum Kaiser aufgeschwungen hatte - freilich ohne den minderjährigen Thronerben Basileios zu verdrängen oder gar zu beseitigen[11]. Dieser konnte sich nach dem Tode des Johannes 976 als Alleinherrscher behaupten. Zweifellos waren diese Vorgänge auch in Deutschland bekannt, was sich auf das Geschick des kleinen Otto III. auswirken sollte[12]. - Übrigens: zur Zeit dieser Ereignisse war Adelheid etwa 53 Jahre, Theophanu etwa 24 Jahre alt.

Vielfach nimmt man an, die beiden *dominae imperiales* hätten in Italien den Lauf der Dinge nur abgewartet[13]. Wahrscheinlicher ist jedoch, daß sie im Rahmen ihrer Möglichkeiten Einfluß zu nehmen suchten[14]. Um Weihnachten 983 erschien in Pavia der berühmte Gelehrte Gerbert von Aurillac, damals als Abt von Bobbio aus seinem Kloster verdrängt, später umstrittener Erzbischof von Reims, dann von Ravenna, führender Ratgeber Ottos III. und schließlich (als Silvester II.) ab 999 Papst[15]. Obwohl wir darüber nichts Näheres erfahren, muß man wohl

---

[8] Vgl. V.H. Elbern, Art. Bernward, in: LexMA I (1980) Sp. 2012-2014. Reiche Information und Anschauung bietet das Sammelwerk: Bernward von Hildesheim und das Zeitalter der Ottonen, hrsg.v. M. Brandt u. A. Eggebrecht (1993) Bd.I (Aufsätze), Bd.II Katalog der Ausstellung).

[9] Vgl. H. Zielinski, Art. Adelheid (1.A.), in: LexMA I (1980) Sp. 145 f.

[10] Vgl. O. Engels, Art. Theophanu, in: LexMA VIII (1997) Sp. 664. Vielseitige neue Forschungen bietet die zweibändige Kölner Gedenkschrift zum 1000. Todesjahr: Kaiserin Theophanu. Begegnungen des Ostens und Westens um die Wende des ersten Jahrtausends, hrsg.v. A. von Euw und P. Schreiner (1991).

[11] Vgl. P. Speck, Art. Basileios II. (2.B.), in: LexMA I (1980) Sp. 1522.

[12] Vgl. dazu unten bei Anm. 72.

[13] Vgl. etwa Althoff, Otto III. (wie Anm. 4) S. 48.

[14] So einleuchtend Amalie Fössel, Die Königin (wie Anm. 4) S. 322 f.

[15] Vgl. H.H. Kortüm/Uta Lindgren, Art. Gerbert von Aurillac (1.G.), in: LexMA IV (1989) Sp.

eingehende Beratungen mit den Kaiserinnen annehmen. Gewiß mit ihrer Zustimmung, vielleicht gar in ihrem Auftrag reiste Gerbert Anfang 984 zu Erzbischof Adalbero von Reims, einem entschiedenen Anhänger der ottonischen Sache[16]. Gemeinsam mit ihm entfaltete er nun die Aktivitäten, über die er gelegentlich nach Pavia berichtete und deren schriftlicher Niederschlag in seiner berühmten Briefsammlung überliefert ist[17]. Er nahm Verbindung zu führenden deutschen Bischöfen auf, insbesondere zu Erzbischof Willigis von Mainz[18], der fortan als Wortführer der ottonischen Partei auftrat und die Kaiserinnen zur Rückkehr nach Deutschland einlud.

Im April 984 brachen die Kaiserinnen in Italien auf und trafen im Juni in Deutschland ein. In ihrer Begleitung befand sich vor allem König Konrad von Burgund, Bruder der Kaiserin Adelheid und zugleich Schwiegervater Heinrichs des Zänkers. In dieser persönlichen Konstellation deutet sich schon die Möglichkeit eines friedlichen Ausgleichs an, der dann auch tatsächlich zustandekam. Er war sicherlich durch Verhandlungen vorbereitet, über die wir freilich wiederum nichts wissen[19]. Das Treffen von Rohr bei Meiningen am 29. Juni 984 führte nämlich nicht zu einer Konfrontation, sondern verlief jedenfalls äußerlich spannungsfrei. Der kleine Otto III. wurde seiner Mutter und Großmutter übergeben - anscheinend ohne Gegenleistung. Dennoch dürfte eine solche schon im Voraus zugesagt worden sein. Zum "Verhandlungspaket" wird insbesondere die Restitution des dem Zänker 976 aberkannten Herzogtums Bayern gehört haben, die allerdings schwierig war, weil dort 983 ein anderer Herzog eingesetzt worden war. Ein Einigungsversuch mit diesem schlug in Bürstadt im Oktober 984 fehl. Erst im Juni 985 wurde Heinrich, nachdem sein Rivale mit dem Herzogtum Kärnten abgefunden worden war, wieder mit dem bayrischen Herzogtum belehnt. Mit spürbarer Genugtuung berichten die Quedlinburger Annalen, wie sich der Zänker in Frankfurt dem königlichen Kind, dem er einst sein Reich entreißen wollte, mit gefalteten Händen als Lehnsmann ergab und ihm treu zu dienen versprach[20].

Ostern 986 endlich, und gewiß nicht zufällig wieder in Quedlinburg, leistete Heinrich dem jungen König beim Festmahl zusammen mit anderen

---

1300-1303.

[16] Vgl. M. Bur, Art. Adalbero (2.A.), in: LexMA I (1980) Sp. 92 f.

[17] Briefsammlung Gerberts von Reims, hrsg. v. F. Weigle (MGH Briefe der deutschen Kaiserzeit 2, 1966). Nach Pavia berichtet Gerbert etwa in seinem Brief an Imiza (Nr. 22, Januar/Februar 984), in dem er sie bittet, die Kaiserin Theophanu zu informieren.

[18] Vgl. A. Gerlich, Art. Willigis, in: LexMA IX (1998) Sp. 214-216.

[19] Vgl. Althoff, Otto III. (wie Anm.4) S. 48 ff. Schon früher hatte Althoff zeigen können, daß öffentliche Akte im Mittelalter zugleich Vollzug und Darstellung von Vereinbarungen waren, die zuvor in Verhandlungen erzielt worden waren. Vgl. G. Althoff, Demonstration und Inszenierung. Spielregeln der Kommunikation in mittelalterlicher Öffentlichkeit (1993), jetzt in: Ders., Spielregeln der Politik im Mittelalter (1997) S. 229-257. Dies gilt zweifellos auch für den Akt der Übergabe des kleinen Königs 984 sowie für den im Text sogleich zu erwähnenden "Handgang" des Zänkers im Sommer 985 und seinen Hofdienst Ostern 986.

[20] Vgl. Uhlirz, Regesten (wie Anm.4) Nr. 969 l S.450 f.

Herzögen den Hofdienst, so wie es Widukind von Corvey vom Krönungsmahl Ottos I. in Aachen 936 berichtet hatte[21].

So war die "Regentschaft" der Kaiserinnen seit dem Sommer 984 fest etabliert, und zwar zunächst die der Theophanu, weil Adelheid alsbald wieder nach Italien ging. Als die königliche Kanzlei im Herbst 984 ihre Tätigkeit wieder aufnahm, deutete in den Urkunden freilich nichts auf eine "Regentschaft" der Kaiserin hin[22]. Sie lauteten auf den Namen des kindlichen Königs, und dieser hat offensichtlich auch den Vollziehungsstrich in das Königsmonogramm hineingemalt[23]. Theophanu (und später Adelheid) erschien vielmehr nur als erste Intervenientin, also Fürsprecherin der Kirche oder Person, die das jeweilige Privileg erbeten hatte. Neben den Kaiserinnen traten in dieser Rolle besonders Erzbischof Willigis von Mainz als Erzkanzler und Bischof Hildibald von Worms als Kanzler hervor, die also in der "Regierung" des Reiches großen Einfluß hatten. Beide hatten ihre Ämter schon unter Otto II. innegehabt, sodaß hier die Kontinuität gewahrt blieb.

Um so bemerkenswerter ist es, daß Theophanu südlich der Alpen, also außerhalb des *regnum teutonicum*, selbst als Inhaberin der Herrschaftsgewalt auftrat. Im Spätjahr 989 reiste sie nämlich nach Italien, um am 7.Dezember, dem Todestag ihres Gatten, an seinem Grabe im Petersdom zu beten. Zwei Urkunden sind aus der Zeit dieses Italienaufenthaltes überliefert[24]; die erste von ihnen nennt sie *Theophanu, divina gratia imperatrix augusta*. Besonders auffallend ist aber die andere, ein Diplom vom April 990, wo ihr Name in männlicher Form erscheint: *Theophanius, gratia divina imperator augustus*. Man will hier byzantinische Vorbilder am Werk sehen, die freilich weit zurücklagen[25]. - Vom Ende der "Regentschaft" im Jahre 994 wird noch die Rede sein!

Die Forschungsdiskussion

Wie hat nun die bisherige Forschung diese Vorgänge bewertet? Vorauszuschicken ist, daß sich Rechtshistoriker schon lange nicht mehr mit dieser Thematik beschäftigt haben[26]; die Historiker blieben hier also ganz unter

---

[21]Die bekannte Erzählung steht in Widukinds Sachsengeschichte II, 1-2; vgl. Quellen zur Geschichte der sächsischen Kaiserzeit. Zweisprach. Ausg.v. A. Bauer und R. Rau (FSGA Bd.8, 2.Aufl.1977) S. 84 ff.

[22]Vgl. J. Fleckenstein, Hofkapelle und Kanzlei unter der Kaiserin Theophanu, in: Kaiserin Theophanu (wie Anm. 10) Bd. II S. 305-310.

[23]Ein Beispiel bietet das Gandersheimer Marktprivileg von 991 (MGH.D.O III. Nr. 66); Abb. in: Bernward von Hildesheim (wie Anm. 8) Bd.II S. 398.

[24]Urk. Theophanu Nr. 1 und 2, in: MGH.D.O III S. 876 f.

[25]Gewöhnlich verweist man auf die Kaiserin Irene, die von 797-802 Alleinherrscherin war und in männlicher Namensform urkundete. Vgl. Amalie Fössel, Die Königin (wie Anm.4) S. 54 f.

[26]Der letzte Beitrag eines Rechtshistorikers stammte von E. Rosenstock, Königshaus und Stämme in Deutschland zwischen 911 und 1250 (1914) S.29 ff.

sich[27]. Dabei hat das Theophanu-Gedenkjahr 1991 für eine gewisse Belebung der Diskussion gesorgt. Fragte man einerseits nach der Stellung der Frau als Herrscherin im Mittelalter[28], so ging es andererseits um die Minderjährigkeit des Königs und die Notwendigkeit einer vormundschaftlichen Regierung oder Regentschaft[29]. Bemerkenswert ist das asymmetrische Bild des Forschungsstandes, sofern es um die Rechtsposition Heinrichs des Zänkers einerseits, der Kaiserinnen Theophanu und Adelheid andererseits geht.

Was Heinrich betrifft, so ist das Bild recht einheitlich, was angesichts der Quellenlage nicht erstaunt. Die Quedlinburger Annalen sagen, der Erzbischof von Köln habe ihm den kleinen Otto *ob ius propinquitatis* übergeben[30], billigen ihm also auf Grund der nahen Verwandtschaft einen Anspruch auf Herausgabe des Kindes zu. Thietmar von Merseburg nennt ihn geradezu dessen *legalis patronus*, was man wohl mit "rechter Vormund" übersetzen kann[31]. So ist denn, wenn ich recht sehe, für Heinrichs Position das Erklärungsmodell vom nächsten Schwertmagen als geborenem Vormund allgemein akzeptiert[32].

Ganz anders ist die Forschungslage im Hinblick auf Theophanu und Adelheid. Sprach Mathilde Uhlirz hier noch 1954 unbedenklich von "einer Art vormundschaftlicher Regierung"[33], so hat sich in den letzten zehn, zwölf Jahren die Überzeugung durchgesetzt, die Regierung der beiden Kaiserinnen lasse sich nicht als Vormundschaft verstehen. Im einzelnen lassen sich etwa drei Erklärungsansätze unterscheiden, die sich allerdings teilweise berühren.

Da ist zunächst die Ansicht, die Theo Kölzer in einem Aufsatz von 1990 über das "Königtum Minderjähriger im fränkisch-deutschen Mittelalter" vorgetragen hat[34]. Danach hat es im Mittelalter zwar minderjährige, aber keine unmündigen, einer Vormundschaft bedürftige Könige gegeben. Die Kindkönige hätten als regierungsfähig gegolten, hätten Urkunden ausgestellt, zu Gericht

[27] Genannt seien K. Hampe, Das Hochmittelalter. Geschichte des Abendlandes von 900 bis 1250 (1932) S.39 f.; R. Holtzmann, Geschichte der sächsischen Kaiserzeit 900-1024 (1941) S.293 f. Während Hampe von einer ("staatsrechtlich nicht geregelten") Regentschaft spricht, denkt Holtzmann an eine Vormundschaft, die "seit geraumer Zeit auch ein Anspruch der Mutter" gewesen sei.

[28] F.-J- Erkens, Die Frau als Herrscherin in ottonisch-frühsalischer Zeit, in: Kaiserin Theophanu (wie Anm. 10) Bd. II S. 245-259. Zu diesem Thema vgl. bereits Th. Vogelsang, Die Frau als Herrscherin im hohen Mittelalter. Studien zur "consors regni"-Formel (1954) sowie jetzt umfassend Amalie Fössel, Die Königin (wie Anm. 4).

[29] J. Laudage, Das Problem der Vormundschaft über Otto III., in: Kaiserin Theophanu (wie Anm. 10) S. 261-275. Vgl. bereits A. Wolf, Königtum Minderjähriger und das Institut der Regentschaft, in: L'Enfant II: Europe médiévale et moderne (Recueils de la Société Jean Bodin XXXVI 2, 1976) S. 97-106.

[30] Oben Anm. 5.

[31] Thietmar von Merseburg, Chronik (wie Anm. 6) IV,1.

[32] Vgl.zuletzt Althoff, Otto III. (wie Anm.4) S.40; Amalie Fössel, Die Königin (wie Anm. 4) S. 321.

[33] Mathilde Uhlirz, Jahrbücher (wie Anm. 4) S.37.

[34] Th. Kölzer, Das Königtum Minderjähriger im fränkisch-deutschen Mittelalter, in: HZ 251 (1990) S. 291-323.

gesessen, ja sogar Heerzüge angeführt. Eine Vormundschaft komme also gar nicht in Betracht. Kölzer beruft sich hierfür unter anderem auch auf Theodor Mommsen, der für das römische Kaisertum festgestellt hatte: "Die civilrechtlichen Bestimmungen über Pupillarität und Vormundschaft haben im Staatsrecht keine Geltung"[35]. Prüft man das bemerkenswerte Zitat nach, so erweist es sich als unvollständig! Mommsen war nämlich von der Feststellung ausgegangen, daß es bei den antiken Imperatoren keine erbrechtliche Nachfolge gegeben habe[36], was bekanntlich für das Mittelalter nicht zutrifft. Deshalb wird man auch zögern, hier mit Mommsen zwischen Staatsrecht und Privatrecht strikt zu unterscheiden - ganz abgesehen von der Frage, ob man nicht zwischen den einzelnen Perioden, ja sogar den einzelnen Fällen viel stärker unterscheiden müßte.

Eine andere Deutung der Sachlage hat Johannes Laudage 1991 in dem Kölner Sammelwerk zum Theophanu-Jubiläum geboten[37]. Für ihn ist Heinrich der Zänker rechtmäßiger Vormund nicht nur über den kleinen Otto III., sondern auch über die beiden kaiserlichen Damen! Er fragt sich sogar, ob diese Rechtsposition nicht auch über den Tag von Rohr 984 hinaus fortbestanden habe! Hinsichtlich der Kaiserinnen ist er überzeugt, "daß es Theophanu und Adelheid schon aufgrund ihres *sexus fragilis* völlig unmöglich war, für ihren Sohn bzw. Enkel die *affinitatis tuitio* auszuüben"[38]. Mit *sexus fragilis* zitiert er den Chronisten Thietmar von Merseburg, der mit dieser dem römischen Recht entstammenden Wendung auf die bekannte Vorstellung von den Frauen als dem schwachen Geschlecht anspielt. Freilich wohl nur um des effektvollen Kontrasts willen, denn der Sache nach sagt Thietmar an der zitierten Stelle nahezu das Gegenteil: Theophanu "wahrte ihres Sohnes Herrschaft mit männlicher Wachsamkeit in ständiger Freundlichkeit gegenüber Rechtschaffenen, in furchtgebietender Überlegenheit gegenüber Aufsässigen"[39].

Die Stellung der Kaiserinnen erklärt Laudage aus ihrer Hausherrschaft[40]; er greift damit ausdrücklich auf einen Gedanken von Eugen Rosenstock zurück, der sich wohl als letzter Rechtshistoriker mit dieser Thematik beschäftigt hatte[41]. In der Tat ist ja nicht nur eine Königin oder Kaiserin, sondern jede "Hausfrau", wie das Wort es sagt, Herrin in ihrem Hause - gegenüber den Kindern, dem Gesinde

---

[35]Th. Mommsen, Stilicho und Alarich (1903), in: Ders., Gesammelte Schriften Bd.4 (1906) S. 516-530.

[36]"Allerdings, tatsächlich regierungsfähig waren weder der achtzehnjährige Arcadius noch der zehnjährige Honorius; aber als Kaiser waren beide proclamirt und die römische Reichsordnung kennt wie kein Erbrecht, so auch keine Altersgrenze für die Übernahme der Regierung; die civilrechtliche Bestimmung ..." usw.; Mommsen (wie vor. Anm.) S. 316.

[37]Laudage (wie Anm. 29).

[38]Laudage (wie Anm. 29) S. 268.

[39]Thietmar von Merseburg, Chronik (wie Anm. 6) IV,10 S. 124 ff.

[40]Laudage (wie Anm. 29) S. 270 f. Zur Problematik dieses Begriffs vgl. K. Kroeschell, Haus und Herrschaft im frühen deutschen Recht (1968). Laudage (S.270 Anm.67) vermag dieser Schrift nur zu entnehmen, daß ich den Begriff der Hausherrschaft "ablehne".

[41]Rosenstock (wie Anm. 26).

und anderen Hausgenossen. Allerdings ist dies eine eher nach innen gekehrte Gewalt, welche die Herrschaft im Reich wohl kaum erklären kann. Insoweit bleibt auch Laudages Deutung unbefriedigend, zumal er den kleinen König (mit Recht) nicht als "selbstmündig" ansehen will.

Die neueste Stellungnahme zu unserem Problem ist die der Historikerin Amalie Fößel in ihrem unlängst erschienenen Buch über "Die Königin im mittelalterlichen Reich"[42]. Frau Fößel bezweifelt mit Theo Kölzer, ob eine Vormundschaft für einen minderjährigen König überhaupt in Betracht komme. Deshalb teilt sie auch nicht Johannes Laudages Ansicht von der Vormundschaft des Zänkers[43]. Andererseits ist sie aber auch nicht überzeugt, daß sich die Stellung der Kaiserinnen aus der Hausherrschaft erklären lasse. Sie qualifiziert sie vielmehr als "Regentschaft", wobei sie sich für diesen Begriff auf eine Arbeit von Franz-Reiner Erkens bezieht: "die tatsächliche Führung der Reichsgeschäfte anstelle, nicht jedoch in offizieller Stellvertretung des unmündigen Herrschers"[44].

Dabei ist der Gang der Argumentation aufschlußreich. Frau Fößel sieht ihre Aufgabe darin, Rechtswirklichkeiten zu beschreiben[45] - ohne Rückgriff auf Rechtsvorstellungen wie Vormundschaft oder Hausherrschaft. So erklärt sie das Phänomen der "Regentschaft" aus der Autorität, welche die Kaiserinnen zu Lebzeiten ihrer Gatten als gekrönte *consortes imperii* erlangt hatten und die sich nun auf das Vertrauen der Großen stützen konnte, wie es in den öffentlichen Auftritten von Rohr, Frankfurt und Quedlinburg sichtbar wurde. Konfliktbewältigung ohne Rechtsregeln - so könnte man diese Ansicht im Sinne von Gerd Althoff wohl zusammenfassend charakterisieren[46].

Ein neuer Lösungsansatz?

Der nun zu skizzierende Vorschlag beschäftigt mich zwar schon seit einer Gelegenheitsarbeit von 1995/97[47], ist aber noch nicht abschließend ausgeführt. Dennoch möchte ich ihn heute schon einmal zur Diskussion stellen, zumal er auch zur Frage nach den mittelalterlichen Rechtsbegriffen etwas beitragen kann.

Das übergreifende Problem der Konfliktlösung ohne Rechtsregeln möchte ich allerdings vorerst zurückstellen. Es gibt sicherlich interessante Fälle, bei

---

Amalie Fössel (wie Anm. 4 S. 329 ff.

[43]Wie vor. Anm. S. 331.

[44]Erkens (wie Anm. 28) S. 256; zustimmend Amalie Fössel S.328. Freilich wäre (auch gegenüber der Arbeit von Wolf, oben Anm. 29) zu fragen, ob das Institut der Regentschaft nicht erst der Zeit des dynastischen Fürstenstaats angehört.

[45]So ausdrücklich S. 330.

[46]Amalie Fössel bezieht sich in diesem Zusammenhang ausführlich auf die Arbeiten von Gerd Althoff (wie Anm. 4 S. 326 ff).

[47]K. Kroeschell, "Selbstbestimmung" in rechtshistorischer Sicht, in: Selbstbestimmung in der modernen Gesellschaft aus deutscher und japanischer Sicht (Freiburger Rechts- und Staatswiss. Abhandl. Bd.62, 1997) S. 19-33, hier S. 22 Anm.19.

denen sich diese Frage stellt[48]. Nach meiner Überzeugung gehört die sog. "Regentschaft" der Kaiserinnen Theophanu und Adelheid nicht dazu.

Nicht übergehen kann ich allerdings die zuerst von Theo Kölzer aufgeworfene Frage, ob für einen Kindkönig eine Vormundschaft erforderlich oder überhaupt vorstellbar ist[49]. Bei Amalie Fößel kann man lesen, daß bei dem Thronstreit von 984 ein Vormund für den kleinen Otto III. in den Quellen nicht zu finden sei[50]. Dies geht sicher zu weit, denn bei Heinrich dem Zänker tritt der Anspruch auf die Vormundschaft ebenso deutlich hervor wie dessen Grundlage in der Verwandtschaft. Den Zeitgenossen galt er als *legalis patronus* nach dem *ius propinquitatis*. Vielleicht war es dies, was seinen eigenen Griff nach der Krone so anstößig machte.

Kann man nun davon ausgehen, daß nach der Übergabe des Kindes an Mutter und Großmutter eine Vormundschaft nicht "von Nöten" war[51]? Frau Fößel führt selbst die Quedlinburger Annalen an, die berichten, daß "das Reich und die Kindheit des Königs durch die Sorge der kaiserlichen Frauen geleitet wurden", und Thietmar von Merseburg sagt genauer, daß zunächst Theophanu das Reich ihres kleinen Sohnes behütet habe und daß Adelheid dann 991 an ihre Stelle getreten sei[52]. Offenbar wurde also sehr wohl das Bedürfnis nach umfassender Fürsorge empfunden!

Darüber hinaus gibt es aber auch ausdrückliche Quellenzeugnisse dafür, daß der junge König selbst das Erreichen eines bestimmten Alters als bedeutsam ansah für seine Handlungsfähigkeit. Johannes Laudage hat auf die beiden Diplome des Jahres 994 hingewiesen, die eine im Urkundenformular nicht vorgesehene, also auffällige Altersangabe enthalten: *anno ... aetatis autem XV*[53]. Da Otto im Sommer 980 geboren wurde, ist hier der Eintritt in das 15. Lebensjahr, also die Vollendung des 14. Lebensjahrs, gemeint. Dies aber ist ein Termin des römischen Rechts! Ein römischer Knabe, der das 14. Jahr vollendet hatte, war zwar immer noch ein *minor*, ein Minderjähriger, aber kein unmündiger *pupillus* mehr, der eines Vormunds bedurfte[54]. Nicht den sächsischen Mündigkeitstermin von 12 Jahren finden wir hier, der der sächsischen Abkunft der Ottonen entsprochen hätte, und auch nicht den ripuarisch-karolingischen von 15 Jahren, der sich auf die Aachener Königserhebung gründen ließe[55], sondern ausgerechnet den römischen!

---

[48]Vgl. dazu den Beitrag von G. Althoff in diesem Bande.
[49]Oben bei Anm. 34.
[50]Wie Anm. 4 S. 330.
[51]Wie vor. Anm. S.331.
[52]Thietmar von Merseburg, Chronik (wie Anm. 6) IV 15.
[53]MGH.D.O III. Nr. 148 und 156; dazu Laudage (wie Anm. 29) S. 274.
[54]Vgl. dazu M. Kaser, Das römische Privatrecht Bd.II (2.Aufl. 1975) S. 222-237, bes. S.227 f.
[55]Zu den verschiedenen Mündigkeitsterminen vgl. H.R. Hagemann, Art. Alter, in: HRG I (1971) Sp. 134-137; O. Stobbe, Handbuch des deutschen Privatrechts I (3. Aufl. 1893) S. 320-327.

Dies weist uns nun den Weg zu einer neuen Antwort auf die Vormundschaftsfrage. Wenn ich recht sehe, hat nämlich bisher noch niemand bemerkt, daß die von den beiden Kaiserinnen erzielte Lösung des Konflikts genau einer prominenten Gesetzesbestimmung des Corpus Juris Civilis entspricht. In Justinians Novelle 118 cap.5 von 534 wird nämlich folgendes bestimmt:

> "Den Frauen verbieten nämlich auch wir, das Amt der Vormundschaft zu übernehmen, soweit es sich nicht um die Mutter oder Großmutter handelt. Diesen allein erlauben wir, nach der Ordnung der Erbfolge auch die Vormundschaft zu übernehmen, wenn sie zu Protokoll geben, auf eine zweite Ehe wie auf die Haftungserleichterung des SC Velleianum zu verzichten. Wenn sie dies beachten, sollen sie allen Seitenverwandten bei der Vormundschaft vorgezogen werden..."[56]

Eben dies ist - sieht man von den Formvorschriften ab - in unserem Falle geschehen! Nach dem Tage von Rohr 984 hat zunächst Theophanu, seit deren Tod 991 Adelheid die Vormundschaft ausgeübt. Heinrich der Zänker dagegen hatte in dem justinianischen System der Deszendenten, Aszendenten und Kollateralen nicht mehr die prominente Stellung des ältesten Schwertmagen nach deutschem Recht, sondern war nur noch ein Seitenverwandter, der nach dem Kaisergesetz ausdrücklich hinter der Mutter und der Großmutter zurückstehen mußte.

Die Übereinstimmung des tatsächlichen Laufs der Dinge mit dem Gesetz ist so auffallend, daß es schwerfällt, an einen bloßen Zufall zu glauben. Immerhin hatte Herzog Heinrich als *legalis patronus* eine Rechtsposition inne, die den Zeitgenossen einleuchtete und die wir auch heute noch schlüssig erklären können. Liegt es nicht nahe, daß sie nur durch ein noch überzeugenderes Rechtsargument überwunden werden konnte - etwa durch die Behauptung, die Vormundschaft über einen "purpurgeborenen" Kaisersohn müsse sich selbstverständlich nach den kaiserlichen Gesetzen richten?

Ausdrückliche Hinweise auf eine solche Rechtsbehauptung habe ich in den Quellen bisher nicht finden können. Allerdings ist noch einmal daran zu erinnern, daß wir auch sonst über die Argumente nichts erfahren, die bei den (vorauszusetzenden) Verhandlungen ausgetauscht worden sein könnten. Deshalb sollte man doch jedenfalls der Frage nachgehen, auf welchem Wege den Kaiserinnen (in erster Linie wohl Theophanu) ein solches Rechtsargument zugebracht worden sein könnte[57].

---

[56] Novellae Iustiniani, hrsg.v. R. Schöll u. W. Kroll (Corpus Iuris Civilis Bd.3, Nachdruck der 5.Aufl. 1928) CXVIII, 5 S. 571: *Mulieribus enim etiam nos interdicimus tutelae subire officium, nisi mater aut avia fuerit: his enim solis secundum hereditatis ordinem et tutelam subire permittimus, si inter gesta et nuptiis aliis et auxilio Velleiani senatusconsulti renuntiant. Haec enim servantes omnibus a later cognatis ad tutelam praeponuntur...*

[57] Es ist schon bisher gelegentlich darauf hingewiesen worden, daß das burgundische Recht (L.Burg. 85,1) nach spätantik-römischen Vorbild die Mutter zur Vormundschaft zuließ. Vgl. Kölzer (wie Anm. 34) S. 314 Anm. 103 und Erkens (wie Anm. 28) S.253. Amalie Fössel (wie

Dafür bedarf es zunächst einer Übersicht über die Verbreitung und Kenntnis der Novellengesetzgebung. Im byzantinischen Reich blieben die ohnehin durchweg griechisch oder zweisprachig abgefaßten Novellen in Geltung. Schon um 556/57 entstand dazu in Konstantinopel ein lateinischer Textauszug, die sog. Epitome Juliani, die vor allem in Italien verbreitet war, aber auch nördlich der Alpen nicht unbekannt blieb[58]. Andererseits ist aber auf zwei Werke byzantinischer Gesetzgebung hinzuweisen, die mit dem Namen Kaiser Leons VI. (des Weisen, 886-912) verbunden sind und das justinianische Recht in neuer Systematik und in griechischer Sprache wiedererstehen ließen: die 888 abgeschlossenen Basiliken[59] und den wohl 907 erlassenen Procheiros Nomos[60]. Der letztere war nachweislich in Italien bekannt, auch in der lokalen Sonderform des Prochiron Calabriae oder Prochiron Legum[61].

Der Novellentext über die Vormundschaft von Mutter und Großmutter wird in der Epitome Juliani (Const. 109 cap. 396) fast wörtlich wiedergegeben[62]. In den Basiliken dagegen ist die entsprechende griechische Version (Buch 37 Tit. 41,3) handschriftlich nicht überliefert. Die ältere Ausgabe von Heimbach[63] half sich deshalb mit der Wiedergabe der Regelung im späteren byzantinischen Rechtsschrifttum, nämlich im Tipoukeitos (12.Jh.) und in der Hexabiblos des Harmenopoulos (1345). Die Edition von Scheltema sucht den Text aus einer Bearbeitung der Epanagoge, also einer Parallelüberlieferung erneuerten justinianischen Rechts, zu rekonstruieren[64]. Im Procheiros Nomos (36, 8)[65] und im Prochiron legum (31, 7)[66] fehlt im Unterschied zu allen diesen Texten das

Anm. 4) S. 329 nimmt zutreffend an, daß der Kaiserin Adelheid diese Regelung bekannt gewesen sein könnte. Adelheid war jedoch nur Ottos Großmutter, und deren Zulassung zur Vormundschaft (nach der Mutter) ist erst der justinianischen Neuregelung von 534 zu verdanken.

58 Iuliani Epitome, hrsg.v. G. Hänel (1873). Seit der Karolingerzeit ist der Text auch im Norden bekannt. Insbesondere ist er in der großen Rechtshandschrift Paris.lat.4418 enthalten, die am Hofe Ludwigs des Frommen in Aachen entstanden sein könnte; vgl. H. Siems, Handel und Wucher im Spiegel frühmittelalterlicher Rechtsquellen (1992) S.322 f.

59 Basilicorum libri LX, hrsg.v. H.J. Scheltema und N. Van der Wal (Groningen 1955-1988). Die gleichnamige ältere Ausgabe von C.W.E. Heimbach (1833-1870) bietet zum griechischen Text eine lateinische Übersetzung. Vgl. Oxford Dictionary of Byzantium I (Oxford 1991) S.265 s.v. Basilika (A.S.); P. Pieler, Art. Basiliken, in: LexMA I (1980) Sp.1528 f. sowie allgemein Ders., Art. Byzantinisches Recht, ebd. II (1983) Sp.1221-1227.

60 Edition in: Ius Graecoromanum II, hrsg. v. J.D. Zepos und P.J. Zepos (1931) S. 109 ff. Vgl. dazu Oxford Dictionary of Byzantium III (Oxford 1991) S. 1725 (A.S.); P. Pieler, Art. Procheiros Nomos, in: LexMA VII (1995) Sp. 235. Marie Theres Fögen (Zürich) danke ich für den Hinweis auf diese Quelle, Ludwig Burgmann (Frankfurt) für die Übermittlung der Texte, soweit sie mir in Freiburg nicht zugänglich waren.

61 Prochiron legum, hrsg.v. F. Brandileone und V. Puntoni (1895). Dazu Oxford Dictionary of Byzantium III (wie vor. Anm.) S. 1726 s.v. Prochiron Legum (A.S.).

62 Wie Anm.58 S.136.

63 Wie Anm. 59, Bd. 3 S.653.

64 Wie Anm.59, A Bd.V S.1661 f.

65 Wie Anm.60, S.204.

66 Wie Anm.61, S. 204 f.

Erfordernis des Verzichts auf Eheschließung und Bürgschaftsprivileg[67].

Muß man sich nun entscheiden zwischen einem lateinischen, westlichen und einem griechischen, östlichen Überlieferungsweg? Ich glaube es nicht, und zwar deshalb nicht, weil sie bei der Person, die ich mir als Träger der entscheidenden Information vorstellen könnte, beide zusammentreffen. Ich denke nämlich an den "berühmt-berüchtigten" Johannes Philagathos[68].

Abbildung: "Christus segnet Otto II. und Theophanu"
Elfenbeintafel, Italien 982 (?), Musée Cluny, Paris
Zu Füßen des Kaisers der Stifter Johannes Philagathos

[67] Die lateinische Version des Prochiron legum lautet: *Mares, qui perfectae sunt aetatis, in tutela exercenda foeminis praeferuntur, nisi forte mater adsit vel avia: hae enim ad tutelam vocantur prae omnibus aliis, qui tutelam gerere debent, exceptis tantum personis quae in testamentis tutores datae sunt.*

[68] Vgl. H. Zimmermann, Art. Johannes XVI. Philagathos (32.J.), in: LexMA V (1991) Sp. 542 f.; J. Fleckenstein, Die Hofkapelle der deutschen Könige Bd. 2 (1966) S. 71 (dort auch die im Text zitierte Charakterisierung); G. Althoff, Vormundschaft, Erzieher, Lehrer - Einflüsse auf Otto III., in: Kaiserin Theophanu (wie Anm.10) S. 277-289, bes. S. 284-286.

Dieser gelehrte, aber offenbar auch ehrgeizige und eitle Mann war ein Grieche aus Kalabrien, aus der Stadt Rossano, die zeitweilig Sitz des byzantinischen Statthalters war und auch in dem unglücklichen Sarazenenzug Ottos II. 982 eine Rolle spielte. Er war zunächst Notar der Kaiserin Theophanu, dann 980-982 und noch einmal 991-992 Kanzler für Italien. Otto II. hatte ihn zum Abt von Nonantula gemacht, Theophanu dann zum Erzbischof von Piacenza erhoben. Nach ihrem Tode verlor er anscheinend an Einfluß. Otto III. entsandte ihn dann zur Brautwerbung nach Byzanz. Nach seiner Rückkehr ließ er sich 997 von dem römischen Stadtherrscher Crescentius zum Gegenpapst erheben. Obwohl Johannes einst sein Taufpate gewesen war, nahm der junge Kaiser grausame Rache. Johannes wurde geblendet und verstümmelt und mußte danach noch eine demütigende Absetzungsprozedur über sich ergehen lassen. Er hat dies alles nicht lange überlebt.

Johannes war gewissermaßen Grieche und Lateiner zugleich. Er war für seine *graeca scientia* bekannt[69] und schrieb oder rekognoszierte doch zugleich als Notar oder Kanzler eine ganze Reihe lateinischer Urkunden Ottos II. und Ottos III[70]. Auch als Gerichtsvorsitzender ist er mehrfach bezeugt[71]. So kommt gerade er als Träger des Rechtswissens über die "griechisch-römische" Vormundschaft von Mutter und Großmutter in Frage.

Nun zum Schluß noch die Frage: konnte denn eine Berufung auf die Vormundschaftsregelung in Justinians Novelle 118 in Deutschland überhaupt Eindruck machen? Zeigt nicht die anfängliche Zustimmung zu Herzog Heinrichs Vorgehen, daß man ihn, den ältesten Schwertmagen des kleinen Königs, als *legalis patronus* akzeptierte, also allein in den Vorstellungen des deutschen Rechts dachte?

Hierzu kann ich mich mit dem Hinweis auf den vielerörterten Brief begnügen, den Gerbert von Aurillac Anfang 984 im Namen Erzbischof Adalberos von Reims an Erzbischof Egbert von Trier richtete[72]. Er stellte ihm darin die wohl nicht nur rhetorische Frage: "Wenn er auch, wie Ihr sagt, ein Grieche ist - wollt Ihr nach Art der Griechen einen Mitherrscher einsetzen?" Dies ist einmal eine Anspielung auf die Situation, die in Byzanz bis 976 bestanden hatte, unter den "Militärherrschern" Nikephoros Phokas und Johannes Tzimiskes, die sich zu Mitkaisern aufgeschwungen hatten, ohne den minderjährigen Thronerben Basileios II. zu beseitigen. Der zitierte Satz zeigt aber auch, daß maßgebende

---

[69]MGH.D.O II. Nr.283 (982).

[70]Fleckenstein, Hofkapelle (wie Anm.68) S.71 und 83. Sie verteilen sich auf die Jahre 980-982 (O II. Nr. 212-281) und 991/92 (O III. Nr. 69-97). Die Urkunde O III. Nr. 69 (991) trägt gar den Vermerk: *Johannes dei gracia archiepiscopus et primicerius sancte Romane ecclesie, proto a secretis ac vestiarius Ottonis regis, scripsit et recognovit.* Johannes fungierte hier also als Schreiber und Kanzler zugleich.

[71]Vgl. Uhlirz, Regesten (wie Anm.4) Nr. 1019 e,f (990), 1028 a (991).

[72]Briefsammlung (wie Anm.17) Nr. 26: *Forte quia Grecus est, ut dicitis, more Grecorum conregnantem instituere vultis?* Vgl. dazu den Aufsatz von F.-R. Erkens, *...more Grecorum conregnantem instituere vultis?* Zur Legitimation der Regentschaft Heinrichs des Zänkers im Thronstreit von 984, in: Frühmittelalt. Studien 27 (1993) S. 273-289, bes. S. 282 f.

Leute in Deutschland den kleinen Otto III. als "den Griechen" bezeichneten, was vermutlich nicht freundlich gemeint war. Theophanu und ihren Ratgebern ist es offenbar gelungen, diese Kennzeichnung ins Positive zu wenden und so ihrem "purpurgeborenen" kleinen Sohn Königtum und Kaisertum zu erhalten.

Schlußbemerkung

So scheint es also, als habe das justinianische Recht in seiner erneuerten byzantinischen Gestalt im westlichen *imperium* die Lösung eines akuten politischen Problems beeinflußt, nämlich die Regelung der Vormundschaft über einen minderjährigen Kaisersohn. Es handelt sich dabei offenbar nicht um ein Rezeptionsproblem im geläufigen Verständnis. Justinians Novelle 118 cap.5 wurde nicht in dem Sinne "rezipiert", daß sie nun im ottonischen Reich "gegolten" hätte. Eine solche Vorstellung von Normgeltung wäre vermutlich ohnehin für die Verhältnisse nördlich der Alpen als anachronistisch anzusehen. Immerhin wäre hier eine Ausstrahlung byzantinischen Rechts auf das Abendland zu beobachten, die von der Forschung bisher nicht wahrgenommen wurde.

Dies mag uns daran erinnern, daß es in der ottonischen Zeit jedenfalls ein weiteres Beispiel für den Einfluß römischen Rechts auf das deutsche Rechtsleben gibt. Ich meine den berühmten Bericht des Chronisten Widukind von Corvey über einen Hoftag König Ottos I. in Steele bei Essen 938, bei dem die Entscheidung zugunsten eines Eintrittsrechts der Enkel im Erbfall ihres Großvaters durch gerichtlichen Zweikampf zustande kam[73]. Dieser Vorfall hat in den letzten Jahren wiederholt das Interesse der Mittelalter-Historiker gefunden, die darin einen Beleg für die Ausbildung agnatischer Strukturen im sächsischen Adel jener Zeit sehen wollten[74]. Allerdings haben wir hier keine bloß innerdeutsche Entwicklung vor uns; vielmehr sind dabei offenbar römische Rechtsgedanken im Spiel. Byzantinische Vermittlung kommt in diesem Falle nicht in Betracht. Es ist nicht einmal sicher, ob man Bekanntschaft mit Justinians Novelle 118 cap.1 annehmen muß, die bei den Abkömmlingen des Erblassers allgemein die Erbfolge nach Stämmen und damit eben auch ein Eintrittsrecht der Enkel (und Enkelinnen!) anordnete[75]. Die Gesetzgebung der römischen Kaiser wie einiger Germanenkönige war schon vorher schrittweise in diese Richtung

---

[73]Widukinds Sachsengeschichte (wie Anm. 21) II, 10, S.94 f. Auch bei K. Kroeschell, Deutsche Rechtsgeschichte 1 (11. Aufl. 1999) S. 143 f. Zur allmählichen Durchsetzung des Eintrittsrecht im deutschen Mittelalter vgl. O. Stobbe, Handbuch des deutschen Privatrechts V (1885) S. 94 ff.

[74]Vgl. H. Keller, Reichsstruktur und Herrschaftsauffassung in otton.-frühsal. Zeit, in: Frühmittelalt. Studien 16 (1982) S. 74-128, bes. S.112; Ders., Grundlagen Otton. Königsherrschaft, in: K. Schmid (Hrsg.), Reich und Kirche vor dem Investiturstreit. G. Tellenbach zum 80. Geb. (1985) S. 17-34, bes. S.25 f.

[75]Vgl. Kaser, Das römische Privatrecht (wie Anm. 54) S. 362 f.. Zur Rezeptionsgeschichte des Eintrittsrechts (vgl. § 1924 Abs. 3 BGB) O. Stobbe, Handbuch des deutschen Privatrechts Bd. V (1885) S. 94 ff.

gegangen[76]. Immerhin liegt der Vorgang von Steele Jahrhunderte vor der "Rezeption des römischen Rechts" und sogar vor der sog. "Frührezeption". Hier sind also noch manche Fragen offen!

[76]Vgl. Kaser (wie vor.Anm.) S. 355 f.; Stobbe (wie Anm. 73) S. 87.

Recht nach Ansehen der Person. Zum Verhältnis rechtlicher und außerrechtlicher Verfahren der Konfliktbeilegung im Mittelalter

Gerd Althoff, Münster

Bei der Zusammenarbeit zwischen Rechtshistorikern und Historikern beobachtet man Phänomene, wie sie bei guten Nachbarn auftreten: Bei aller Wertschätzung wahrt man auch Distanz und es ist konfliktträchtig, wenn sich jemand zu sehr dem Garten des Anderen nähert. Da verschiedene meiner Arbeiten als eine solche Annäherung, wenn nicht als Übergriff aufgefasst werden konnten, blieb eine deutliche Reaktion nicht aus, die mir eine „unverständliche Geringschätzung des Rechts und seiner Wirkungsmöglichkeiten", ja eine „Herabsetzung von Gericht, gerichtlichem Verfahren und Urteil" und überdies „kampagneartiges Publizieren" bescheinigte, wie es „bislang eher bei Historikern, kaum bei Rechtshistorikern zu beobachten" sei.[1]

Aus zweierlei Gründen ist dies eingangs zu erwähnen: Einmal wird es auch im folgenden über den Stellenwert rechtlicher Regelungen für die Funktionstüchtigkeit mittelalterlicher Herrschaftsordnungen gehen. Darüber hinaus aber stellt sich die Frage nach den Gründen für den Dissens, die einige Aufmerksamkeit beanspruchen darf.

Fragt man sich nämlich nach den tieferen, sachlich begründeten Ursachen für eine so heftige Reaktion, sind die Diskussionen unter den rechtshistorischen Nachbarn aufschlußreich, die zuletzt in dem von Dietmar Willoweit angeregten und herausgegebenen Band „Die Begründung des Rechts als historisches Problem" faßbar sind. Wenn man dem dort gebotenen Diskussionsbericht auch nur in etwa trauen darf, dann wurde die Frage durchaus kontrovers diskutiert und beantwortet, ob man für alle Epochen einen einheitlichen Rechtsbegriff benötige und wie der inhaltlich zu füllen sei.[2]

Hierbei kam es unter anderem zu folgendem Disput, und zwar im Anschluß an den Vortrag von Jürgen Weitzel über „den Grund des Rechts in Gewohnheit und Herkommen", der im wesentlichen divergierende Meinungen von Rechtshistorikern kommentierend nebeneinanderstellte: „Nach der Abgrenzung der allgemeinen Gewohnheiten von den Rechtsgewohnheiten

---

[1] Jürgen Weitzel, in: ZRG GA 117 (2000), S. 689-702.

[2] Dietmar Willoweit (Hg.), Die Begründung des Rechts als historisches Problem, München 2000 mit einem redigierten Protokoll der Diskussion, vgl. vor allem S. 327ff. Zu dieser Problematik vgl. bereits Gerhard Dilcher u.a. (Hg.), Gewohnheitsrecht und Rechtsgewohnheiten im Mittelalter (Schriften zur Europäischen Rechts- und Verfassungsgeschichte 6), Berlin 1992, darin Ders., Mittelalterliche Rechtsgewohnheit als methodisch-theoretisches Problem, S. 21-65, bes. S. 37ff.; weitere Hinweise auf die Probleme bei Karl Kroeschell, Deutsche Rechtsgeschichte: Band 1 bis 1250, 11. aktualisierte und verbesserte Auflage, Opladen 1999, S. 151f.

fragte Klippel in zugespitzter Formulierung: Was ist das Rechtliche an den Rechtsgewohnheiten? Er verwies in diesem Zusammenhang auf Althoff, nach dessen Ansicht diese Abgrenzung dahinstehen könne; allein zu untersuchen seien die Wege der Konfliktregelung in einer Gesellschaft, unabhängig davon, ob diese auf rechtlichen oder außerrechtlichen Gewohnheiten beruhe. Weitzel räumte ein, daß ein umfassendes Kriterium des Rechtlichen von der Rechtsgeschichte noch gesucht werde. Man könne nur festhalten, daß auch im (hier untersuchten) frühen Mittelalter Gerichte bestanden hätten, vor denen bestimmte Gewohnheiten behandelt wurden, andere dagegen nicht. So sei allein anhand der Gerichte eine Abgrenzung des Rechtlichen von der allgemeinen Konfliktlösung zu erreichen".[3]

Klippel thematisierte das Problem offensichtlich ein zweites Mal nach dem Vortrag von Willoweit über „Rechtsbegründung und Rechtsbegriff": „(Es) sei kein Grund erkennbar, die Regeln, die Althoff im Rahmen der mittelalterlichen Konfliktlösungsstrategien beschreibt, nicht zum Recht gehören zu lassen, von dem sie nach Stammler ausgeschlossen seien. Jedoch wandte Willoweit ein, Althoff selbst erhebe nicht den Anspruch, die von ihm beschriebenen Rituale seien Recht. Er habe gerade die Verhandelbarkeit dieser Rituale und ihren variablen Inszenierungscharakter erkannt. Der Rechtsraum sei dagegen erst erreicht, wenn nach dem Ende der Verhandlungen das Ritual festgelegt sei und in der für diesen Fall vereinbarten Weise durchgeführt werde."[4]

Mit diesen Fragen sind in der Tat einige Probleme angesprochen, die neuere historische Forschungen für die Rechtsgeschichte aufwerfen. Denn es ist eine für Historiker wie für Rechtshistoriker wichtige Frage, ob man mit genügender Trennschärfe zwischen Rechtsgewohnheiten und anderen Gewohnheiten unterscheiden kann; ob den Rechtsgewohnheiten eine höhere Dignität, Verbindlichkeit und Präponderanz zukommt; ob sie den Anspruch auf Primat, etwa bei den Strategien und Verfahren der Konfliktlösung erheben; kurz: ob Rechtsverbindlichkeit mehr bedeutet als andere Verbindlichkeit?

Zum Verständnis meines eigenen Ansatzes muß man hier vielleicht anfügen, warum diese Frage auch für meine Arbeit als Historiker relevant sind. Ich möchte verstehen, wie mittelalterliche Ordnungen funktionieren.[5] Bei diesem Bemühen stieß ich auf die Bedeutung von Gewohnheiten, Praktiken und Verfahren verschiedenster Art, die gemeinsam haben, daß man sie als vorstaatlich ansprechen kann. Ich wurde mit den Rahmenbedingungen einer segmentären Gesellschaft, wie Ethnologen sagen, konfrontiert, die überdies eine

---

[3] Ebd., S. 328.
[4] Ebd., S. 337.
[5] Vgl. dazu etwa Gerd Althoff, Ungeschriebene Gesetze. Wie funktioniert Herrschaft ohne schriftlich fixierte Normen, in: Ders. (Hg.), Spielregeln der Politik im Mittelalter. Kommunikation in Frieden und Fehde, Darmstadt 1997, S. 282-304.

Gesellschaft war, in der viel, wenn nicht alles, vom Rang der Personen abhing.[6] Für das Zusammenleben der Personen in dieser Gesellschaft gab es nun eine Fülle von Regeln, die mit hoher Verbindlichkeit ausgestattet waren, und zwar unabhängig davon, ob es sich um vermeintlich rechtliche oder um soziale Regeln handelte. Von diesen Regeln habe ich mich mit denen besonders beschäftigt, die in den Führungsschichten praktiziert wurden - und dies aus einem ganz einfachen Grund: Die Interaktionen in diesem Bereich schlagen sich in der Überlieferung deutlicher nieder als andere Interaktionen - zumindest gilt dies für die Zeiten des Früh- und Hochmittelalters. Mit Überlieferung meine ich - und dies im Unterschied zu vielen rechtshistorischen Arbeiten, - alle erreichbaren Nachrichten und nicht nur Quellen mit Aussagen normativen Charakters.[7] Da solche normativen Zeugnisse für weite Jahrhunderte des Mittelalters nur spärlich überliefert sind oder sogar gänzlich fehlen, sind die den Interaktionen zugrunde liegenden Regeln nur aus Beschreibungen von Verhalten zu extrapolieren, ein Vorgang, den ich hier nicht im Einzelnen erläutern will, der aber durchaus auch strengen methodischen Ansprüchen genügt und genügen muß.

Geltungsanspruch erheben die 'Spielregeln der Politik', die ich zu erarbeiten versucht habe, also zunächst einmal nur für bestimmte Gesellschaftsschichten und für bestimmte Zeiträume, vor allem den des 9. bis 12. Jahrhunderts, und auch nur für bestimmte Herrschaftsräume, aus denen die empirischen Belege stammen, und das ist im wesentlichen das Gebiet des sog. Reiches. Vergleichende Arbeiten haben inzwischen allerdings auch deutlich gemacht, daß in den anderen Jahrhunderten des Mittelalters und in anderen Regionen Europas durchaus keine gänzlich anderen 'Spielregeln' beachtet wurden, auch wenn natürlich Phänomene des Wandels und regionale Besonderheiten erkennbar sind.[8]

---

[6] Zur Bedeutung von Rang als gesellschaftliches Ordnungskriterium vgl. Heinrich Fichtenau, Lebensordnungen des 10. Jahrhunderts. Studien über Denkart und Existenz im einstigen Karolingerreich, München 1992, bes. S. 16ff.; Barbara Stollberg-Rilinger, Rangordnung und Rangstreit als Strukturmerkmale des frühneuzeitlichen Reichstags, in: Johannes Kunisch (Hg.), Neue Forschungen zur frühneuzeitlichen Reichsgeschichte (ZHF, Beiheft 19), Berlin 1997, S. 91-132.

[7] Das weitgehende Fehlen normativer Quellen zwischen den karolingischen Kapitularien und dem Sachsenspiegel Eikes von Repgow hat bezeichnenderweise dazu geführt, dass die Zeit des 10.-12. Jahrhunderts der rechtshistorischen Bewertung große Probleme macht, siehe dazu Kroeschell, Deutsche Rechtsgeschichte (wie Anm. 2), S. 149-152.

[8] Vgl. Beiträge in Gerd Althoff (Hg.), Formen und Funktionen öffentlicher Kommunikation im Mittelalter, Stuttgart 2001, dort insbesondere Arbeiten von Werner Paravicini, Timothy Reuter, Dieter Mertens, ferner Arbeiten von Jean-Marie Moeglin, Harmiscara, Harmschar, hachée – le dossier des rituels d'humiliation et de soumission au Moyen Age, in: Archivum Latinitatis Medii Aevi – Bulletin Du Cange 54 (1996), S. 11-65; Ders., Pénitence publique et amende honorable au Moyen Age, in: Revue Historique 298 (1997), S. 225-269, sowie die vor dem Abschluß stehende Dissertation von Theo Broekmann, ‚Rigor iustitiae'. Ritual- und Konfliktkultur im normannisch-staufischen Süden (Arbeitstitel).

Nicht nur, aber in besonders dichter Weise treten solche Spielregeln in den Darstellungen der Überlieferung entgegen, wenn von Konflikten die Rede ist, die im Mittelalter bekanntlich leicht zu bewaffneten zu eskalieren drohten. Für Konflikte galten sehr strikte Regeln, die eine hohe Verbindlichkeit auszeichnete, auch wenn sie natürlich manchmal gebrochen wurden. Unter ihnen finden sich durchaus solche, denen man gewiß Rechtscharakter zubilligen kann, insofern nämlich Gerichte tätig wurden, die durch Urteile den Konflikt zu beenden oder zu beeinflussen suchten. Nur - und darauf habe ich verschiedentlich hingewiesen, stehen diese rechtlichen Regelungsversuche neben anderen, die auf sozialen Gewohnheiten, auf Spielregeln der Politik, auf Regeln aus dem Bereich der Verwandtschafts- oder der Freundschaftsbindung, fußen. Und es ist kein höherer Geltungsanspruch der gerichtlichen Regelungen festzustellen - manchmal sogar das Gegenteil.[9] Und darüber soll im folgenden vorrangig die Rede sein. Der Geltungsanspruch meiner Ausführungen bezieht sich also zunächst einmal auf das 9. bis 12. Jahrhundert und auf die Konflikte der Führungsschichten. Doch gibt es viele Anhaltspunkte dafür, daß die Geltung durchaus weiter reicht.

In dem angesprochenen Bereich gab es nun eine Fülle von Konflikten, bei denen man gar nicht auf die Idee kam, Gerichte zu bemühen, obgleich ohne jeden Zweifel Tatbestände vorlagen, die in anderen Fällen gerichtlich geklärt wurden. Ob man einen Fall gerichtlich oder anders löste, hing nicht zuletzt oder vielleicht sogar vorrangig vom Rang der Personen ab, die in den Fall involviert waren. Man kann auf diesem Felde ganz signifikante Entwicklungen beobachten. In der frühen Karolingerzeit wurden etwa Personen, die eine coniuratio gegen den Herrscher eingegangen waren, unabhängig von ihrem Rang vom Populus der Franken zum Tode verurteilt, vom Herrscher dann zu Blendung und/oder Klosterhaft begnadigt.[10] Bereits in der Karolingerzeit tritt dies gerichtliche Vorgehen zugunsten gütlicher Verfahren der Beilegung des Konfliktes zurück, in der Ottonenzeit und später begegnen bei hochrangigen Personen lange Zeit gar keine Gerichtsverfahren mehr. Der König wehrt sich bewaffnet gegen solche 'Aufstände', er führt Fehden. Beigelegt werden diese dann gütlich durch Vermittler, die Verzeihen gegen Genugtuungsleistungen sicher in Aussicht stellen.[11] Gerichtlich wird man seit dem 11. Jahrhundert dann

[9] Vgl. insbesondere Gerd Althoff, Königsherrschaft und Konfliktbewältigung im 10. und 11. Jahrhundert, Ders., Konfliktverhalten und Rechtsbewusstsein: Die Welfen im 12. Jahrhundert; beide in: Althoff, Spielregeln (wie Anm. 5).

[10] Siehe auch Jörg W. Busch, Vom Attentat zur Haft. Die Behandlung von Konkurrenten und Opponenten der frühen Karolinger, in: HZ Bd. 263 (1996), S. 561-589; Klaus Sprigade, Die Einweisung ins Kloster und in den geistlichen Stand als politische Maßnahme im frühen Mittelalter, Heidelberg 1964; Meinrad Schaab, Die Blendung als politische Maßnahme im abendländischen Früh- und Hochmittelalter, Heidelberg 1955; Matthias Becher, Eid und Herrschaft. Untersuchungen zum Herrscherethos Karls des Großen, Sigmaringen 1993, S. 72ff.

[11] Hierzu jetzt Hermann Kamp, Friedensstifter und Vermittler im Mittelalter, Darmstadt 2001.

aber wieder aktiv, wenn zur coniuratio der Vorwurf des heimtückischen Mordplans tritt, ein Vorwurf, der signifikant oft erhoben wird.[12]

Kam es andererseits zu Prozessen und Gerichtsurteilen, hatten diese neben anderen Verfahren des Konfliktaustrags einen durchaus schweren Stand. Ich versuche dies zunächst thesenhaft anzusprechen und drei Thesen jeweils mit einigen empirischen Fällen zu belegen.

1. Gütliche Formen der Konfliktlösung wurden namentlich dann den gerichtlichen vorgezogen, wenn Angehörige der Führungsschichten in diese Konflikte verwickelt waren. Und dies war keine Entscheidung von Gerichten, sondern Anspruch der adligen Führungsschichten.
2. Man konnte gerichtliche Entscheidungen durch außerrechtliche Aktivitäten beeinflussen, verändern oder auch aufheben. Auch hier waren die Gerichte adligen Ansprüchen und adligem Rangbewußtsein unterworfen.
3. Gerichtliche Entscheidungen hatten für das Umfeld des Verurteilten nicht die Konsequenz, wie sie herrschende Lehren formulieren. Ich zitiere etwa aus dem Artikel 'Acht' im Lexikon des Mittelalters: „Achtfolgen ... Der Ächter ist sowohl dem Rachestreben der geschädigten Partei ausgesetzt als auch Feind des ganzen Volkes. Niemand darf ihn speisen noch aufnehmen ... Seine Frau wird zur Witwe, seine Kinder zu Waisen, die Bande zur Sippe zerreißen, er wird erbunfähig".[13] Mit solchen Formulierungen wird das problematische Verhältnis von Norm und Wirklichkeit in aller Schärfe aufgeworfen, dem ich hier nicht weiter nachgehen will, das aber dringend einmal einer interdisziplinären Behandlung bedürfte.[14] Jedenfalls gelten die hier skizzierten Folgen für Adlige wirklich in keiner Weise.

Ich beginne mit Ausführungen zur ersten These, und diskutiere den Zusammenhang vom Rang der Personen und der Art der Konfliktlösung. War der potentiell Anzuklagende ein Mitglied der Führungsschichten, wurden zur Beendigung des Konflikts in aller Regel keine Richter, sondern Vermittler tätig. Vermittler fällten keine Urteile, sondern hielten Kontakt mit den Konfliktparteien und versuchten durch Überredungs- oder Überzeugungsarbeit die Parteien zum Einlenken zu bewegen. Für den Fall des Einlenkens versprachen sie günstige Bedingungen des Friedensschlusses und garantierten,

---

[12] Vgl. einschlägige Fälle bei Gerd Althoff, Königsherrschaft und Konfliktbewältigung (wie Anm. 9), S. 44ff.

[13] Vgl. Lexikon des Mittelalters, Bd.1 Sp. 80.

[14] Vgl. aus spätmittelalterlicher und frühneuzeitlicher Perspektive hierzu Peter Schuster, Eine Stadt vor Gericht: Recht und Alltag im spätmittelalterlichen Konstanz, Paderborn u.a. 2000; Jürgen Schlumbohm, Gesetze, die nicht durchgesetzt werden – ein Strukturmerkmal des frühneuzeitlichen Staates? in: Geschichte und Gesellschaft Bd. 23 (1997), S. 647-663.

daß die in Aussicht genommene Lösung von den Parteien auch durchgeführt, die Zusagen eingehalten wurden. In aller Regel ermöglichten Genugtuungsleistungen einer oder auch beider Seiten das Ende des Konflikts. Die Vereinbarungen konnten Strafen zum Verwechseln ähnlich sehen, so konnte Haft von einer bestimmten oder auch unbestimmter Dauer ebenso vereinbart werden wie der Verlust von Lehen oder Ämtern. Doch waren solche Maßnahmen Ergebnisse eines Vergleichs, der außergerichtlich zustande kam, und dem beide Parteien zustimmten.[15]

Ich will aus den zahllosen Fällen, in denen die Quellen mehr oder weniger ausführlich über die Arbeit und die Argumentation von Vermittlern berichten, nur einen ausführlicher zitieren, in dem diese Arbeit schon fast ironisch folgendermaßen beschrieben wird: Es geht um einen Konflikt zwischen Herzog Heinrich dem Stolzen von Bayern und dem Bischof Heinrich von Regensburg, der bis zur Belagerung einer bischöflichen Burg eskaliert war, vor der das herzogliche Heer lag. Ein bischöfliches war zum Entsatz herangerückt, und beide Heere machten sich bereits zur Schlacht bereit. „Mittlerweile sieht sich der Pfalzgraf Otto, ein kluger Mann, der zu beiden Seiten Zutritt hatte, den Aufmarsch beider Heere an. Er meldet jenen, daß unseres stärker sei, und setzt sie dadurch in Schrecken. Darauf bedacht, wie man in Güte den Frieden herbeiführen könne, ermahnt er zunächst den mit ihm verwandten Vogt Friedrich, sich zu ergeben. Dieser fügt sich dem Rate des Pfalzgrafen, da auch von all seinen Leuten im Stich gelassen, geht in dessen Begleitung in das Lager des Herzogs, wirft sich ihm zu Füßen und wird wieder zu Gnaden angenommen. Als der Pfalzgraf das erreicht hat, drängt er unter Betonung des den Seinen drohenden Unglücks auch seinen Schwiegersohn Otto, sich zu ergeben und Genugtuung zu leisten. Dieser folgt seinem, ihm auch von anderen erteilten Rat, zögert nicht mit der Übergabe und liefert sich selbst mit seiner Burg in aller Demütigkeit dem Herzog aus. Dieser aber zwingt ihn, wie es der *rigor iustitiae* forderte, der Heimat und dem bayerischen Gebiet eidlich zu entsagen, bis er durch ihn zurückgerufen würde, und übergab ihn als Gefangenen seinen Leuten und ließ ihn nach der Ravensburg abführen. Schon kurze Zeit später ließ er ihn allerdings frei und gab ihm seine volle Huld sowie die frühere Stellung zurück."[16]

---

[15] Vgl. Kamp (wie Anm. 11), S. 189ff., dort auch das gleich behandelte Beispiel.

[16] Historia Welforum, neu hrsg., übers. und erl. Von Erich König (Schwäbische Chroniken der Stauferzeit 1), Stuttgart/Berlin 1938, cap. 22: *Interea Otto palatinus, vir sapientia preditus, cui ad utramque partem accessus patuit, utriusque exercitus apparatum contemplatur, illisque nostrum copiosiorem esse denuntians, terrorem incutit; cogitansque quomodo ad bonum pacis perducat, Fridericum advocatum cognatum suum promissionibus ac minis circumveniens ad deditionem hortatur. Ille, utpote omnibus suis destitutus, consiliis palatini adquievit, et assumpto eo in castra ducis veniens et ad pedes eius se humilians, gratiam eius recepit. Quo perpetrato, Ottonem quoque generum suum ad deditionem et satisfactionem, exponens ei miserias suorum, compellit. Qui similiter eius et aliorum suorum consilio consentiens, ad deditionem venire non distulit, ac se ipsum cum castro in manus ducis sub*

Ich habe diese Stelle nicht zuletzt deshalb zitiert, weil durch die Benutzung des Begriffes *rigor iustitiae* wohl deutlich wird, daß der Autor der Meinung ist, hier von Rechtsgewohnheiten zu berichten. Es ist also an den Rechtshistorikern, denen ich gar nichts vorschreiben will, zu entscheiden, ob sie die Institution des Vermittlers als Teil des mittelalterlichen Rechtssystems anerkennen wollen oder nicht. Bisher tun sie das eher nicht, wenn ich die Tatsache richtig deute, daß im Handwörterbuch zur deutschen Rechtsgeschichte kein einschlägiger Artikel begegnet. Vermittler haben aber in unzähligen Fällen anstelle von Gerichten Konflikte auf ihre spezifische Weise beendet, indem sie die Parteien zur Einsicht brachten. Hierzu nutzten sie ein breites Spektrum an Argumenten, das vorrangig die Ehre der Konfliktparteien zur Richtschnur des Handelns machte, nicht etwa die Frage der Schuld am Ausbruch des Konflikts. Und sie konnten ein breites Spektrum an Maßnahmen bündeln, um einen Ausgleich akzeptabel zu machen: Genugtuungsleistungen wie öffentliche Fußfälle oder eine mehr oder minder lange Haft glichen Ehrverletzungen aus; sie wurden aber gekoppelt an Gegenleistungen, die materieller wie immaterieller Natur sein konnten. Was wem zugemutet bzw. geleistet werden mußte, hing ganz entscheidend von seinem Rang ab, weniger dagegen von der Rechtmäßigkeit seines Standpunktes. Vermittler arbeiteten übrigens auch noch, nachdem Gerichte Urteile gefällt hatten, und ihre Lösungen machten dann die Gerichtsurteile obsolet.

Ihre Tätigkeit war von so vielen sozialen Gewohnheiten geprägt, daß an ihrem Beispiel die Schwierigkeit, zwischen rechtlichen und sozialen Gewohnheiten zu unterscheiden, besonders gut zu zeigen wäre. Sie begann schon damit, daß Vermittler dann für ihre Aufgabe besonders geeignet waren, wenn sie enge Beziehungen zu den Parteien unterhielten, möglichst verwandt oder verschwägert oder zumindest befreundet waren. Wir kennen Fälle, in denen Vermittler vor ihrer Tätigkeit noch ein Bündnis mit einer Partei schlossen, weil sie nur mit der anderen verwandt waren.[17] Da ich in diesem Beitrag jedoch nur eine Skizze bieten kann, belasse ich es bei der Versicherung, daß es wirklich Dutzende von Fällen gibt, in denen Vermittler ganz ähnlich arbeiteten wie der erwähnte kluge Pfalzgraf Otto und komme gleich zu meiner zweiten These:

---

omni humilitate contradidit. Dux vero, prout rigor iusticie exigit, illum patriam et omnes terminos Bawarie quoadusque per eum revocaretur, abiurare coegit, et sic eum captivum suis commisit, et ad Ravensburch secum abduci precepit. Castrum quoque, omnibus que auferri poterant, preter edificia, abstractis, igne succendit. Adducitur ergo uxor illius, que et ipsa in castro obsessa fuerat, quam dux benigne suscipiens et bene consolans patri suo palatino commisit. Sicque omnis contumacia Bawariorum divina ordinatione suppressa est. Non multo post compositio quoque inter ipsum et episcopum fit, et comitatus ille quem ecclesia Ratisponensis circa Enum fluvium habet ab episcopo ei in beneficio conceditur.

[17] Vgl. dazu Claudia Garnier, Amicus amicis – inimicus inimicis. Politische Freundschaft und fürstliche Netzwerke im 13. Jahrhundert, Stuttgart 2000, S. 287f.

Man kann gerichtliche Entscheidungen durch außerrechtliche Aktivitäten beeinflussen, verändern, oder auch aufheben. Solche Aktivitäten sind akzeptierter Teil des gesamten Regelsystems und werden nicht etwa als Verstoß gegen rechtliche Gepflogenheiten angesehen. So spielt in allen mittelalterlichen Beziehungen die Fürsprache, das Sich-Verwenden, das Intervenieren eine große Rolle. Hermann Kamp hat diese soziale Gewohnheit geradezu als eine Vorstufe der Institution des Vermittlers herausgearbeitet.[18] Diese Gewohnheit prägt politische wie private Beziehungen im Mittelalter höchst nachhaltig. Es gehört ja zur Kultur einer vorstaatlichen Gesellschaft, auf Netzwerke, Seilschaften, Klientelverhältnisse natürlicher wie gemachter Art in noch viel stärkerer Weise zu vertrauen, als wir dies heute noch immer tun, allen Versuchen der Eindämmung dieser Neigungen von Seiten des Staates zum Trotz.[19] Im Mittelalter war es für einen Beklagten existentiell wichtig, welchen dieser Netzwerke er angehörte und in welcher Weise seine Umgebung sich für ihn zu verwenden bereit war. Diese sozialen Gewohnheiten durchsetzten auch die Tätigkeit von Gerichten in einer Weise, daß man an ihr wieder den Stellenwert gerichtlicher Entscheidungen im Konzert anderer Aktivitäten zur Konfliktbeendigung verdeutlichen kann. Speziell in dieser Frage könnte man angesichts neuerer Arbeiten zur städtischen Gerichtsbarkeit des Spätmittelalters und der frühen Neuzeit darauf hinweisen, daß der Geltungsanspruch der folgenden Ausführungen weit über die adligen Führungsschichten und die Zeiten des Früh- und Hochmittelalters hinausgeht.[20]

So erzählt Thietmar von Merseburg folgendes von dem Babenberger Ernst, der als Parteigänger des Markgrafen Heinrich von Schweinfurt in einer Fehde gegen König Heinrich II. gefangen wurde: „Der Gefangene wurde dem König vorgeführt, und die Richter sprachen ihm das Todesurteil (capitalis sententia a iudicibus decernitur), doch wurde es auf die dringende Bitte des Erzbischofs Willigis von Mainz durch eine dem König genehme Loskaufsumme ersetzt“.[21]

Ganz vergleichbares geschah nach Thietmar Ostern 941 in Quedlinburg: „Erich hatte er (gemeint ist Otto der Große), samt Bacco, Hermann, Reinward,

---

[18] Kamp (wie Anm. 11), S. 63-128.

[19] Vgl. dazu allgemein Gerd Althoff, "Verwandte, Freunde und Getreue". Zum politischen Stellenwert der Gruppenbindungen im früheren Mittelalter, Darmstadt 1990; Wolfgang Reinhard, Freunde und Kreaturen: "Verflechtung" als Konzept zur Erforschung historischer Führungsgruppen; römische Oligarchie um 1600, München 1979.

[20] Vgl. Schuster (wie Anm. 14) und weitere dort zitierte Arbeiten.

[21] Die Chronik des Bischofs Thietmar von Merseburg und ihre Korveier Überarbeitung (MGH SSrG 9) hrsg. von Robert Holtzmann, Berlin ^{2}1955, lib. V, cap. 34: *... presentatoque regi captivo capitalis sententia a iudicibus decernitur, quae Magontinae archipresulis Willigisi intercessione supplici et, quae regi placuit, redemptione amovetur.* Zur Analyse dieses Konflikts siehe bereits Althoff, Königsherrschaft und Konfliktbewältigung (wie Anm. 9), S. 31f.

Wirin, Eserich und anderen, die am Osterfest in Quedlinburg einen Mordanschlag auf ihn unternommen hatten, enthaupten lassen. Auch die Hinrichtung meines an dem Komplott beteiligten Großvaters hätte er gern gesehen. Doch durch den Rat vertrauter Fürsten ließ er sich bereden, ihn zum Grafen Berthold nach Bayern in Haft zu schicken; all sein Vermögen wurde eingezogen und gründlich aufgeteilt. Erst nach einem vollen Jahr gewann er die Huld des Königs und seinen gesamten Besitz zurück, dazu eine große Geldsumme und je einen Hof in Santersleben und Gutenswegen".[22] Ich glaube nicht, daß man diese Fälle mit der den Rechtshistorikern vertrauten Institution des Richtens nach Gnade erklären kann, die eine mildere Bestrafung des geständigen und reuigen Täters vorsah.[23]

In beiden Fällen - und auch diese Reihe ließe sich leicht verlängern - wurde vielmehr durch eine außergerichtliche Intervention erreicht, daß das Gerichtsurteil gravierend verändert bzw. im zweiten Fall verhindert und durch eine ganz andere Lösung ersetzt wurde. Außergerichtliche und hier wohl sogar außerrechtliche Aspekte waren für die getroffene Entscheidung maßgeblich. Der Stellenwert, den die sich für den Beklagten verwendende Person oder Gruppe hatte, bestimmte entscheidend das Verfahren. Das Recht stand - wenn man so will - gegenüber der Überlegung zurück, wieviel dem König das gute Einvernehmen mit diesem Netzwerk wert war. Und man muß zur realistischen Beurteilung des hier skizzierten Verfahrens sicher erwähnen, daß der Inhaftierte kurze Zeit später seine Tochter mit seinem ‚Gefängniswärter' verheiratete.[24] Auch dieser war mit einiger Sicherheit für seine Funktion nicht zuletzt deshalb prädestiniert, weil er Angehöriger des Netzwerkes war, das hier tätig wurde. Es handelt sich also auch hier allenfalls um Recht nach Ansehen der Person und des diese unterstützenden Netzwerks, wenn die skizzierten Lösungen überhaupt als rechtliche akzeptabel sind. Man braucht ja einen relativ flexiblem Rechtsbegriff, um solche Vorgänge unter ihn subsumieren zu können.

Ich schließe gleich einen dritten Fall aus Thietmar von Merseburg an, der eine Fundgrube für Rechtswirklichkeit ist. In dem Fall geht es um die Entführung einer sächsischen Adligen, die im Stift Quedlinburg erzogen wurde. Die ob des Raubes empörte Äbtissin Mathilde steuerte auf eine gerichtliche Klärung der Sache zu. „Nun befragte die Äbtissin die Großen nach ihrer

---

[22] Ebd., lib. II., cap. 21: *Hunc enim, Ericum nomine, cum Baccone Herimanno, Reinwardo, Wirino, Eserico caeterisque, qui in Quidilingeburg eundem tunc in pascha sollemni occidere conabantur, decollari precepit. Avum autem meum nomine Liutharium, eiusdem consilii participem, libenter perdere voluit; sed sibi familiarium devictus consilio principum, captum hunc misit tunc Bawariam ad comitem Bertoldum, comprehensis sibi omnibus suimet rebus ac late distributis, usque in annum integrum; tuncque gratiam regis et sua omnia cum magna pecunia et predio in Sonterslevo et in Vodenesvege iacenti acquisivit.*

[23] Zur Institution des ‚Richtens nach Gnade' vgl. Handwörterbuch zur deutschen Rechtsgeschichte, hg. v. Adalbert Erler und Ekkehard Kaufmann, Bd. 4, Berlin 1988, S. 1030 mit weiteren Hinweisen.

[24] Vgl. dazu Ruth Schölkopf, Die sächsischen Grafen (919 – 1024), Göttingen 1957, S. 74.

Meinung darüber, und sie erklärten ihr, sie hielten es für richtig, einen Tag (*conventus*) nach Magdeburg anzuberaumen; dort solle sich der Verlobte mit seiner Braut einfinden, auch alle ihre Helfer sollten als Angeklagte erscheinen oder als überführt das Land verlassen."[25] Man scheint auf eine rechtliche Regelung der Angelegenheit zuzusteuern, nachdem man übrigens zunächst von der entführten Frau durch Unterhändler hatte wissen wollen, ob sie gewillt sei, mit dem Entführer zusammen zu leben. Diese hatte das bejaht. Dann passierte folgendes: „Vor einer sehr zahlreichen Menge fand sich Werner mit seinen Helfern barfüßig ein, und gab die Frau zurück. Mit Hilfe der Fürsten erlangte er Verzeihung für seine Vergehen, indem er Besserung versprach."[26] Später hat er übrigens die Entführte geheiratet.

Wieder dürfte es nicht ganz leicht sein, das berichtete Geschehen den Kategorien rechtlich bzw. außerrechtlich zuzuordnen. Es scheint zunächst so, als träfe sich die Dinggenossenschaft zu einer rechtlichen Klärung der Angelegenheit.[27] Dann aber greifen Werner und seine Helfer zu Mitteln, die aus dem Arsenal der gütlichen Konfliktbeilegung stammen: Barfuß geben sie Genugtuung für die angetane Schmach. Fürsten als Fürsprecher tun das Ihrige, um eine gütliche Einigung und Aussöhnung zu erreichen. Anstelle eines Urteils kommt es zur Versöhnung. Auf Grund zahlreicher Parallelfälle kann man ziemlich sicher sein, daß dies zuvor vereinbart worden war.[28] Verbergen sich hinter solchen Schritten, die Thietmar nur knapp referiert, nun soziale oder Rechtsgewohnheiten?

In jedem Fall aber hat man diese Art von Genugtuungsleistungen nicht einfach jedem eingeräumt. Sie wurden vielmehr dann Mittel zur Konfliktbeendigung, wenn hochrangige Personen die Übeltäter waren. Der Grund für dieses Vorgehen liegt auf der Hand. Weder ließ es das Rangbewußtsein solcher Personen zu, vor Gericht zu erscheinen, noch besaß ein

---

[25] Thietmar, lib. IV, cap. 42: *Consulenti tunc de talibus primates abbatissae dictum est ab his, quod sibi videretur optimum, in Magadaburg fieri conventum, huc sponsum cum contectali venire, auxiliatores quoque omnes aut se reos ibi presentare aut damnatos fugere.*

[26] Ebd., lib. IV, cap. 42: *Confluente maxima illuc multitudine, Wirinharius cum suis cooperatoribus nudis provolvitur pedibus, uxorem reddit, veniam de commissis sibi suisque auxilio principum promissa emendatione promeruit.* Siehe dazu auch Gabriele Rupp, Die Ekkehardiner, Markgrafen von Meißen, und ihre Beziehungen zum Reich und zu den Piasten, Frankfurt a. M. 1996, S. 201.

[27] Vgl. hierzu allgemein Jürgen Weitzel, Dinggenossenschaft und Recht. Untersuchungen zum Rechtsverständnis im fränkisch-deutschen Mittelalter, (Quellen und Forschungen zur höchsten Gerichtsbarkeit im alten Reich 15), 2 Bde., Köln 1985.

[28] Zum Problem der Planung und Absprache ritueller 'Aufführungen' vgl. bereits Gerd Althoff, Demonstration und Inszenierung. Spielregeln der Kommunikation in mittelalterlicher Öffentlichkeit, in: Ders., Spielregeln (wie Anm. 5), S. 229-257, bes. S. 235ff.; zuletzt Ders., Rituale und ihre Spielregeln im Mittelalter, in: Horst Wenzel (Hg.), Audiovisualität vor und nach Gutenberg, Wien 2001, S. 51-61.

solches Urteil ausreichende Chancen der Vollstreckung, weil diese Personen auf Grund des Umfelds im wahrsten Sinne des Wortes nicht greifbar waren.

Bei dem barfüßigen Unterwerfungsritual ist übrigens gut zu verfolgen, wie seit der Karolingerzeit seine Anwendungsbereiche ausgedehnt wurden: Zunächst wurden auf diese Weise karolingische Königssöhne von gerichtlichen Konsequenzen ihrer Taten ausgenommen. Danach finden wir Hochadelige, denen das Privileg der *deditio* eingeräumt wurde. Bald aber kann so auch die Unterwerfung einer Stadt inszeniert werden und im 13. Jahrhundert entziehen sich auf diese Weise die Bürger Kölns einem Gerichtsurteil ihres Herrn, des Erzbischofs.[29] Mit seinem Einverständnis natürlich. Dem Erzbischof war diese öffentliche Demonstration seiner Stellung als Herr der Stadt sogar soviel wert, daß er sie mit einer mehrjährigen Befreiung von der Biersteuer honorierte, man könnte auch sagen erkaufte.[30] Wir fassen in diesem sich ausweitenden Personenkreis, der gütliche Lösungen anstelle gerichtlicher für sich reklamieren konnte, die zunehmende Etablierung fester Positionen im politischen Kräftefeld.

Damit komme ich zum dritten Aspekt, der mir für eine Beurteilung von Rechtsgewohnheiten im Mittelalter wichtig zu sein scheint: Wurden Personen von Gerichtsurteilen betroffen, haben ihre Verwandten, Freunde und Getreue daraus nicht die Konsequenzen gezogen, die bestimmte Normen von ihnen erwarteten. Ich erinnere an die zitierten dramatischen Achtfolgen, die vom Autor des Lexikonartikels gewiß nicht erfunden, sondern wohl mittelalterlichen Rechts- oder Gesetzestexten entnommen worden sind.[31] Um einen realitätsnahen Eindruck von Konsequenzen zu geben, die gezogen wurden, wenn Angehörige der Führungsschichten von Achturteilen betroffen waren - was seit dem 11. Jahrhundert im Reich mehrfach versucht wurde - seien aus der Historia Welforum die Reaktionen der Getreuen Herzog Heinrichs des Stolzen zitiert, als dieser vom Königsgericht Konrads III. geächtet wurde: „In Würzburg wurde der Herzog nach dem Urteilsspruch einiger Fürsten geächtet, seine Herzogtümer wurden ihm aberkannt. Der Herzog aber war aus Augsburg, nach dem er seine Angelegenheiten so gut es in der Eile ging geordnet hatte, mit schwacher Begleitung nach Sachsen geeilt. Der König aber übergab das Herzogtum Sachsen dem Markgrafen Albrecht, des Herzogs Vetter ... Heinrich aber kam nach Sachsen und stellte seinen Getreuen und Freunden seinen Sturz und seine Notlage vor Augen und rief sie zum Kampf auf gegen den Kaiser und

---

[29] Zur Entstehung und Entwicklung des Unterwerfungsrituals vgl. Gerd Althoff, Das Privileg der deditio, in: Ders., Spielregeln (wie Anm.5), S. 99-125, bes. S. 113ff. Zum Kölner Beispiel vgl. Claudia Garnier, Zeichen und Schrift. Symbolische Handlungen und literale Fixierung am Beispiel von Friedensschlüssen des 13. Jahrhunderts, in: FMST 32 (1998), S. 263-287, S.280f.

[30] Vgl. Regesten der Erzbischöfe von Köln im Mittelalter, 3: 1205-1304, bearb. von Richard Knipping (Publikationen der Gesellschaft für Rheinische Geschichtskunde 21,3), Bonn/Köln 1909-1913, Nr. 599.

[31] Vgl. Anm. 13.

Albrecht. Unterstützt von ihnen wie auch von denen, die ihm aus Bayern und Schwaben gefolgt und als Pilger verkleidet ins Land gekommen waren, warf er diesen Albrecht in kurzer Zeit so nieder, daß er nach Zerstörung seiner Burgen und Verheerung aller seiner Länder den König um Hilfe angehen mußte".[32] Das Achturteil hat die Vasallen und Freunde des Herzogs also offensichtlich in keiner Weise in ihrer Haltung beeinflußt. Nun könnte man natürlich sagen, daß solch ein Fall in bürgerkriegsähnlichen Zeiten einmal vorkommen kann, deshalb sei eigens und entschieden darauf hingewiesen: So reagierte man in aller Regel und nicht in einem Ausnahmefall.

Auch Heinrich der Löwe ist in seinem berühmten Konflikt mit Friedrich Barbarossa keineswegs von seinen Leuten im Stich gelassen worden, sondern hat sich dem kaiserlichen Heer, das zur Durchsetzung der Gerichtsurteile nach Sachsen zog, längere Zeit widersetzt.[33] Den Abfall vom Löwen bewirkten nach den ausführlichen Erzählungen Arnolds von Lübeck weniger die Gerichtsurteile als interne Zwistigkeiten der Vasallen mit Heinrich dem Löwen, die sich an der Frage entzündeten, wer das Lösegeld für die gefangenen Gegner bekommen sollte, das Heinrich hartnäckig sich selbst vorbehalten wollte.[34] Noch in der letzten Phase des Feldzuges, als der Löwe längst der Oberacht verfallen war, weiß Arnold aber von erstaunlichen Dingen zu berichten: Heinrich habe in Bedrängnis geraten Friedrich Barbarossa um freies Geleit in sein Heerlager gebeten, um bei ihm durch einen Vergleich Barmherzigkeit zu finden. Als er

---

[32] Hist. Welforum (wie Anm. 16), cap. 24f.: *Ibi iudicio quorundam principum dux proscribitur, ducatusque ei abiudicantur. Dux ergo in subsequenti die post egressum regis de Augusta, suis prout poterat propere dispositis, non multis comitatus in Saxoniam properat. At rex ducatum Saxonie Alberto marchioni, consobrino eiusdem ducis, Noricum vero, post in Bawariam veniens, Leopaldo filio Leopaldi marchionis, fratri suo ex parte matris, tradidit. (25) Heinricus ergo dux Saxoniam ingressus, cum casum et miserias suas fidelibus et amicis suis exponeret, ad rebellandum eos imperatori et Alberto excitavit. Inde in brevi eundem Albertum auxilio eorum nec non et suorum qui de Bawaria et Suevia eum insecuti sub specie peregrinationis terram intraverant, adeo humiliavit, ut castris eius dirutis, terris circumquaque vastatis, ad regem auxilii gratia ire compelleret.* Siehe dazu zuletzt Hanna Vollrath, Fürstenurteile im staufisch-welfischen Konflikt von 1138 bis zum Privilegium Minus. Recht und Gericht in der oralen Rechtswelt des früheren Mittelalters, in: Karl Kroeschell und Albrecht Cordes (Hgg.), Funktion und Form. Quellen- und Methodenprobleme der mittelalterlichen Rechtsgeschichte (Schriften zur Europäischen Rechts- und Verfassungsgeschichte 18), Berlin 1996, S. 39-62.

[33] Vgl. hierzu zuletzt Stefan Weinfurter, Die Entmachtung Heinrichs des Löwen; sowie Odilo Engels, Die Restitution des Bayernherzogtums an Heinrich den Löwen; beide in: Jochen Luckhardt und Franz Niehoff (Hgg.), Heinrich der Löwe und seine Zeit. Herrschaft und Repräsentation der Welfen 1125-1235, Katalog der Ausstellung Braunschweig 1995, 2 Bde., Band 2: Essays, München 1995; dort auch Gerd Althoff, Heinrich der Löwe in Konflikten. Zur Technik der Friedensvermittlung im 12. Jahrhundert.

[34] Vgl. zu dieser Auseinandersetzung eine diesbezügliche Unterredung zwischen Heinrich dem Löwen und dem Grafen Adolf bei Arnold von Lübeck, Chronica Slavorum, hrsg. von Georg Heinrich Pertz (MGH SSrG 14), Hannover 1868, lib. II, cap. 16, S. 56f.

mit Geleit ins Lager des Kaisers gekommen sei, seien ihm eine große Menge Krieger entgegen gezogen und hätten ihn *pacifice* gegrüßt. Im Lager selbst habe er durch *internuntios* (also Vermittler) auf jede Weise versucht, den aufgebrachten Barbarossa zu besänftigen. Sogar zwei vornehme Gefangene, den Landgrafen Ludwig und seinen Bruder Hermann, den Pfalzgrafen, habe er in der Hoffnung freigelassen, so die Huld des Kaisers zurückzugewinnen. Doch habe das alles nichts genützt, da Barbarossa ihm einen Hoftag nach Quedlinburg angesagt habe, wo die Fürsten entscheiden sollten, *iustitia mediante*, eine interessante Formulierung, was mit dem Löwen geschehen solle.[35] Der ganze Bericht lebt von der Gewißheit, daß Gerichtsurteile durch andere Vereinbarungen aufzuheben sind, die in beiderseitigem Einvernehmen geschlossen werden. Einem hochrangigen Verurteilten standen augenscheinlich ganz andere Möglichkeiten zur Verfügung als jemandem, der nicht durch die Solidarität seiner einflußreichen Netzwerke gehalten wurde. Nur letztere bekamen den *rigor iustitiae* in voller Härte zu spüren, bei ersteren verflachte die unnachgiebige Rechtswahrung deutlich: So ist denn auch der Konflikt mit Heinrich dem Löwen letztlich außergerichtlich beendet worden: In Erfurt unterzog sich Heinrich der Löwe einem Unterwerfungsritual und exilierte sich danach, - was wichtig ist - selbst nach England zu seinem Schwiegervater. Arnold von Lübeck reflektiert ausführlich über diese Beendigung des Konflikts. Eigentlich, sagt er, hätte Barbarossa den Löwen nach dessen Leistungen wieder in Amt und Würden einsetzen müssen. Deshalb hätten einige auch gesagt, er sei kein *vere miseratus*, er habe sich nicht wirklich erbarmt. Doch habe er dies nicht tun können, da er den Fürsten eine eidliche Zusage gegeben habe, die diese Lösung verhinderte.[36] Auch im Falle Heinrichs des Löwen finden sie also wieder die Mischung von politischen, gütlichen und rechtlichen Schritten zur Konfliktbewältigung, die ich als charakteristisch für bestimmte Zeiten des Mittelalters und für bestimmte Schichten der Gesellschaft heraus zu arbeiten versuche. Da von der Acht und Oberacht am Ende des Konflikts nicht mehr die Rede ist, Achtfolgen außer des natürlich gravierenden Verlusts der Herzogtümer ohnehin nicht eintraten, glaube ich folgern zu dürfen, daß die gerichtlichen Schritte zur Bewältigung des Konflikts nicht isoliert betrachtet sondern im Konzert mit den anderen gesehen werden müssen, wenn man den Stellenwert der Rechtsgewohnheiten im 12.Jahrhundert beschreiben will.

Das Gesagte sei in wenigen Sätzen zusammengefasst. Es ist auch heute noch ein häufig und gern gehegter Zweifel, ob die Justitia wirklich ohne Ansehen der Person urteilt, oder nicht doch unter ihrer Augenbinde durchlugt.

---

[35] Ebd., lib. II, cap. 22, S. 66: *...curiam apud Quidelingenburg ei prefixit, ut ibi inter principes de ipso fieret, iustitia mediante, decerneretur.*

[36] Ebd., lib. II, cap. 22, S. 67: *Quem de terra levans osculatus est non sine lacrimis, quod tanta inter eos controversia diu duraverit, et quia ipse tante sibi deiectionis causa fuerit. Que tamen si vere fuerint ambigitur, nam videtur eum vere non fuisse miseratus, quia ad statum pristini honoris eum restituere non est conatus.*

‚Die Kleinen hängt man und die Großen läßt man laufen', ist ja ein ebenso geflügeltes Wort wie ‚Recht haben und Recht bekommen sei zweierlei'. Für die Zeiten des Mittelalters aber ist es in jedem Fall ein Anachronismus, wenn man nicht berücksichtigt, daß in dieser Zeit der Satz: Vor dem Gesetz, dem Recht oder dem Gericht sind alle gleich, nicht galt. Zu den vielen Privilegien, die die Führungsschichten für sich reklamierten, gehörte gewiß das Vorrecht, daß auch im rechtlichen Bereich andere Normen für Angehörige dieser Schichten galten als für den Rest der Bevölkerung. Daraus resultierte jene eigentümliche Mischung rechtlicher und außerrechtlicher Verfahren der Konfliktbewältigung, die dem modernen Betrachter leicht als widerrechtlich, als Mißbrauch und Bruch aller Normen erscheinen kann. Die Zeitgenossen praktizierten diese Gewohnheiten jedoch offensichtlich ohne Unrechtsbewußtsein, sondern als Verfahren einer ranggeordneten Gesellschaft, in der mit der Höhe des Ranges Vorrechte und Freiheiten wuchsen, und erst vor Gottes Richterstuhl das Ideal der Gleichheit der Menschen Anwendung fand. Ich habe den Rechtshistorikern gewiß nicht reinzureden bei der Definition und gegebenenfalls bei der Neufassung ihres Rechtsbegriffs. Doch glaube ich als Historiker sagen zu dürfen, daß auch die Vorstellungen, was Recht sei, immensen historischen Wandlungen unterworfen waren. Diesen Wandlungen auch bei der inhaltlichen Füllung des Rechtsbegriffes Rechnung zu tragen, kann man wohl kaum umgehen. Ob angesichts des Ausmaßes der Wandlungen ein einheitlicher Rechtsbegriff sinnvoll, ob er überhaupt möglich und ob er nötig ist, wage ich nicht zu entscheiden. Für das Mittelalter jedenfalls sollte der Rechtsbegriff so gefüllt werden, daß er in der Lage ist, jene Gemengelagen rechtlicher und außerrechtlicher Strategien der Konfliktbewältigung ohne Vorrang der rechtlichen einzuschließen, wie sie in der Überlieferung vielfältig faßbar werden. Dies kommt überdies auch in einer Rechtsnorm zum Ausdruck: *Pactus legem vincit et amor iudicium.*[37] Und er sollte ein Prinzip berücksichtigen, das nicht nur, aber ganz gewiß im Mittelalter auch im Bereich des Rechts galt: *Quod licet Jovi non licet bovi.*

[37] Siehe dazu Stephan D. White, „Pactum ... legem vincit et amor iudicum": The Settlement of Disputes by Compromise in Eleventh-century Western France, in: The American Journal of Legal History 22 (1978), S. 281-308.

Die Entwicklung der königlichen Gesetzgebung in Deutschland in der Spätstauferzeit

Yoichi Nishikawa, Berlin

Wie viele andere Rechtsformen und -gedanken, die die europäische Neuzeit prägen, kann auch die eigentümliche Gestaltung der wichtigsten Rechtsbildungsform im neuzeitlichen Europa, der Gesetzgebung, ohne die Kenntnisse der Entwicklung im Mittelalter kaum verstanden werden[1]. Dabei gibt es an der entscheidenden Bedeutung der Stauferzeit für die Entwicklung der Gesetzgebungsideen im regnum Teutonicum keinen Zweifel[2]. Die präzisen diplomatischen Untersuchungen in dem Umfeld der Edition der Barbarossa-Urkunden haben uns Einblicke in die vielfältigen Wege gewährt, auf die antiken und gelehrten Rechtsvorstellungen und damit auch die Ideen der Gesetze und Gesetzgebung in die rechtliche Praxis des königlich-kaiserlichen Hofes eingedrungen sind[3]. Das Personal im und um den frühstaufischen Hof verfügte bereits über eine Idee der Gesetzgebung, die deutlich durch die Ideenwelt des

---

* Mit den wesentlichsten Literaturangaben versehene Fassung des Vortrags, den der Verfasser am 9. Dezember 2000 auf dem Kolloquium „Rechtsbegriffe im Mittelalter" des Graduiertenkollegs in Frankfurt hielt. Ich danke Herrn Professor Dr. Albrecht Cordes, daß er das Manuskript gegengelesen und sprachlich korrigiert hat.

[1] Die mittelalterlichen Wurzeln der Idee und Praxis der Gesetzgebung werden von vielen Autoren thematisiert. Als repräsentative Beispiele vgl., Sten Gagnér, Ideengeschichte der Gesetzgebung, Uppsala 1960; Gesetzgebung als Faktor der Staatsentwicklung (Beihefte zu „Der Staat" Heft 7), Berlin 1984; Renaissance du pouvoir législatif et genèse de l'Etat, hrsg. v. André Gouron und Albert Rigaudière, Montpellier 1988; Armin Wolf, Die Gliederung Europas in Nationen im Spiegel von Recht und Gesetzgebung des Mittelalters, in: Ansätze und Diskontinuität deutscher Nationsbildung im Mittelalter (NATIONES Bd. 8), Sigmaringen 1989; Legislation and justice (The origins of the modern state in Europe: 13th to 18th centuries), hrsg. v. Antonio Padoa-Schioppa, Oxford 1997.

[2] Hermann Krause, Kaiserrecht und Rezeption, Heidelberg 1952; Dietmar Willoweit, Deutsche Verfassungsgeschichte, München 1990, S. 111ff; Michael Stolleis, Condere leges et interpretari. Gesetzgebungsmacht und Staatsbildung in der frühen Neuzeit, in: ders., Staat und Staatsräson in der frühen Neuzeit, Frankfurt a. M. (zuerst in: ZRG GA 101, 1984), S. 173f.

[3] Neben den detaillierten Erörterungen in den Vorbemerkungen der einzelnen Diplome, vgl. auch, MGH DFI Bd. 5, Einleitung. Verzeichnisse, bearbeitet von Heinrich Appelt unter Mitwirkung von Rainer Maria Herkenrath und Brigitte Meduna, Hannover 1990, S. 123ff.; Heinrich Appelt, Die Kaiseridee Friedrich Barbarossas, in: ders., Kaisertum, Königtum, Landesherrschaft : Gesammelte Studien zur mittelalterlichen Verfassungsgeschichte, hrsg. v. Othmar Hageneder und Herwig Weigl, MIÖG Erg. Bd.28, Wien 1988; Rainer Maria Herkenrath, Reinald von Dassel als Verfasser und Schreiber von Kaiserurkunden, in: MIÖG 72 (1964); ders., Regnum und Imperium. Das „Reich" in der frühstaufischen Kanzlei (1138-1155), in: Sb. d. Öst. Akad. der Wissenschaften. Phil.-hist. Kl. 264/5, Wien 1969. Auch die eingehenden Rezensionen zu den Diplamata Bänden von Hermann Krause in der Savigny-Zeitschrift sind sehr wichtig. Vgl., ZRG GA 88 (1971), 94 (1977)

gelehrten Rechts geprägt war[4]. Im 13. Jahrhundert war es Friedrich II. im Königreich Sizilien, der die Rechtsgedanken des *ius commune* in vollem Umfang übernahm und monumentale Gesetzgebungswerke hervorbrachte[5]. Wie entwickelte sich diese Gesetzgebungsidee in Deutschland während der Spätstauferzeit? Welche Wirkung hatte sie auf die rechtliche Gedankenwelt, die sich in den Königsurkunden für die deutschen Empfänger sowie in den königlichen Rechtssetzungen für den deutschen Rechtsbereich ausdrückte? Dies sind die Fragen, mit denen ich mich in diesem Referat befassen möchte. Im folgenden möchte ich zunächst auf das klare Hervortreten der Idee der königlichen Gesetzgebung als Rechtsgebot in Deutschland hinweisen und dann einige Charakterzüge der konkreten Gestaltung solcher Gesetze näher erläutern.

1. Die Idee der königlichen Gesetzgebung

Für die Rechtsgeschichte der vorkonstitutionellen Zeit ist der Begriff der Gesetzgebung ein recht kompliziertes Thema, das besonders in der deutschen Forschung intensiv diskutiert worden ist[6]. Aber wie es bei der historischen Forschung oft der Fall ist, sollte man auch hier nicht der Versuchung erliegen, gleich am Anfang der Untersuchung einen scharf konturierten Gesetzgebungsbegriff aufstellen und ihn zum absoluten Kriterium der Quellenforschung machen zu wollen, weil eine vorschnelle begriffliche Festlegung zur künstlichen Verengung des Blickfeldes und damit zur Auseinanderhaltung solcher Bereiche führen könnte, die nach der damaligen Vorstellung enge Zusammenhänge untereinander hatten.

Statt dessen weise ich zunächst auf einige Quellenstellen hin, die bezeugen, daß das Personal um das Königtum bereits eine klare Idee von der Setzung des allgemeinen Rechts durch die gesetzgebende Gewalt hatte. Die Untersuchungen

---

[4] Ohne Zweifel haben die intensiven Begegnungen mit der italienischen Geiseteswelt die Kenntnisse der gelehrten Rechtsvorstellungen bei den Deutschen vergrößert. Die von Rahewin berichtete, bekannte Rede des Erzbischofs von Mailand auf dem ronkalischen Reichstag (Rahewin, Gesta Frederici Bd. 4, Cap. 5) bezeugt, daß ein reges Interesse für das vom römischen Recht gespeiste antikisierende Bild des gesetzgebenden Kaisers um Friedrich Barbarossa vorhanden war.

[5] Hermann Dilcher, Die sizilische Gesetzgebung Kaiser Friedrichs II. Quellen der Constitutionen von Melfi und ihrer Novellen, Köln-Wien 1975. Als eine Fallstudie : Yoichi Nishikawa, Die *inquisitio* in den Konstitutionen von Melfi Friedrichs II., in: Grundlagen des Rechts. Festschrift für Peter Landau, hrsg. v. R. Helmholz et al., Paderborn 2000.

[6] Über die Begriffsbestimmung der Gesetzgebung, vgl., Armin Wolf, Gesetzgebung in Europa 1100-1500, 2. überarbeitete und erweiterte Aufl., München 1996, S. 4-6; der., Forschungsaufgaben einer europäischen Gesetzgebungsgeschichte, in: IUS COMMUNE 5 (1972); Rainer Schulze, Geschichte der neueren vorkonstitutionellen Gesetzgebung, in: ZRG GA 98 (1981); Bernhard Diestelkamp, Einige Beobachtungen zur Geschichte des Gesetzes in vorkonstitutioneller Zeit, in: ders., Recht und Gericht im Heiligen Römischen Reich (IUS COMMUNE Sonderhefte 122), Frankfurt a.M. 1999 (zuerst in: ZHF 19, 1983)

über die Gesetzgebung der Spätstaufer sollten von diesem Kern aus nach den immer verschwommener werdenden Randbereichen und den vielfältigen Gestaltungsformen fortschreiten.

Als das beste Beispiel sei das umfangreiche Proömium des Mainzer Reichslandfriedens (1235) genannt werden. Zunächst wird darin die königliche Aufgabe der Wahrung des Friedens und der Gerechtigkeit hervorgehoben[7]. Diese Aufgabe solle vor allem durch die gerichtlichen Entscheidungen nach den festen rechtlichen Regeln erfüllt werden.

> „Licet per totam Germaniam constituti vivant in causis et nogociis privatorum consuetudinibus antiquitus traditis et iure non scripto, quia tamen ardua quedam, que generalem statum et tranquilitatem imperii reformabant, nondum fuerant specialiter introducta, quorum partem aliquam, si quando casus trahebat in causam, ficta magis opinio quam statuti iuris aut optente contradictorio iudicio consuetudinis sentencia terminabat, de consilio et assensu dilectorum principum ecclesiasticorum et secularium in sollempni curia celebrata Moguncie constitutiones quasdam certis capitulis comprehensas, presentibus eisdem promulgari[8].

Hier stellt der Gesetzgeber folgenden Sachverhalt fest; in Deutschland, wo noch weitgehend die von alters her überlieferten Gewohnheiten und das ungeschriebene Recht gälten, sollten eigentlich das gesetzte Recht (*statutum ius*) sowie das Gewohnheitsrecht, dessen Geltung durch das von der Rechtswissenschaft festgesetzte Verfahren festgestellt worden sei (*obtente contradictorio iudicio*)[9], als die Grundlage der gerichtlichen Entscheidung dienen. Weil jedoch die notwendigen Reformmaßnahmen noch nicht eingeführt worden seien, entscheide statt dessen die willkürliche Meinung die Streitfälle. Zu diesem Zweck seien auf dem Mainzer Hoftag die in bestimmte Kapitel zusammengefaßten Konstitutionen mit dem Rat und der Zustimmung der Fürsten verkündet worden.

Aus dem Zitat können wir ersehen, daß der Verfasser des Textes bereits eine klare Vorstellung von einer Rechtsquellenordnung bestehend aus verschiedenartigen Normen hatte. Die alten Gewohnheiten und das ungeschriebene Recht bildeten die geltende allgemeine Rechtsordnung, während in den Gerichten das gesetzte Recht und das Gewohnheitsrecht die Streitfälle entscheiden müßten, ein Zustand, der noch nicht erreicht sei. Der Landfrieden,

---

[7] MGH Const. II Nr. 196, S. 241: Imperialis eminencie solium nutu divine provisionis adepti, circa regimen subiectorum consilia nostra duplici vinculo pacis et iusticie roboranda providimus, ut per hec nominis nostri celebritas habeat, quod sibi servet ad gloriam, subditis ad salutem. Ex his enim precipue munitur auctoritas imperantis, cum in observancia pacis et executione iusticie quantum terribilis est perversis, tantum est desiderabilis mansuetis.

[8] Ebd.

[9] Othmar Hageneder, Der Mainzer Reichslandfriede (1235) und die *Constitutio contra incendiarios* Friedrichs I. Barbarossa, in: Grundlagen des Rechts (wie Anm. 5)

der diese Mängel beheben sollte, wurde demnach in diesem Proömium als ein *statutum ius* aufgefaßt und in ein geordnetes System der allgemeinen Normen eingeordnet.

Diese Stelle deutet außerdem auf eine sehr interessante Mittelstellung dieser „Landfriedensgesetze“ in bezug auf ihren rechtlichen Charakter hin. Einerseits wird deutlich zum Ausdruck gebracht, daß der Landfrieden durch den Rat und die Zustimmung der geistlichen und weltlichen Fürsten entstanden sei. Er war also keineswegs eine einseitige hoheitliche Verlautbarung bzw. ein Rechtsgebot ohne die Mitwirkung der Großen des Reiches, wie es derselbe Kaiser im Königreich Sizilien hätte erlassen können[10]. Dieses Prinzip der kollektiven Rechtsbildung wurde nochmals am Ende des Landfriedens hervorgehoben: *Ad generalem statum et tranquillitatem imperii edite et promulgate sunt hec constitutiones de consilio et assensu principum tam ecclesiasticorum quam seqularium nec non plurimorum nobilium et aliorum fidelium imperii*[11].

Ferner ist es nicht unwichtig, daß der Landfrieden als ganzes als ein Bündel der Konstitutionen, die oft jeweils mit eigenen Arengen versehen sind, aufgefaßt wurde. Wie Arno Buschmann festgestellt hat, trat diese Form oft in den zeitgenössischen Gesetzbüchern, z.B. in den Konstitutionen von Melfi desselben Herrschers, in Erscheinung[12].

Gleichzeitig aber sei darauf hingewiesen, daß man in diesem Dokument zum ersten Mal das Wort *constitutio,* oder richtiger, *constitutiones*, zur Bezeichnung eines Landfriedens benutzt hat. Zwar läßt die Textüberlieferung, besonders der früheren Landfrieden, nicht zu, die offizielle Bezeichnungen der Landfrieden mit letzter Sicherheit festzustellen. Aber sowohl die Landfrieden der Zeit Barbarossas als auch diejenigen der zwanziger Jahre des 13. Jahrhunderts bezeichneten sich in den überlieferten Texten nicht als *constitutio*. Die gängige Bezeichnung scheint die *forma pacis* gewesen zu sein[13]. Im Landfrieden von 1152 wird dagegen die schlichte Wendung *littera* benutzt: *Fridericus, dei gratia Romanorum imperatorum....episcopis, ducibus,.... ad quos littere iste pervenerint....*[14]. Nur in dem Landfrieden von Roncaglia erscheint das Wort *lex*, das der römisch-rechtlichen Tradition entnommen worden war: *Hac edictali lege in perpetuum valitura jubemus....*[15].

---

[10] In dem Text der Konstitutionen von Melfi wurde bekanntlich keine rechtliche Bedeutung der Mitwirkung der Großen des Königreichs zugemessen.

[11] Const. II, S. 247.

[12] Arno Buschmann, Mainzer Reichslandfriede und Konstitutionen von Melfi, in: Festschrift für Rudolf Gmür zum 70. Geburtstag, Bielefeld 1983, S. 377.

[13] Elmar Wadle, Frühe deutsche Landfrieden, in: ders., Landfrieden, Strafe, Recht: Zwölf Studien zum Mittelalter, Berlin 2001 (zuerst in: Überlieferung und Geltung normativer Texte des frühen und hohen Mittelalters, hrsg. v. H. Mordek, Sigmaringen 1986) , S. 95

[14] MGH DFI. Nr. 25, Bd. 1, S. 41.

[15] MGH DFI. Nr. 241, Bd. 2, S. 33. Der sog. Brandstifterbrief von 1186 bzw. 1188 bezeichnete sich zwar weder als *constitutio* noch als *lex*, aber befehligte die Insertion in die

In den frühstaufischen Königsurkunden wurde dagegen das Wort *constitutio* meistens für die Bezeichnung der Einzelprivilegien benutzt, die wenigstens förmlich einseitige hoheitliche Handlungen des Königs aufgrund seines Wohlwollens darstellten. Und unter den urkundlichen Zeugnissen Friedrich Barbarossas, die sich als allgemeine Normen ausdrückten, waren es vor allem die Authentica Habita (1158) und die Constitutio Auximana (1177), die sich selbst zwar als *lex* oder *leges* bezeichneten, aber sie zugleich in Verbindung mit der *constitutio (imperialis)* brachten[16].

Es ist daher kein Zufall, daß diese beiden *leges*, die vermutlich von Italienern verfaßt wurden[17], in die Libri Feudorum inkorporiert überliefert sind. Der Begriff *constitutio* bedeutete nach diesen Befunden bereits im 12. Jahrhundert das kaiserliche Gesetz *par excellence*, wenn er zur Bezeichnung allgemeiner Normen benutzt wurde. Dieser Ausdruck hat sich auch auf den kirchlichen Bereich verbreitet. Wie bereits Walter Holtzmann festgestellt hat, erfuhr die Entwicklung der Dekretalen zu einer allgemeinen päpstlichen Gesetzgebung während der kurzen Amtszeit Gregors VIII. eine merkliche Steigerung, die sich in der Verwendung des Begriffes *constitutio* zur Absonderung dieser allgemeinen Normen wiederspiegelt[18]. Und wenn man den rechtlichen Charakter des Textes der frühen Landfrieden in Deutschland nach der Ansicht von Elmar Wadle in der zur Schrift gebrachten Eidesformel (*forma pacis*) sieht[19], dann ist ersichtlich, daß das Wort *constitutio* zur Bezeichnung der Landfrieden im 12. Jahrhundert nicht anwendbar gewesen ist. Diese herkömmliche Bezeichnung wurde auch in den früheren königlichen Landfrieden der Spätstaufer fortgesetzt. Die Landfrieden der ersten Hälfte der 20er Jahre, nämlich der sog. Sächsische Landfriede und die sog. Treuga Heinrici, nannten sich als *formae pacis* und wurden in objektiver Fassung formuliert. „*Hec est forma pacis antique, quam dominus imperator precepit renovari*" im Fall des Sächsischen Landfriedens, „*Hec est forma pacis, quam dominus noster rex Heinricus apud Wirzeburg cum principibus ordinavit et iurari fecit.*" in der Treuga Heinrici[20]. Um so deutlicher ist die Bedeutung der Verwendung des *constitutio*-Begriffes für einen Landfrieden im Jahre 1235.

Gesetze der Vorgänger. MGH DFI Nr. 988, Bd. 4, S. 277: Ut autem hec tam utilis ordinatio omni temore rata permaneat.....eam legibus predecessorum nostrorum inperatorum atque regum iussimus intereseri et perpetuo iure servari. Vgl., Elmar Wadle, Der Nürnberger Freidbrief Kaiser Friedrich Barbarossas und das gelehrte Recht, in; ebd. (zuerst in: Wege europäischer Rechtsgeschichte. Festschrift für Karl Kroeschell, hrsg. v. Gerhard Köbler et al., Frankfurt a.M. 1987), S 160.

[16] DFI Nr. 243, Bd. 2, S. 36ff.: Hanc autem legem inter imperiales constitututiones sub titulo 'Ne filius pro patre, etc.' inseriri iussimus. DFI Nr. 719, Bd. 3, S. 255f.: De bonis aut dampnatorum seu proscriptorum secundum novis constitutionibus cavetur, sic iubemus, in ipsos observari.

[17] Vgl. die Vorbemerkungen der betreffenden Quellen.

[18] Walter Holzmann, Die Dekretalen Gregors VIII., in: MIÖG 58 (1950)

[19] Vgl., Wadle, Frühe deutsche Landfrieden (wie Anm. 13)

[20] MGH Const. II, Nr. 280, Nr. 284, S..

Die Chronica regia Coloniensis berichtet bekanntermaßen, daß auch dieser Frieden vereidigt und in deutscher Sprache verkündet wurde[21]. Diese Aussage läßt vermuten, daß die Praxis auch bei dem Mainzer Reichslandfrieden nicht sehr entfernt von dem alten Friedenseid gewesen sein muß. Aber aus der Verankerung des Landfriedens in der gelehrten Rechtsquellenlehre und der Benutzung des *constitutio*-Begriffes können wir schließen, daß der Verfasser des Textes den Landfrieden in die Rechtswelt des gelehrten Rechts und die kaiserlichen Gesetze einzugliedern versuchte.

Auf der anderen Seite war dieser Text keineswegs die Verkündung eines realitätsfernen Projektes, die die Rechtswirklichkeit im Deutschen Reich nicht berücksichtigte. Wie es bei den Urkunden, deren Inhalt allgemeine Normen sind, oft der Fall ist, kann man auch hier schwerlich den Verfasser des Textes feststellen[22]. Aber auch wenn die italienischen Kanzleikräfte an der Abfassung teilgenommen haben sollten, kann man an der Hervorhebung der kollektiven Rechtsbildung deutlich ablesen, daß der Verfasser des Textes Wert darauf legte, die Rechtsverhältnisse im deutschen Teil des Reiches nachdrücklich zu berücksichtigen und sie mit der gelehrten Rechtsquellenlehre zu harmonisieren.

Eine ähnliche Harmonisierung zwischen der königlichen Gesetzgebungsbefugnis und dem Prinzip der kollektiven Rechtsbildung läßt sich in dem Landfrieden Heinrichs (VII.) feststellen, der 1234 in Frankfurt verkündet wurde (die sog. *Constitutio generalis de iudiciis et de pace tenenda*). Der Text in den Constitutiones-Ausgabe der MGH wurde der Chronik Alberics von Troisfontaines entnommen und enthält keine förmliche Teile der Urkunde wie die Arenga oder das Eschatokoll[23]. Es wurde jedoch 1923 eine andere Überlieferung in Zürich aufgefunden, die eine Arenga mit dem folgenden Wortlaut enthält.

> Quoniam testante Machabeorum scriptura sine regali providentia rebus est inpossibile pacem dari ut sacro sancte fidei katholice a nefanda inportunitate heresum ac tranquilitati patrie a turbine malignantium quietem daret regalis auctoritas. Ex decreto principum et consensu in curia apud Frankenfurt edicta sequentia edidimus instituta[24].

---

[21] MGH SS 18, S. 17: Ubi fere omnibus principibus regni Teutonici convenientibus, pax iuratur, vetera iura stabiliuntur, nova statu.untur et Teutonico sermone in membrana scripta omnibus publicantur.

[22] Über die Verfasser des Mainzer Reichslandfriedens sind die Ansichten der diplomatischen Forschungen nicht einig. Vgl., Paul Zinsmaier, Zur Diplomatik der Reichsgesetze Friedrichs II., in ZRG GA 80 (1963), S. 133ff.; Peter Csendes, Studien zum Urkundenwesen Kaiser Friedrichs II., in: MIÖG 88 (1982), S. 121.

[23] MGH Const II. Nr. 319, S. 428ff.

[24] D. G. Morin, La constitution de Francfort 11 février 1234. Texte intégral, d/après le manuscrit Zurich C 88/292, in: Revue Bénédictine 35 (1923)

Diese Stelle spielt vermutlich auf die Geschichte des Priesterkönigs Simons im apokryphen ersten Makkabäerbuch an. Simon, der die Juden von den Seleukiden befreite und ihnen den Frieden gebracht habe (*fecit pacem super terram, et laetatus est Israel laetitia magna*), sei als *dux suus, princeps sacerdos* bejubelt worden. Im Text der des Makkabäerbuches heißt, *et ut sit illi de sanctis: et ut audiatur ab omnibus, et scribantur in nomine eius omnes conscriptiones in regione...et ne liceat ulli ex populo et ex sacerdotibus irritum facere aliquid horum, et contradicere his quae ab eo dicuntur*[25]. In dem Text des Landfriedens wurde also durch das Zurückgreifen auf den berühmten biblischen Führer des Gottesvolkes betont, daß der Frieden durch die hoheitliche Macht des sakralen Königtums gewährt werde.

Aber gleichzeitig stellt der Züricher Text ausdrücklich fest, daß der Friede *ex decreto principum et consensu* entstanden sei. Dieser Text zeigt uns folglich, daß auch diesem Frieden die beiden Elemente der Gebotshoheit des Königs und der Zustimmung der Fürsten zugrunde lagen, wie wir es bei dem Mainzer Reichslandfrieden beobachten konnten.

Die einzige Ausnahme von der oben festgestellten Harmonisierung zwischen der königlichen Gesetzgebungsbefugnis und der kollektiven Rechtsbildung in Deutschland war das Edikt gegen die Ketzer vom März 1232[26]. Für die Adressaten dieses Ketzerediktes wird hier keine geographische Beschränkung angegeben. Aber die angeführten Amtsbezeichnungen für die Adressaten sowie der Inhalt einiger Bestimmungen weisen auf einen deutlichen Bezug zum deutschen Reichsgebiet hin[27]. Die originalen Ausfertigungen sind zudem in Würzburg, Regensburg und Bremen überliefert[28]. Daher läßt sich die Absicht des Königtums konstatieren, dieses Edikt in weiten Teilen des

---

[25] 1. Makk. 14-42

[26] Const II. Nr. 158, S. 195ff. Peter Weimar spricht diesem Akt den Gesetzescharakter ab, weil er sich als ein „vero e proprio mandatum nel senso del tardo impero romano“ oder „un ordine di servizio nel senso moderno della scienza di fonti giuridiche“ darstelle. Peter Weimar, Federico II legislatore dell'Impero, in;...*colendo iustitiam et iura condendo...* Federico II legislatore del Regno di Sicilia nell'Europa del duecento, hrsg. v. Andrea Romano, Rom 1977, S. 86. Diese Bewertung hängt mit seiner Begriffsbestimuung des Gesetzes zusammen, die sich stark an dem modernen Gesetzesverständnis orientiert. Vgl., Ebd. S.82. Aber auch der Landfrieden Friedrichs I. vom Jahre 1152, der sich ohne Zweifel ein wichtiges Material für die Beurteilung der Gesetzgebung der Stauferzeit darstellt, war urkundenförmlich ein Mandat mit ähnlichen Adressanten wie Const. II Nr. 158. (vgl. DFI. Nr. 25). Der Untersuchung der geschichtlichen Entwicklung der Gesetzgebung in der Stauferzeit sollte ein Gesetzesbegriff zugrunde gelegt werden, mit dem auch die Entwicklunglinie vom Mandat zum Gesetz allgemeinen Charakters berücksichtigt werden kann.

[27] Adressaten: dilectis principibus suis, venerabilibus archiepiscopis, episcopis aliisque prelatis ecclesiarum, ducibus, marchionibus, comitibus, baronibus, scultetis, burgraviis, advocatiis, iudicibus, ministerialibus, officialibus et universis per totum constitutis presentes litteras inspecturis, fidelibus suis,... Besondere Erwähnung des deutschen Reichsteils, vgl. Art. 9 : Ad hec fieri volumus universis, priorem et fratres ordinis Predicatorum de Wirzeburc, pro fidei negotio in partibus Theotonie contra hereticos deputatos....

[28] Vgl., Vorb. zu Const. II Nr. 158, S. 195f.

Deutschen Reiches zu verwirklichen. In diesem Edikt verkündet der Kaiser allein auf Grund seiner Macht das Rechtsgebot.

> Commissi nobis celitus cura regiminis et imperialis, cui dante Domino presidemus, fastigium dignitatis materialem, quo divisim a sacerdotio fungimur, gladium adversus hostes fidei et in exterminium heretice pravitatis exigunt exercendum, ut vipereos perfidie filios contra Deum et ecclesiam insultantes, tamquam materni uteri corrosores, in iudicio et iustitia persequamur; maleficos vivere non passuri, per quorum scientiam seductricem mundus inficitur et gregi fidelium per oves has morbidas gravior infligitur corruptela[29].

Die Ketzerbekämpfung, eine der wichtigsten Aufgaben des Kaisers als des Beschützers der ganzen Kirche, hing eng mit seiner universalen Kompetenz zusammen. Dieses Amtsverständnis hat mit Sicherheit das Bewußtsein der hoheitlichen Stellung des Kaisers gesteigert und es ermöglicht, die Idee einer von der Mitwirkung und Mitsprache der Großen befreiten alleinigen Rechtssetzungskompetenz klar hervortreten zu lassen[30].

2 Die Gestaltung der königlichen Gesetzgebung

Das klare Hervortreten der Idee der königlichen Gesetzgebung bedeutete nicht, daß sich bereits im 13. Jahrhundert die Vorstellung eines ausschließlich auf die hoheitliche Gesetzgebungsgewalt beruhenden, von den anderen Kategorien der Rechtsbildungsakten klar unterschiedenen, allgemeinen Gebotsrechtes verselbständigt hätte.

Bereits die offensichtlich prinzipielle Bedeutung, die der Mitwirkung der Großen für das Zustandekommen der Gesetze Friedrichs II. in Deutschland zukam, deutet auf die besondere Charakteristik der Gesetzgebung dieser Zeit. Aber die Notwendigkeit der Mitwirkung der Großen an sich würde eigentlich keine Abweichung von der Idee der Gesetzgebung bedeuten, wie die Beispiele der kaiserlichen Edikten des römischen Reiches zeigen, in denen oft von der, wenn auch förmlichen, Mitwirkung des Senats die Rede war.

Neben dieser Eigenart in der Entstehungsweise zeigen die königlichen Gesetzgebungsakten der Spätstauferzeit auch in dem normativen Charakter einige Charakterzüge auf, die sie von dem konstitutionellen Gesetzesverständnis unterscheiden. Im Folgenden beschränke ich mich auf einige Aspekte.

---

[29] Ebd., S. 196.
[30] Über den engen Zusammenhang zwischen den früheren Ansätzen der königlichen Gesetzgebung in Deutschland und dem Kaisertum, vgl., Wolf, Gesetzgebung in Europa (wie Anm. 6), S. 100.

In den Königsurkunden der Spätstauferzeit läßt sich zunächst feststellen, daß nicht immer klar zwischen den allgemeinen Gesetzen und den Privilegien unterschieden wurde. Die oben erwähnte Verwendung des Begriffes *constitutio* für die Einzelprivilegien ist ein Zeichen für das Ineinanderfließen der beiden rechtlichen Denkweisen, die wir heute gegeneinander abzugrenzen pflegen. Als ein interessantes Beispiel läßt sich die Bestätigung des Goslarer Stadtrechts durch Friedrich II. vom Jahre 1219 anführen, die die Stadt mit dem folgenden Ausdruck auszeichnet: „*Civitas Goslariensis....ab antecessoribus nostris... constructa, sacrarum legum constitutionibus fuerit elegantissime privilegiata....*Und am Ende bestätigt der König: *Ut autem hec nostra constitutio debitam in posterum obtineat firmitatem, presenti pagina sigilli nostri appositione signata confirmamus, statuentes quod nulla omnino persona huic nostre donationis privilegio presumat ausu temerario contraire*[31].

Diese terminologische Gleichsetzung zwischen *constitutio* und *privilegium* beschränkte sich nicht auf eine Bestätigung eines Stadtrechtes. Eine Wendung wie die, die das Privileg des Jahres 1213 für den Abt des Klosters Engelberg benutzte, können wir auch in nicht wenigen anderen Privilegien finden: *Quod si unquam presumptuosus aliter temptaverit, quia nostram imperialem constitutionem violat et infringit nec advocatus, sed potius calumniator et perversor fuerit, ...*[32]. Das Datum dieser Urkunde, die Anfangszeit der Kanzlei Friedrichs II. nämlich, läßt vermuten, daß diese Verwendung des *constitutio*-Begriffes eine fest etablierte Tradition des 12. Jahrhunderts fortsetzte.

Man könnte diese Wendung lediglich als ein Zeichen für die begriffliche Unklarheit sehen und darauf keinen besonderen Wert legen. Aber die Anwendung der Vorstellungen, die eine starke Affinität zu den Gesetzen zeigen, auf die Privilegien, war eine Erscheinung, die seit der Zeit der Frühstaufer feststellbar gewesen ist. Ich weise auf das Privilegium Friedrichs I. für die Bürger der Stadt Speyer hin, das das bekannte Privilegium Heinrichs V. bestätigte.

> Maiestas imperialis exigit et auctoritas, ut, sicut sua facta rata et inconvulsa permanere desiderat, ita suorum antecessorum gesta et privilegia modis omnibus confirmet et scriptorum minine corroboret. .....Quoniam vero sicut nostrum est leges condere, ita et, quo dubia sunt, benigne interpretari, nos predictum privilegium etiam cum assensu eiusdem episcopi publice libertatem eorum recognoscentis sic interpretamur ...[33].

---

[31] Jean-Louis Alphonse Huillard-Bréholles, Historia Diplomatica Friderici secundi t. I, 2. S. 644, 648.

[32] Huillard-Bréholles, t. I, 1, S. 236.

[33] MGH DFI, Nr. 827, Bd. 4, S. 34. Geschrieben und wahrscheinlich verfasst von Robert, der Protonotar der Mainzer Kirche war und zu dieser Zeit zur Königskanzlei gehörte.

Der Gedanke, daß es zu den fürstlichen Prärogativen gebühre, Gesetze zu geben und die zweifelhaften Normen großzügig auszulegen, wurde natürlich den römischen Quellen entnommen (Cod. Iust. 1,14,12,3). Man hat hier diesen Topos eingesetzt, um die hoheitliche Interpretation eines Privilegs durch den König zu rechtfertigen. Und gerade der Gedanke, daß die Privilegien und die allgemeinen Gesetze aus derselben Rechtssetzungsbefugnis des Fürsten stammen, lag in dem Kern der Gesetzgebungslehre des Hochmittelalters, besonders in der kanonistischen Literatur[34]. In dem gelehrten Rechtsdenken gab es also zwischen dem allgemeinen Gesetz und dem als *lex privata* bezeichneten Einzelprivileg nur einen relativen Unterschied.

Wenn man diese grundlegende Denkweise der gelehrten Rechtsquellentheorie und ihre Verankerung in der Urkundenpraxis berücksichtigt, darf man wohl den Schluß ziehen, daß die Übernahme des gelehrten Rechtsdenkens nicht nur zur Verstärkung der Vorstellung von der Setzung allgemeiner Normen beigetragen hat, sondern auch das theoretische Fundament dafür geliefert hat, daß das Privileg und das allgemeine Gesetz in engem Zusammenhang betrachtet wurden.

Es ist daher kein Widerspruch, daß im 13. Jahrhundert immer stärker die Begriffe und die Wendungen, die eigentlich eine enge Beziehung zur Gesetzgebungskompetenz besaßen, für die Legitimierung der Einzelakte des Königs eingesetzt wurden. In einer Urkunde, in der Heinrich (VII.) einen Schiedsspruch zwischen den Domkapiteln von Naumburg und Zeitz bestätigte, wurde folgendermaßen argumentiert.

> nos in ordinatione prememorata tranquillitati et juri utriusque ecclesie consultum et prospectum esse advertentes, idem arbitrium ratum habentes confirmamus, ipsi robur vires et munimen auguste majestatis impercientes, et si quid in prefato arbitrio citra legitimarum sanctionum solempnitates dictum, scriptum est sive factum, de plenitudine regie potestatis qua tanquam viva et animata lex in terris supra leges sumus, supplentes omnia que ad hujus rei vigorem et effectum facere possunt, dicta et acta intelligi tanquam expressa fuerint ex hujus nostre auctoritatis interpretatione inviolabiliter statuentes[35].

Die Vorstellung der Machtvollkommenheit des Fürsten, der als *viva et animata lex* über den Gesetzen steht, wurde hier getreu der gelehrten Rechtslehre zur Rechtfertigung der Ergänzungskompetenz des rechtlich mangelhaften Aktes benutzt[36].

---

[34] Decr. Grat. Dict. post C.25, q.1, c.16. Richard Potz, Zur kanonistischen Privilegientheorie, in: Das Privileg im europäischen Vergleich. Bd. 1, hrsg. v. Barbara Dölemeyer und Heinz Mohnhaupt (IUS COMMUNE Sonderhefte 93), Frankfurt a.M. 1997, S. 38ff. Allerdings nimmt Potz eine diffenziertere Haltung ein, weil er sich auf einen engeren Gesetzesbegriff stützt.

[35] Huillard-Bréholles, t. III, S. 467ff.

[36] Ernst H. Kantorowicz, The Sovereignty of the artist, in: ders., Selected Studies, Locust

In diesem Sinne darf man die Wirkung der gelehrten Gesetzgebungstheorie auf die Rechtspraxis des Königtums wohl nicht unterschätzen. In einer Urkunde von 1232, in der der Kaiser zu einem seinerzeit politisch wichtigen Streitpunkt in bezug auf die städtischen Autonomiebestrebungen Stellung nahm, wird unter der Verwendung der glänzenden rhetorischen Wendungen, die einen starken Einfluß des Diktums der päpstlichen Kanzlei aufwiesen, die hoheitliche Stellung des Kaisers hervorgehoben. Das Vorherrschen der *consuetudines detestandae* wurde vorgeworfen und die Selbstverwaltungsorganisationen und die Gilden wurden für die Städte des ganzen Deutschlands untersagt.

> Cum Romane monarchiam dignitatis, ipso auctore, per quem reges regnant et principes optinent principatus, qui super gentes et regna constituit sedem nostram, principaliter teneamus et simus in potestatis plenitudine constituti, imperatoriam condecet maiestatem, eos, per quos cepit et in quibus consistit nostre glorie celsitudo, qui et vocati sunt nobiscum in partem sollicitudinis, cum a nostra celsitudine decus recipiant et decorum, non solum in suis antiquis iuribus tueri pariter et fovere, immo quantum equitats sinit et permittet racio, novis et honestis tam iuris quam gracie muneribus decenter et honorabiliter decorare. Sane cum ex defectu iuris pariter et neglectu in partibus Alamannie adeo in usum sint redacte quedam consuetudines detestande, ut boni speciem preferentes iniquitatem quodam falso pallient velamento, quibus et principum imperii iuri detrahitur et honoriet imperialis nichilominus auctoritas per consequens enervatur, nostre incumbit sollicitudini precavendum, ne huiusmodi consuetudines, quas censemus pocius corruptelas, in diuturniora tempora protrahantur[37].

Die Vorstellung der *plenitudo potestatis* in der Arenga korrespondiert mit der Feststellung, daß diese Maßnahme mit der *certa scientia* des Herrschers getroffen wurde. Aber zugleich wurde hier hervorgehoben, daß dem Akt der Rechtsspruch der Fürsten zugrunde lag: *protestantes, hanc nostre constitutionis seu sanccionis seriem exqusitam ex decreto principum et ex nostra certa sciencia in forma iudicii processisse*[38]. Diese klare Nebeneinanderstellung von der *certa scientia* des Königs und dem *decretum principum* erweckt beinahe den Eindruck, daß man auch auf den Paarbegriff *plenitudo potestatis* und *in partem sollicitudinis*[39] zurückgriff, um den sozusagen „doppelspurigen“

Valley-New York 1965 (zuerst in: De Artibus Opuscula XL: Essays in Honor of Erwin Panofsky, hrsg. v. Millard Meiss, New York 1961.

[37] Das sog. Edictum contra communia civium et societates artificium, MGH Const II. Nr. 156, S. 192 f.

[38] Ebd. S. 193.

[39] Statt aller Literatur über den wichtigen Begriff *plenitudo potestatis* und seine Bedeutung für die Entwicklung des Gesetzgebungsbegriffs verweise ich lediglich auf John A. Watt, The theory of papal monarchy in the thirteenth century, in: Traditio 20 (1964), bes. S. 250ff; Brian Tierney, Plenitudo potestatis: Evolution of a formula from Gregory IV to Gratian, in: Studia

Gesetzgebungsmechanismus in Deutschland mit einer bekannten Rechtsfigur des gelehrten Rechtes auszudrücken und dadurch zu verfestigen.

Entsprechend der Wichtigkeit des Gegenstandes zeigt diese Urkunde für diese Zeit eine verhältnismäßig dichte Überlieferung. Interessanterweise sind jeweils Originale mit unterschiedlichen Ausstellungsdaten und Zeugen in Bremen, Köln, Worms Mainz, Regensburg, Straßburg, Trier und Metz überliefert. Außerdem wurde den Bürgern von Regensburg ein Privileg gewährt, das den vorherigen Akt zugunsten des Bischofs widerrief und folgenden Wortlaut hatte.

> Licet dudum in solempni curia nostra Ravenne cum principibus celebrata ad multas et supplices archiepiscoporum et episcoporum Germanie instantias cassanda et in irritum revocanda duximus in omni civitate vel oppido Alamanie communia consilia, magistros civium.....qui ab universitate civium sine archiepisoporum vel episcoporum consensu vel beneplacito fuerint constituti; quia tamen Sifridus Ratisponensis episcopus quondam cancellarius noster, privilegium nostrum super premisso sibi ceteris indultum principibus.....[40].

Der ursprüngliche Beschluß wurde eindeutig als ein allgemeingültiger Akt formuliert; auch in diesem Regensburger Privileg wurde sein Anspruch auf die allgemeine Wirkung anerkannt (*in irritum revocanda duximus in omni civitate vel opppido Alamanie*), auch wenn er durch das Urteil der Fürsten mitgetragen wurde. Trotzdem wurde dieser Akt nicht nur als *privilegium nostrum* bezeichnet, sondern genauso wie ein Einzelprivileg verbreitet, was nicht verwunderlich ist, weil es für die Nutznießer des Aktes viel wertvoller gewesen sein muß[41].

Wenn man dieses Phänomen nicht lediglich etwa als Durchsickern des archaischen „Privilegiendenkens" durch die obere Schicht der allgemeinen Gesetze des neuen gelehrten Rechtsdenkens, sondern als ein Zusammenwachsen der Begriffe der allgemeinen Norm und des Privilegs, das gerade durch die gelehrten Rechtsgedanken gefördert wurde, auffaßt, dann wird auch die

---

Gratiana 14 (1967)

[40] Huillard-Bréholles, t. VI,1, S. 366f.

[41] Man hat jedoch nicht immer die Form des Einzelprivilegs bevorzugt. Über den Verzicht auf das Regalien- und Spolienrecht, der in der sog. Goldenen Bulle von Eger (1213) in allgemeiner Form verkündet worden war, stellte Friedrich II. am 11. und 12. Mai 1216 Privilegien für Würzburg, Quedlinburg, Magdeburg und Corvey aus. Am 13. desselben Monates wurde ferner ein Privileg ohne Nennnung eines spezifischen Nutznießers, also in allgemeiner Formulierung, ausgestellt. Die einzige Originalurkunde befand sich in Regensburg und die Reinschrift erfolgte durch eine Regensburger Kanzleikraft. Vgl. Vorb. zu MGH Const. II, Nr. 56, S. 67f.; Zinsmaier, Zur Diplomatik (wie Anm. 22), S. 94ff., 102f. Offensichtlich wurde diese Urkunde auf Veranlassung des Regensburger Bischofs, der als Zeuge sowohl in der sog. Goldenen Bulle von Eger als auch in den genannten Privilegien des 11. und 12. Mai genannt wurde, ausgestellt. Der Bischof Konrad von Regensburg befürchtete offensichtlich keinesfalls eine Rechtsminderung durch die allgemeine Formulierung.

entgegengesetzte Möglichkeit denkbar sein, daß die Privilegien und andere Einzelakte allmählich förmlich von der Vorstellung der allgemeinen Norm erfasst und inhaltlich auf einen allgemeinen Rechtszustand bezogen werden.

Diese Entwicklung läßt sich tatsächlich beobachten. Im Jahre 1242 wurde auf Verlangen des Bischofs von Minden ein Hofgerichtsurteil gefällt. Darin wurde festgestellt, daß alle *officia*, die zu dem Bischofsamt gehören, auf den neu investierten Bischof zurückfallen. Ausnahmen bilden nach der *constitutio generalis* und *communis iustitia* lediglich die vier Hofämter.

> Constitutus in presentia nostre celsitudinis Ioannes venerabilis Mindensis episcopus dilectus princeps noster per sententiam inquisitam obtinuit coram nobis: quod omnia sibi iure vacarent officia ad episcopatum pertinentia preter illa quatuor principalia, que secundum constitutionem generalem et communem iustitiam sunt excepta...[42].

Zu dieser Frage waren bereits im Jahre 1240 zwei Hofgerichtssprüche ähnlichen Inhalts jeweils für Hersfeld und Brixen gefällt worden[43]. Diese Urteile, auch das allgemein formulierte von 1242, hatten in der Praxis zweifelsohne jeweils nur die Bedeutung und Wirkung eines Einzelaktes. Aber offensichtlich hatte sich für diesen Tatbestand bis zum Jahre 1242 die Vorstellung von einem allgemeinen Normzustand verfestigt, die mit dem Begriff der *constitutio generalis* ausgedrückt werden konnte.

Als ein anderes mögliches Beispiel für diese Entwicklung möchte ich auf das Privileg Konrads IV. für die Stadt Gelnhausen vom Jahre 1251 hinweisen, in dem auf die Bitte der Bürger für die Stadt das Erbrecht der Enkelkinder anstelle des verstorbenen Vaters eingeräumt wurde: *Per presens scriptum notum facimus universis, quod nos ad supplicationis instanciam sculteti et civium nostrorum de Geylnhusen constitutionem inter ipsos fecimus generalem, videlicet quod...*[44].

Die genaue Bedeutung des Wortes *constitutio generalis* in dieser Urkunde ist schwer definierbar. Es kann lediglich die Bedeutung der allgemeinen Norm, deren Geltungsbereich jedoch auf die Stadt Gelnhausen beschränkt ist, haben. Aber wenn man die allgemein umstrittene Natur des Gegenstandes dieses Privilegs sowie die Verwendungsweise des Begriffes *constitutio generalis* in der oben erwähnten Urkunde für Minden in Betrachtung zieht, kann man nicht die Möglichkeit ausschließen, daß der Verfasser das Bild einer allgemeinen Erbrechtsregelung, die über den Fall von Gelnhausen hinaus potentiell eine

---

[42] Const. II. Nr.339, S. 448.

[43] Const. II Nr. 332, S. 443 (Hersfeld): talis lata fuit coram nobis sententia et ab omnibus approbata: quod quia de manu nostra regalium receperat investituram, legitime vacare debeant universa officia ecclesie Hersueldensis, exceptis quatuor principalibus, que post se consequentiam suam trahunt. Const. II Nr. 333, S.443 (Brixen): quod post suscepta regalia universa officia episcopatus sui suis manibus sint soluta, exceptis quatuor officiis principalibus, que consequentiam post se trahunt.

[44] Const. II Nr. 342, S.449.

allgemeine Wirkung haben kann, im Sinne hatte, als er diese Wendung in ein Privileg für die kleine Reichsstadt aufnahm[45].

Die obige Betrachtung über das Zusammenwachsen vom Privileg und der allgemeinen Norm führt zum Problem der sogenannten Fürstengesetze, die sog. *Confederatio cum principibus ecclesiasticis* und das *Statutum in favorem principum*. Als Rechtsform stellten sie sich als ein Bündel allgemeiner Versprechen dar, die der Herrscher den geistlichen oder den gesamten Fürsten gegenüber machte. Inhaltlich sind sie in weiten Teilen Selbstbindungen des Königs[46].

Aber die Grenze zwischen diesen Selbstbindungen des Königs und der allgemeinen Normensetzung lassen sich nicht immer klar ziehen. Dies zeigt der Vergleich zwischen dem *Statutum* Heinrichs (VII.) von 1231 und der Bestätigung durch den Kaiser im folgenden Jahr. Es ist bereits seit langem bekannt, daß in der kaiserlichen Bestätigung viele Artikel von ihrer Beschränkung auf die Person des Königs gelöst wurden und eine allgemeinere Formulierung erhielten[47]. Die Bedeutung dieser Änderung wird meistens im machtpolitischen Gewinne des Kaisertums gesucht, aber unter einem rechtsförmlichen Gesichtspunkt kann man sagen, daß die Änderung durch den Kaiser zur stärkeren Mischung von Selbstverpflichtungen und allgemeinen Geboten geführt hat. Dadurch näherte sich dieser Akt einer Norm mit allgemeiner Wirkung.

Umgekehrt finden sich auch in den Landfrieden solche Artikel, die den Herrscher verpflichteten. Besonders der Frankfurter Landfrieden Heinrichs (VII.) enthielt Bestimmungen über die Pflicht des Königs, persönlich zu Gericht zu sitzen (Art. 3)[48], über die Beseitigung der neuen Zollstätte, die der König neulich errichtet hat (Art. 9)[49] und über die Unverletzlichkeit der königlichen Privilegien (Art. 14)[50]. Sicherlich gab es einen gewissen Unterschied in der inhaltlichen Schwerpunktsetzung zwischen diesem Landfrieden und den allgemeinen Versprechen wie dem *Confoederatio* oder dem *Statutum*). Trotzdem kann man nicht verleugnen, daß das allgemeine Versprechen in dieser

---

[45] Das Wort *generale edictum* wurde in den Diplomen für das Sizilische Königreich oft zur Bezeichnung der Konstitutionen von Capua (1220) verwendet. Vgl., Huillard-Bréholles, t. II, 1, S. 153, 183, 191. Auch die Wendung *constitutio generalis* wurde vereinzelt in dieser Bedeutung verwendet. Ebd. S. 182.

[46] Weimar (wie Anm. 26) S. 86f. betrachtet diese Akte ohne weiteres als Gesetzgebungen.

[47] Statt aller älteren Literatur vgl., Adalbert Erler, Art. „Fürstenprivilegien", in: HRG Bd. 1, Sp. 1358 ff.

[48] MGH Const. II Nr. 319, S. 429. ...ecce in manus principum promisimus, quod in quolibet mense, ubicumque in imperio fuerimus, quatuor diebus ad minus volumus personaliter iudicio publice presidere.

[49] Ebd. ...et nos thelonea nostra noviter instituta primitus amovemus.

[50] Ebd. ...Item omnia privilegia a domno imperatore patre nostro et a nobis tam principibus quam nobilibus indulta per omnia volumus esse salva.

Zeit in seiner Weise ein wichtiges Mittel für die Gestaltung der allgemeinen Rechtsordnung geworden ist.

Ich brauche nicht mehr näher zu erläutern, daß diese allgemeinen Versprechen wie Einzelprivilegien überliefert[51] und gelegentlich auch ausdrücklich als Privileg bezeichnet wurden. In einer Bestätigung für Mainz im Jahre 1234 etwa hat der Erzbischof *privilegium quoddam olim in Theutonia in favorem dilectorum principum nostrorum a celsitudine nostra indultum*[52] dem König vorgezeigt und um seine Bestätigung gebeten. Auch hier läßt sich das enge Verhältnis zwischen dem Privileg und der allgemeinen Regelung beobachten.

Diese im Laufe der Ausführungen oft festgestellte enge Beziehung sowie gegenseitige Durchdringung zwischen der Vorstellung der allgemeinen Norm und der privilegienartigen Auffassung und Funktion erinnert uns an die Problematik der sog. Reichsweistümer. Am Ende möchte ich kurz darauf eingehen.

Bernhard Diestelkamp hat in seinem noch heute wichtigen Beitrag von 1977 auf Grund einer umfassenden und eingehenden Untersuchung der Quellen den in der rechtsgeschichtlichen Forschung geläufigen Begriff, „Reichsweistümer" kritisiert, indem er auf folgende Punkte hinwies[53].

(1) Auch solche Urteile, die durch die Forschung als Reichsweistümer genannt werden, bezogen sich in Wirklichkeit auf die konkreten Interessen eines bestimmten Fürsten. Die Textüberlieferung spiegelt diese beschränkte Wirkung wider.

(2) Es ist kaum feststellbar, daß ein sogenanntes Reichsweistum als Entscheidungsgrundlage für spätere Urteile funktioniert hätte.

(3) Diese Urteile wurden nicht allgemein publiziert. Es ist folglich undenkbar, daß sie mit der Absicht der allgemeinen Wirkung entstanden wären.

Allen diesen Argumenten und auch der Schlußfolgerung, daß die Kategorie der Reichsweistümer als normative Rechtsquellen eigener Art aus der wissenschaftlichen Diskussion verschwinden solle, ist vollkommen zuzustimmen. Viele allgemein formulierte Hofgerichtsurteile bezogen sich in Wirklichkeit auf konkrete Streitfälle[54]. In anderen Fällen zeigen sowohl die Nennung des geistlichen Fürsten, der um die Ausstellung gebeten hat, als auch

---

[51] Vgl. die Vorbemerkungen zu den betreffenden Dokumenten.

[52] Huillard-Bréholles, t. IV, 1, S. 506: quod constitutus in presentia nostra S. venerabilis Maguntinus archiepiscopus... .privilegium quoddam olim in Theutonia in favorem dilectorum principum nostrorum ecclesiasticorum a celsitudine nostra indultum nobis ostendit, supplicans ut privilegium ipsum innovari de nostra gratia mandaremus,...

[53] Bernhard Diestelkamp, Reichsweistümer als normative Quellen?, in: ders., Recht und Gericht (wie Anm. 6. Zuerst in: Recht und Schrift im Mittelalter. Vorträge und Forschungen 23, Sigmaringen 1977)

[54] Z. B. MGH Const. II, Nr. 62, 67, 150, 173, 282, 283, 289, 296, 297, 311, 312, 320, 331, 334, 340, 341.

die Überlieferung, daß das betreffende Urteil für diesen Fürsten gefällt wurde[55]. Es ist der Nutznießer des ersten Urteils, der sich zu einem späteren Zeitpunkt darauf berief[56]. Trotzdem müßte man sich fragen, ob man doch nicht der bereits oft registrierten Zunahme der allgemein formulierten Urteilssprüche irgendeinen Wandel in der Rechtsauffassung im 13. Jahrhundert entnehmen kann.

Die ausdrückliche Erwähnung der Anwendungsmöglichkeit der Norm für ähnliche Fälle, wie sie sich in dem Urteil von 1209 unter Otto IV. findet, diente zwar unmittelbar der Begründung der Beurkundung[57], aber man sollte doch die hier deutlich ausgedrückte klare Vorstellung der Anwendbarkeit auf ähnliche Fälle, und zwar unter Berufung auf die *communis utilitas,* nicht ignorieren.

> Ea que facta sunt coram nobis in iudicio in presentia multorum principum, que ad utilitatem communem presentium et futurorum spectare videntur, publico scripto et autentico sunt committenda, ne et memoria hominum elabantur et in consimilibus casibus facilius homines possint expediri."[58]

Ein auch von Diestelkamp zitiertes Urteil vom 23. Januar 1231 untersagte allen Städten die Errichtung der *communiones, constitutiones, colligationes, confederationes, coniurationes aliquas*[59]. Von diesem Urteil sind nicht nur einige Originalausfertigungen für verschiedene Empfänger überliefert, sondern es wurde ein Mandat an die Bürger von Lüttich unter ausdrücklicher Berufung auf das Urteil ausgestellt: *Verum cum per principum nostrorum sit sententiam diffinitum quod nulla civitas, nullum opidum in regno nostro constitutum absque domini sui assensu facere possit communiones..., fidelitati vestre sub obtentu gratie nostre firmiter precipiendo mandamus....*[60]. Nach der Auffassung des Verfassers des Mandats stellte das Urteil des Hofgerichts den Rechtszustand fest, der allgemein im Königreich verwirklicht werden sollte.

Ohne Zweifel wurde auch dieses Urteil auf die Bitte eines bestimmten Fürsten gefällt. Die breite Überlieferung hing mit Sicherheit mit der aktuellen Bedeutung des Gegenstandes für viele Fürsten zusammen[61]. Wenn dieses Urteil eine allgemeine Geltung in heutigem Sinne gehabt hätte, wäre es eigentlich nicht erforderlich gewesen, noch gesondert eine gesiegelte Urkunde auszustellen. Eine Kopie der Satzung hätte durchaus ausgereicht. Insofern ist es irreführend, einen Rechtsbegriff "Reichsweistümer" als einen von den anderen klar abgegrenzten, "bestimmten" Typ von Rechtsakt mit allgemeiner Geltungskraft zu definieren.

---

[55] Z. B. Nr. 95 (Hildesheim), 172 (Osnabrück), 305 (Freising), 323 (Zürich), 333 (Brixen)
[56] Huillard-Bréholles, t. II, 1, S. 289. Der Bischof von Utrecht berief sich 1223 auf ein Urteil von April 1220 in Frankfurt, dessen tatsächlicher Nutznießer er selbst war.
[57] Über dieses Urteil vgl. Diestelkamp, Reichsweistümer (wie Anm.53), S.417f.
[58] 1209.1.13 MGH Const. II, Nr. 30, S. 35.
[59] Const. II Nr. 299, S. 413. Diestelkamp, Reichsweistümer (wie Anm.53), S. 431f.
[60] Huillard-Bréholles, t. III, S. 444f.
[61] Diestelkamp a.a.O. betont diesen Aspekt.

Aber erinnern wir uns etwa an das Beispiel des Verbots der städtischen Selbstverwaltungsorgane in Deutschland von 1232[62]. Auch dort hatte man für einen als Gesetz formulierten Rechtsakt einzeln Originale ausfertigen lassen. Dies war noch der einzige, zumindest der sicherste Weg in der Spätstauferzeit, dass ein Rechtsakt eine über den Einzelfall hinausgehende tatsächliche Wirkung erlangen konnte.

Wenn man nur solche Akte als Gesetzgebung oder Norm mit allgemeiner Wirkung betrachtet, die tatsächlich allgemein bekannt gemacht und in die Wirklichkeit umgesetzt werden konnten, dann würde man zwangsläufig zu dem Ergebnis gelangen, daß es im 13. Jahrhundert schlechterdings keine königliche Gesetzgebung gegeben hätte; auch der Mainzer Reichslandfrieden, der von dem Verfasser eindeutig als eine Rechtssetzung eingeordnet wurde, hätte nicht dieses Kriterium erfüllt. Eine solche Betrachtungsweise bringt jedoch die Gefahr mit sich, daß die Bedeutung des 13. Jahrhunderts für die Entwicklung der Rechtsvorstellung im Deutschen Reich verkannt wird. Nach den bisherigen Befunden kann man wohl sagen, daß es gerade die Wirkungsart der königlichen Gesetzgebung in Deutschland war, genauso wie die Einzelprivilegien punktuell realisiert zu werden. Die gelehrte Gesetzgebungslehre, die das Privileg und die *lex* in Zusammenhang brachte, dürfte diese Denkweise nur verstärkt haben.

Die obige Bestandsaufnahme erlaubt uns nicht, ein einheitliches Bild von der Entwicklung der königlichen Gesetzgebung in der Stauferzeit zu entwerfen. Viele Elemente, die seit dem 12. Jahrhundert vorhanden waren, konnten noch nebeneinander bestehen. In ein und demselben Rechtsakt sind die gleichzeitige Auswirkung unterschiedlicher Rechtsbildungsformen zu finden. Insofern wäre es nicht angebracht, für die Spätstauferzeit einen grundsätzlichen Neuanfang in der Geschichte der Rechtsbildung zu konstatieren. Aber wir merken, daß gerade diese Gemengelage, dieses Nebeneinander der unterschiedlichen Rechtsprinzipien, vor allem durch die Verbreitung und die vertiefte Assimilierung der Begrifflichkeit der Rechtswissenschaft immer deutlichere Konturen gewann. Dadurch traten sowohl die Verbindungen als auch die Gegensätze zwischen solchen diversen Rechtsprinzipien immer klarer hervor. Und gerade diese Züge, die in der Spätstauferzeit in den Vordergrund traten, blieben lange bestimmend für die Gesetze auf der Reichsebene[63], was darauf hinweist, daß die Entwicklung der königlichen Rechtsbildung den grundlegenden Bedingungen des Rechts und der Verfassung des deutschen Reiches angepaßt war. In diesem Sinne war es das Verdienst der Menschen des 13. Jahrhunderts, die Eigenart der Verfassung und

---

[62] Vgl. oben S. OO

[63] Über das Verhältnis zwischen den allgemeinen Gesetzen und Einzelprivilegien vgl. die Arbeiten von Heinz Mohnhaupt, Untersuchungen zum Verhältnis Privileg und Kodifikation im 18. und 19. jahrhundert; Potestas legislatoria und Gesetzesbegriff im Ancien Régime, in: ders., Historische Vergleichung im Bereich von Staat und Recht (IUS COMMUNE Sonderheft 134), Frankfurt a.M. 2000.

des Rechts im mittelalterlichen Deutschland eingesehen und die dazu passenden Rechtsformen gewählt zu haben.

Die Zwangsgewalt und der Rechtsbegriff vorstaatlicher Ordnungen im Mittelalter*

Gerhard Dilcher, Frankfurt am Main

I. Das Problem: Begriffliche und methodische Annäherung

1. Rechtsbegriff und Rechtszwang in Rechtstheorie und Rechtssoziologie

Im Prinzip des Rechtsstaates sind Staat und Recht voll miteinander verschränkt. Der Staat rechtfertigt sich als „Rechtsanstalt“, und das Recht definiert sich vom

---

* Der Aufsatz versucht, die Stichworte des Vortrages in weiterführende Gedankengänge einzubinden. Die Gliederung soll diese Wege strukturieren und aufzeigen. Der Stil, theoretische Überlegungen mit der Interpretation exemplarischer Quellenstellen zu verbinden, wurde beibehalten. Die Überlegungen in *Gerhard Dilcher*, Bildung, Konstanz und Wandel von Normen und Verfahren im Bereich mittelalterlicher Rechtsgewohnheit, in: Prozesse der Normbildung und Normveränderung im mittelalterlichen Europa, hg. v. Doris Ruhe u. Karl-Heinz Spieß, Stuttgart 2000, S. 187-202, das im Textbuch zur Tagung des Graduiertenkollegs abgedruckt war, werden zugrunde gelegt und fortgeführt.

Staate her.[1] Recht besteht aus meist von staatlichen Organen gesetzten Normen, mit vom Staat legitimierten Geltungsanspruch, die der Staat auch durchzusetzen hat. Das Gewaltenteilungsmodell - Normsetzung, Normanwendung und Normdurchsetzung als Legislative, Judikative und Exekutive - bietet dazu das Organisationsmodell. Von dieser Rechtskonzeption liegt es nahe, Recht als eine zwangsweise durchsetzbare Ordnung zu definieren und es insoweit von den Normbereichen von Brauch, Sitte, Moral und Religion zu unterscheiden. Man wird sich dabei wiederum auf Kant als Autorität berufen: "mithin ist mit dem Rechte zugleich eine Befugnis, den, der ihr Abbruch tut, zu zwingen, nach dem Satze des Widerspruchs verknüpft"[2], eine Verknüpfung, die Kant aus dem hinter dem Rechtsbegriff stehenden Freiheitspostulat ableitet: "man kann den Begriff des Rechts in der Möglichkeit der Verknüpfung des allgemeinen wechselseitigen Zwangs mit jedermanns Freiheit unmittelbar setzen". Kant begrenzt die notwendige Verbindung von Recht und Zwangsbefugnis aber auf das *ius strictum*; sie betreffe jedoch nicht Billigkeit (*aequitas*) und Notrecht (*ius necessitatis*).

Nun hat es aber gegen diese selbstsichere Abgrenzung des Rechts immer wieder Zweifel und Einsprüche von seiten der Rechtsphilosophie, der Rechtstheorie und der Rechtssoziologie gegeben.[3] Der juristische Positivismus des späten 19. Jahrhunderts, der den Aufbau des Rechts- und Gesetzesstaates begleitete, rief die kritischen Bewegungen des Freirechts, die Begründung einer Rechtssoziologie und im angloamerikanischen Bereich die Schule des legal realism auf den Plan. Ihnen ist gemeinsam, daß sie den Rechtsbegriff weniger vom Staate, als von der Gesellschaft her zu erfassen suchen. Dabei kommen Begriffe wie Gewohnheitsrecht und Juristenrecht, die schon die Historische Rechtschule betont hatte, in den Blick. Da diese Denkrichtungen sich aber gleichzeitig vor allem dem Richter zuwenden, wird mehr die „Rechtsschöpfung" und das Verhältnis Norm/Entscheidung denn der staatliche Zwangscharakter problematisiert. Doch behandelt einer der Begründer der Rechtssoziologie, Eugen Ehrlich, auch diesen Punkt. Er wendet dabei den Blick auch auf das Mittelalter – dem ja auch wir uns zuwenden wollen – als empirisch-historischen Erfahrungsbereich, bezieht sich dabei auf den Germanisten Otto Gierke und seine Genossenschaftslehre. Er weist darauf hin, daß es in weiten Bereichen des

---

[1] *Immanuel Kant*, Metaphysik der Sitten, II, I § 45 (ed. K. Vorländer[3] Leipzig 1919 S. 135): „Ein Staat (civitas) ist die Vereinigung von Menschen unter Rechtsgesetzen". Dazu *Georg Jellinek*, Allgemeine Staatslehre, [4] Berlin 1922, 8. Kap. II 2 , S. 246 ff. mit historischer und theoretischer Einordnung. Zum historischen Begriff des Rechtsstaates *Michael Stolleis*, Art. Rechtsstaat, HRG IV 367 – 375.

[2] *Kant*, a.a.O. S. 36 (Einleitung in die Rechtslehre § D: „Das Recht ist mit der Befugnis zu zwingen verbunden."

[3] Einen guten Überblick gibt der Band: Begriff und Wesen des Rechts, hg. v. Werner Maihofer (Wege der Forschung LXXIX) Darmstadt 1973, mit den dort versammelten wichtigsten Aufsätzen.

Rechts an einem „Vollstreckungszwang" fehle, etwa im Völkerrecht, im Kirchenrecht, (damals) teilweise im Staats- und im Verwaltungsrecht, ja sogar in weiten Bereichen des Zivilrechts. Eugen Ehrlich meint darum gegen den Begriff des Rechts als einer staatlichen Zwangsordnung[4]: „Es ist dem Recht weder begriffswesentlich, daß es vom Staate ausgehe, noch auch, daß es die Grundlage für die Entscheidungen der Gerichte oder anderer Behörden oder für den darauffolgenden Rechtszwang abgebe. Es bleibt aber ein viertes Merkmal des Begriffs, und von dem wird man wohl ausgehen müssen: das Recht ist eine Ordnung". Ehrlich meint als Soziologe hier eine empirisch feststellbare gesellschaftliche Ordnung, nicht eine metaphysisch begründete. Es sei schon hier festgehalten, daß die Rechtsethnologie aufgrund von Zweifeln an der Brauchbarkeit des modernen Rechtsbegriffs später ebenfalls auf den Begriff der Ordnung, und zwar im Spannungsfeld zum Konflikt, zurückgegriffen hat[5]. Allerdings bleibt auf diese Weise, zumindestens zunächst, die Abgrenzung von Recht zu normativen Ordnungen anderer Art offen.

In der neueren Rechts- und Verfassungsgeschichte haben wir uns auf der anderen Seite vom Begriff des Staates in Bezug auf das Mittelalter gelöst[6]. Wenn man das Wort Staat in einem konkreten historischen Sinne[7] – und nicht als Bezeichnung jeder politisch-gesellschaftlichen Ordnung – verwendet, so ist es an eine bürokratische Organisation und an das Monopol legitimer Gewaltausübung zu knüpfen. Beides wird aber erst mit Beginn der Neuzeit erreicht. Dies wird dann im Begriff der Souveränität theoretisch erfaßt (Jean Bodin). Vorher, so verlangt Otto Brunner, müsse die Fehde als gewaltsame, aber legitime Selbsthilfe im Rechtsbegriff mitgedacht werden. Das wäre, in den Kategorien Kants, eine Umkehrung des Verhältnisses von Notrecht zu strengem Recht. So böte sich ein Weg vom heutigen zu einem andersartigen mittelalterlichen Rechtsbegriff.

Wenn wir im Titel von vorstaatlichen Ordnungen sprechen, so in diesem strukturellen Sinne gesellschaftlich-politischer Herrschaft ohne zentrale Instanz mit bürokratischem Apparat und entsprechenden Zwangsmitteln und dem Anspruch auf das Monopol legitimer Gewalt. Zeitlich haben wir das Erste

---

[4] *Eugen Ehrlich*, Der praktische Rechtsbegriff, zuerst 1913, jetzt in W. Maihofer (Hg.), Begriff und Wesen, S. 276ff, hier S. 289. Umfassender begründet in *E. Ehrlich*, Grundlegung der Soziologie des Rechts. Berlin 1913, [3]1967.

[5] Bester Überblick *Simon Roberts*, Ordnung und Konflikt. Eine Einführung in die Rechtsethnologie. Stuttgart 1981 (engl.1979)

[6] Maßgebend *Otto Brunner*, Land und Herrschaft, 1939 u. ö. Dazu von Seite der Rechtsgeschichte als erster zustimmend *Heinrich Mitteis*, jetzt in: Die Rechtsidee in der Geschichte, Weimar 1967, S. 343 – 381 u. 473 ff.

[7] *Ernst-Wolfgang Böckenförde*, Die Entstehung des Staates als Vorgang der Säkularisation, jetzt in: *ders.*, Staat, Gesellschaft, Freiheit. Frankfurt a. M. 1976, S. 42 ff.; *Paul-Ludwig Weinacht*, Staat. Studien zur Bedeutungsgeschichte des Wortes von den Anfängen bis in das 19. Jahrhundert, Berlin 1968.

Mittelalter[8] bis etwa 1200 im Auge, weil in dieser Zeit vorstaatliche Strukturen und das Überwiegen der schriftlosen Rechtsgewohnheit zumindest nördlich der Alpen herrschend ist. Aufgrund der strukturell-funktionalen, rechtssoziologischen Fragestellung sind wir im Zugriff auf die historischen, räumlich-zeitlichen Konstellationen relativ frei.

Die Frage nach dem vorneuzeitlichen Recht hat also nicht nur eine historische, sondern auch eine theoretische Dimension. Diese führt gleichzeitig in aktuellste Fragen des Völkerrechts, wo heute versucht wird, Verhaltensregeln, also Ordnung zwischen Inhabern staatlicher Souveränität zu entwickeln, ohne daß es bisher eine übergeordnete Zwangsgewalt mit einem Durchsetzungsmonopol gäbe; Gewaltverbot und Legitimation von Gewaltanwendung im Rahmen der UN-Charta bilden vorerst nur ein löcheriges Gewebe. Noch immer bildet die festeste Struktur die Souveränität der Staaten als Völkerrechtssubjekte. Staaten und Staatlichkeit ist aber ein Erbe der Fürsten, die zu Beginn der Neuzeit das Recht der „Selbstgewalt", der Rechtsdurchsetzung durch Fehde, bei sich als *ius belli ac pacis* gegenüber den anderen Ständen monopolisieren konnten. Darauf baute dann das entstehende Völkerrecht. Ein Blick in diesen historischen Prozeß ist also auch rechtstheoretisch lohnend, und die Frage der Zwangsgewalt bildet einen zentralen Punkt.

Die Frage der historisch-theoretischen Begründung der Staatlichkeit mittelalterlichen Rechts ist übrigens in dem uns rechtshistorisch so verbundenen Nachbarland Italien zur Zeit heftig diskutiert. Der Florentiner Rechtshistoriker Paolo Grossi sieht die Ordnung des mittelalterlichen Rechts in seiner fehlenden Staatlichkeit begründet und entfaltet den *ordine giuridico medievale* als *un diritto senza stato*[9]. Dabei hat er sowohl das traditionale, das Recht der Gewohnheit und des Herkommens, wie das gelehrte Recht der Juristen im Auge. In gewisser Weise greift er hierbei auf den Philosophen des Mittelalters zurück, Thomas von Aquin also, dem Recht ein Bestandteil jeder geordneten Gemeinschaft, einer *societas perfecta*, war und für den Thomismus bis heute ist - die tragende Begründung übrigens für das Kirchenrecht neben und unabhängig von der staatlichen Rechtsordnung. - Dem modernen Staat, vom Absolutismus bis zum Parlamentarismus, wirft Grossi dagegen eine monistische Aneignung

---

[8] Zur Periodisierung in ein Erstes Mittelalter, das durch die Neuordnung aufgrund der „päpstlichen Revolution" markiert wird: *Gerhard Dilcher*, Warum mittelalterliche Rechtsgeschichte heute? In: ZRG GA 116 (1999), S. 1 – 22, bes. S. 8: IV. Die Revolution des Mittelalters – Epochengrenzen, Recht und Rationalisierung. Diese Periodisierung entspricht eher der italienischen Zweiteilung in Alto Medioevo/Basso Medioevo.

[9] *Paolo Grossi*, L` Ordine Giuridico Medievale. Bari, 1995; *ders.*, Ein Staat ohne Recht. Der Autonomiebegriff als Grundlage der mittelalterlichen Rechtsverfassung, in: Staat, Politik, Verwaltung in Europa. Gedächtnisschrift für Roman Schnur, hg. v. R. Morsey u. a., Berlin 1997, S. 19-29.

des Rechts, einen *assolutismo giuridico*, vor[10]. Darin stimmt er übrigens mit den erwähnten Begründern der Rechtssoziologie, Eugen Ehrlich wie Max Weber, überein, die im modernen Rechtsbegriff eine Frucht des Absolutismus sehen[11]. Hatte das Mittelalter also ein anderes, der Gesellschaft näheres Recht, mit weniger Bedürfnis nach obrigkeitlichem Zwang? Ist es darum für uns in einem Zeitalter schwindender Staatlichkeit – und schwindenden Glaubens an Staatlichkeit[12] – wieder besonders interessant? Damit stünde am Ende eines längeren wissenschaftsgeschichtlichen Weges wieder ein erneutes aktuelles Interesse.

Ich möchte in diesem Zusammenhang noch auf die Forschungen eines deutsch-amerikanischen Juristen aufmerksam machen, der die oben aufgeführten rechtssoziologischen Schultraditionen aufgenommen und mehrfach in unserem Frankfurter Graduiertenkolleg vorgetragen hat. Es ging Walter Weyrauch dabei um Normbildung in nichtstaatlichen Vergesellschaftungen, Normbildungen, die Weyrauch ohne Zögern als Recht anspricht, weil sie Geltung besitzen, d. h. nicht nur beachtet, sondern auch durchgesetzt werden[13]. Es handelte sich zuerst um ein Experiment in den USA mit einer von der Umwelt isolierten Gruppe von Menschen, das im Hinblick auf Weltraumflüge unternommen worden war. Hier bildeten sich spontan eigene Verhaltensregeln, die auf Konsens beruhten und durch kollektive Sanktionen durchgesetzt wurden. – Das zweite Beispiel bildet die Bevölkerung der Insel Tristan da Cunha vor Südamerika, die durch einen Schiffbruch besiedelt wurde. Die Menschen leben dort seither ohne eigentliche Regierung, aber nach selbstentwickelten Regeln, deren Beachtung eine Grundlage des gemeinschaftlichen Lebens bildet. – Schließlich beschäftigt sich Weyrauch seit einiger Zeit mit dem Recht der in den USA lebenden Gypsies, also von einstmals eingewanderten Roma („Zigeuner"). Sie leben innerhalb des staatlichen Rechtssystems nach ihren eigenen, traditionalen, sehr spezifischen und dem staatlichen Recht meist inkompatiblen Normen. Die Beachtung dieser Normen ist verbindlich und zwingend für jeden, der sein Leben als Gypsy führt.

---

10 *Paolo Grossi*, Assolutismo Giuridico e Diritto Privato (Biblioteca per la storia del pensiero giuridico moderno 52), Milano 1998.

11 *Eugen Ehrlich*, Grundlegung, bes. Kap. XVI: Das staatliche Recht, welches Ehrlich der stärkeren Entwicklungskraft des gesellschaftlichen Rechts konfrontiert. Differenzierender *Max Weber*, der jedoch auch den letzten Schritt vom von Rechtshonoratioren getragenen gemeinen Recht zu dem Recht der Kodifikationen dem „aufgeklärten Despotismus" zuschreibt, vgl. Wirtschaft u. Gesellschaft, Studienausg., ed. J. Winckelmann, Tübingen 1980, S. 493.

12 Aufbau und Niedergang des Staates vom Gesichtpunkt der „Gewalt" schildert *Wolfgang Reinhard*, Geschichte der Staatsgewalt. München 1999. Unser Thema, der Rechtszwang, ist Teil dieser Gewalt.

13 Zuletzt *Walter Otto Weyrauch*, Das Recht der Roma und Sinti. Ein Beispiel autonomer Rechtsschöpfung (Studien zur europäischen Rechtsgeschichte 154), Frankfurt am Main 2002.

Wenn wir zum Mittelalter zurückkehren, so können wir nunmehr doch sicher sein, daß wir über Probleme sprechen, die auch in anderen historischen, ethnologischen, soziologischen und anthropologischen Zusammenhängen auftauchen und zu diskutieren sind. Dies soll das Problembewußtsein mitbestimmen, wenn wir auch dieser, schon an anderer Stelle angesprochenen Verbindung nicht genauer nachgehen können[14].

2. Rechtszwang und Zwangsgewalt im Mittelalter

Stellen wir die Frage nach dem Recht des Mittelalters vom Rechtszwang her, so bietet sich die Chance, einer etwas festgefahrenen Diskussion einen neuen Anstoß zu geben. Sie hat sich einst an der Frage nach dem „guten alten Recht" (Fritz Kern)[15] entzündet und ging dann vor allem um den „Rechtsbegriff" des Mittelalters[16]. Sie erweiterte sich dann auf die normative Struktur, die Ausdifferenzierung rechtlicher Normen aus der gesamten Lebensordnung, die Bedeutung der oralen Überlieferung im Verhältnis zur Schriftlichkeit[17], vor allem auch den Verfahrensaspekt mittelalterlichen Rechts[18]. Um die andersartige Struktur einer vor allem auf Herkommen, und nicht gesatztem Schriftrecht beruhenden Ordnung zu kennzeichnen, hat sich in letzter Zeit der Begriff der „Rechtsgewohnheit" durchgesetzt.[19] Er soll einerseits auf den strukturellen Unterschied zu dem, in ein Schriftrecht eingeordneten, Gewohnheitsrecht aufmerksam machen, zum anderen die Überordnung und größere Breite der Gewohnheit gegenüber dem Recht markieren: Es handelt sich um eine Ordnung

---

[14] So in *meinem* Beitrag: Mittelalterliche Rechtsgewohnheit als methodisch-theoretisches Problem, in dem in Anm. 17 angeführten Bande.

[15] *Fritz Kern*, Recht und Verfassung im Mittelalter, zuerst in HZ 120, 1919, Nachdr. Darmstadt 1965 u.ö.

[16] *Gerhard Köbler*, Das Recht im frühen Mittelalter, Köln 1971. Zusammenfassend jetzt *Karl Kroeschell*, Der Rechtsbegriff der Rechtsgeschichte, in: ZRG GA 111(1994) S. 310-329, aufbauend auf den Aufsätzen in *Karl Kroeschell*, Studien zum frühen und mittelalterlichen deutschen Recht, Berlin 1995.

[17] *Gerhard Dilcher, Heiner Lück u. a.*, Gewohnheitsrecht und Rechtsgewohnheiten im Mittelalter, Berlin 1992. - Auf meiner dortigen Erörterung: Mittelalterliche Rechtsgewohnheit als methodisch-theoretisches Problem baue ich im folgenden auf.

[18] *Jürgen Weitzel*, Dinggenossenschaft und Recht. Untersuchungen zum Rechtsverständnis im fränkisch-deutschen Mittelalter. 2 Tlbde. Köln, Wien 1985.

[19] Nach dem Vorgang *Karl Kroeschells* wurde der Begriff in der Arbeitsgruppe des Nimwegener Deutschen Rechthistorikertages 1990 aufgenommen und in theoretischer und historischer Richtung entfaltet. Vgl. die Publikation wie Anm. 17 mit den Autoren *Reiner Schulze, Gerhard Dilcher, Jürgen Weitzel, Udo Wolter, Elmar Wadle, Heiner Lück*. Der Begriff hat sich sehr schnell bei Historikern wie Rechtshistorikern durchgesetzt. *Ich selber* bevorzuge die Singularform als Allgemeinbegriff, während *Kroeschell* aus seinem Verständnis die Pluralform bevorzugt, so auch *Weitzel*, Dinggenossenschaft § 22 III, S. 1344 ff.

des Herkommens, die als Recht angewandt werden kann, aber keineswegs darin aufgeht.

Bei diesen Fragestellungen liegt die Schwierigkeit der internen Diskussion unter den vorgetragenen Standpunkten auch darin, daß man immer wieder zum Zwecke der hermeneutischen Vergewisserung vom heutigen Vorverständnis, was Recht sei, zum Selbstverständnis der Quellen vorstieß und diesen Vorgang dann im hermeneutischen Zirkel (der als solcher nicht hintergehbar ist) zurückbinden muß. Manche Auseinandersetzung leidet an der Unklarheit, an welchem Punkt dieses Vorganges der Vergewisserung sie einsetzt. Dies gilt umso mehr, als ein Rückgriff auf ein wie immer geartetes „Wesen" des Rechts in die hermeneutische Vergewisserung oft unkontrolliert eingebracht wird.

Überdies ist man an dieser Stelle einer gewissen Verzerrung durch die mittelalterliche Quellenlage ausgesetzt. Die Quellen sind von der schreibenden Klasse des Mittelalters, bis in die Höhe des 12. und 13. Jahrhunderts fast ausschließlich Klerikern, verfaßt und sind, ebenfalls bis in diese Zeit, fast ausschließlich in Latein wiedergegeben. Das Rechtsleben (außerhalb der Kirche) vollzog sich jedoch in der Volkssprache, in unserem Bereich also in den germanischen Sprachen, die dann als thiudisc=deutsch benannt werden. Die Menschen der Volkssprache aber waren, bis hin zum König und zum Adel, weitgehend illiterat. Es gab also eine deutliche Trennung zwischen lateinischer literater Kultur und überwiegend oraler Volkskultur[20]. Der letzteren gehörte aber das praktizierte weltliche Recht an, ein Zustand, der sich erst grundsätzlich ändert, als sich der studierte Jurist in den Gerichten durchsetzte. Dieser Vorgang vollzog sich aber in unseren Breiten, anders als in Südeuropa, stufenweise von oben nach unten, erst im Spätmittelalter und in der Neuzeit. Wenn wir uns ganz den Begrifflichkeiten der lateinischen Quellen anvertrauen, erfahren wir also mehr vom Überleben lateinischer Tradition in der Klasse der Literaten als vom Rechtsdenken derer, die an dem Verfahren der dinggenossenschaftlichen Rechtsfindung beteiligt waren – wobei auch hier überall dauernde Durchdringungen und kulturelle Interferenzen stattfanden, die mit dem Wort „Übersetzungsproblem" nur ganz unzureichend bezeichnet sind[21].

Das Kriterium des Rechtszwangs bringt hier den Vorteil eines klareren analytischen Ausgangspunktes. Man kann sich hier dem Rechtsbegriff von

---

[20] Dazu am deutlichsten *Aaron Gurjewitsch*, Das Weltbild des mittelalterlichen Menschen, München 1982 (zuerst Moskau 1981); *ders.*, Mittelalterliche Volkskultur, München 1987 (zuerst Moskau 1981). Eine deutliche Trennung dieser kulturellen Bereiche in Bezug auf das Recht nimmt *Harold J. Berman*, Recht und Revolution. Die Bildung der westlichen Rechtstradition, Frankfurt a. M. 1991 (engl.1983), vor.

[21] Hierzu möchte ich mich auf *meine* Formulierungen in der Rez. zu G. Köbler, in: ZRG Germ. Abt. 90 (1973) S. 270 beziehen, wie auch auf Rechtsgewohnheit (wie Anm. 16), S. 52 ff. (Lateinisches Mittelalter und Volkskultur).

einem äußeren, soziologisch erkundbaren Kriterium nähern, mit dem Erkenntnisziel, auf diese Weise mehr über das „Innere" des Rechts zu erfahren. Wie Jörg Riegel schon für den Dialog zwischen Ethnologie und Rechtsgeschichte betont hat, hat ein mehr analytisch ausgerichteter gegenüber einem hermeneutischen Ansatz Vorzüge in Bezug auf Distanz, Klarheit und Vergleichbarkeit, wenn es um uns sehr ferne Kulturen geht.[22]

Für eine solch funktionale Betrachtung hat die Rechtsoziologie Max Webers einen Weg gewiesen[23]. Sie wurde schon von Jürgen Weitzel für seine Studie zum dinggenossenschaftlichen Verfahren herangezogen. Max Weber hat sich hier wie anderswo als der für eine historische Untersuchung fruchtbarste Theoretiker erwiesen, weil er einmal auch Verhältnisse vormoderner (europäischer wie außereuropäischer) Gesellschaften in seine Theoriebildung einbezieht, zum anderen eine besondere Offenheit des Theorieansatzes für die Kontingenzen konkreter historischer Situationen und Formationen bewahrt. Wir wollen hier nun noch schärfer auf das abheben, was Max Weber den Rechtszwang nennt[24]. Die Rechtssoziologie Niklas Luhmanns führt gerade an dieser Stelle nicht weiter, weil sie mit ihrem Rechtsbegriff auf die Normbildung abhebt und dadurch keine Abgrenzungskriterien zwischen Recht und nichtrechtlichen Normbildungen bietet, um das es uns aber gehen muß.[25]

Weber besteht für die Abgrenzung von Konvention und Sitte zum Recht durchaus auf dessen Zwangscharakter: „als garantiertes „Recht" wollen wir sie (scil. die Ordnung, G. D.) aber nur bezeichnen, wo die Chance besteht, es werde gegebenenfalls „um ihrer selbst willen" Zwang, „Rechtszwang", eintreten"[26]. Dieser Zwang beruht für Weber auf Zwangsmitteln und dem Vorhandensein eines Zwangsapparates.

Max Weber knüpft nun aber Zwangsmittel und Zwangsapparat nicht an den Staat. Im Gegenteil: Er geht von der langsamen historischen Entstehung des

---

[22] *Jörg Riegel*, Ethnologie und Rechtsgeschichte. Möglichkeiten des interdisziplinären Kontaktes mit der Rechtsethnologie, in: Funktion und Form. Quellen- und Methodenprobleme der mittelalterlichen Rechtsgeschichte, hg. v. Karl Kroeschell u. Albrecht Cordes, Berlin 1996, S. 229-250. Insgesamt bringt dieser Band reiches Material und Auseinandersetzungen mit der Literatur zu unserem Problem.

[23] *Max Weber*, Wirtschaft und Gesellschaft. 5. Aufl., Studienausgabe hg.v. J. Winckelmann Tübingen 1972 u.ö. (im folgenden WuG),Kap VII. Rechtssoziologie.

[24] Vgl WuG. Sachverzeichnis s.v. Rechtszwang, Zwangsapparat u. ä.

[25] So richtig *Jürgen Weitzel*, Der Grund des Rechts in Gewohnheit und Herkommen, in: Die Begründung des Rechts als historisches Problem, hg. v. Dietmar Willoweit. München 2000, S. 137 – 170, hierzu S.138 – 140. Die Rechtsdefinition *Luhmanns* als „Struktur eines sozialen Systems, die auf kongruenter Generalisierung normativer Verhaltenserwartung beruht", nimmt die Frage der Erzwingung nicht auf, auch wenn er wie *Weber* von der Erklärung sinnhaften menschlichen Handelns ausgeht. Zu *Luhmanns* Ansatz von anderer Seite zu unserem Thema *Joachim Rückert*, Autonomie des Rechts in rechtshistorischer Perspektive (Juristische Studiengesellschaft Hannover), Hannover 1988.

[26] WuG S.182.

Staates aus und bindet darum die Existenz von Recht, das ihm ein älteres Phänomen ist, weder für die Frage der Entstehung noch der Geltung noch der Durchsetzbarkeit an den Staat, sondern an die Formen der Vergesellschaftung. Recht ist ihm Ordnung mit gewissen Garantien für die Chance ihrer empirischen Geltung. Ordnung als eine soziologische Kategorie bedeutet ihm einen Komplex von faktischen Bestimmungsgründen realen menschlichen Handelns.[27] Diese können für die Mehrzahl der Beteiligten durchaus bloß auf Billigung durch die Umwelt, dumpfer Gewohnheit oder als Sitte eingelebter Regelmäßigkeit beruhen – als Recht stellen sie sich dar, solange nur die Chance besteht, daß ein Zwangsapparat gegebenenfalls ihre Durchsetzung bewirkt[28]. Einen solchen erkennt er aber durchaus auch in der Hand moderner Verbände. Er ist also auch heute nicht an den Staat gebunden.

Als urtümliche Zwangsmittel sieht Max Weber Blutrache und Fehde, als den entsprechenden Zwangsapparat das Aufgebot von Sippe und Helfern[29]. Das führt zu einem Bild der Zweigleisigkeit von Fehdegang und Rechtsgang, wie ihn in den gleichen Jahren Franz Beyerle in einem Aufsatz entwickelt hat, der bis heute die rechtshistorische Forschung bestimmt[30]. Für Weber gehört hierbei auch der Fehdegang, der ja auf normativen Vorstellungen und Regeln beruht und insofern nicht bloße emotionale Reaktion ist, zum Bereich des Rechts. Hier ist die Verbindung zum Rechtsbegriff Otto Brunners deutlich, der für den mittelalterlichen Rechtsbegriff eine Einbeziehung der Fehde fordert.

Für Max Weber ist nun die Frage des Durchsetzungzwangs nicht von der des qualitativen Charakters des entsprechenden Rechts trennbar. Charismatische Legitimation, Konsens und Überzeugung der Rechtsgenossenschaft, Einbeziehung von Rechtshonoratioren, formale oder inhaltliche Irrationalität oder Rationalität, Recht als Entscheidung, Regel oder Norm, aber auch Charakter als bloß subjektives oder auch objektives Recht, als strafrechtlicher Rechtsbruch oder privatrechtliche Beziehung – alldies ist ihm mit den Formen der Rechtsdurchsetzung verbunden. In der „germanischen Scheidung von Rechtsfindung und Rechtszwang", also der Trennung von Richter und Dinggenossenschaft, findet Weber schließlich eine Form der „Gewaltenteilung" in der Rechtspflege des Mittelalters[31]. Dieser Gesichtspunkt ist bekanntlich von Jürgen Weitzel aufgenommen und rechtshistorisch weitergeführt worden.

Rechtsbegriff und Rechtszwang sind auf diese Weise von einer streng definierten wechselseitigen Bindung gelöst und andererseits in eine jeweilige, dem historischen Kontext entsprechende Beziehung gebracht. Aufgrund dessen

---

[27] a.a.O .S. 181.
[28] a.a.O. S.182.
[29] a.a.O. S.186 u.ö.
[30] *Franz Beyerle*, Das Entwicklungsproblem im germanischen Rechtsgang. I. Sühne, Rache und Preisgabe in ihrer Beziehung zum Strafprozeß der Volksrechte. 1915.
[31] a.a.O. S. 454.

sieht Max Weber flüssige Übergänge zwischen Konvention, Sitte und Recht[32]. Dies sind ihm also lediglich Idealtypen, denen die empirisch vorgefundenen Formen zuzuordnen sind. Die Begriffe selbst aber werden von dem Wissenschaftler gesetzt: „.....„Recht" ist für uns eine „Ordnung" mit gewissen spezifischen Garantien für die Chance ihrer empirischen Geltung"[33]. Die Geltung ist für Weber also letztlich durch die Möglichkeit zwangsweise Durchsetzung gesichert. Gerade wenn man, wie wir im Anschluß an die Ethnologen, Recht in das Spannungsfeld von Ordnung und Konflikt stellt, ist dieses Kriterium überzeugend. Denn im Konflikt muß sich erweisen, welche normative Vorstellungen Geltung erlangen.

Dem Ansatz Max Webers wollen wir uns für unsere Untersuchung anschließen. Dabei verfolgen wir zunächst die Indizien der Geltung, um danach erst die durchzusetzende Ordnung, eben die Rechtsgewohnheit, erneut ins Auge zu fassen. Wir gehen also umgekehrt vor als gewohnt. Üblicherweise wird erst nach den Normen, dann nach dem gerichtlichen Urteil und schließlich nach dessen Vollstreckung gefragt. Wir wollen dagegen erst die Ausübung von Zwang feststellen, um dann nach den dahinterstehenden normativen Vorstellungen und dem entsprechenden Rechtsbegriff (der Rechtsgewohnheit) zu fragen. Das gerichtliche Urteil wird nicht im Vordergrund stehen, ist es doch nur ein, wenn auch der „rechtlichste" Weg bei der Durchsetzung der normativen Vorstellungen vorstaatlicher Gesellschaften.

Weil das Problem selbst weitgehend unerforscht und somit begrifflich nicht definiert ist, wollen wir uns ihm in großen hermeneutischen Bögen nähern, die in der Gliederung aufgezeigt sind. Um nicht die empirische Grundlage zu verlieren, stehen oft einzelne Quellen exemplarisch im Mittelpunkt der Überlegungen, die jedoch immer das hier zu Anfang umrissene Problem als Bezugspunkt haben.

Es handelt sich durchweg um funktionale Verbindungen innerhalb einer bestimmte Struktur. Darum sind wir von der Fragestellung her, und damit auch im Aufbau, nicht an historische Abfolgen oder Kausalbeziehungen gebunden, auch nicht daran interessiert. Die Struktur besteht aus der Beziehung von meist ungeschriebenen Normen zu ihrer Durchsetzung, somit ihrer Geltung, in Gesellschaften, in denen es keinen staatlichen Zwangsapparat und kein staatliches Monopol auf legitime Gewalt gibt. In unserem Untersuchungsraum, dem okzidentalen Europa des Ersten Mittelalters bis etwa 1200, ist diese Struktur durch die Auflösung der römischen Staatlichkeit, Konfliktlösungen aufgrund der gewaltlegitimierenden Mentalität und Sozialordnung der germanischen reichsgründenden Völker und den langsamen Aufbau von, Friede und Recht wahrender, Königsherrschaft und genossenschaftlicher Einheiten geformt. Ohne diesen Hintergrund jedesmal voll ausleuchten zu müssen, kann

[32] WuG S.187, 191.
[33] WuG S. 182

unser Blick deshalb auf Einzelsituationen innerhalb dieser Struktur, von Island bis Kastilien, gerichtet werden, um daraus allgemeinere Folgerungen zu ziehen. Diese sollen dann am Schluß zusammengeführt werden.

II. Zwei Fallstudien zur obrigkeitlichen Zwangsgewalt

1. „Die Zwangsgewalt gebührt dem König": Friedrich Barbarossa

Gerichtszwang, Zwangsgewalt sind, wie wir gesehen haben, wichtige Stichworte der Rechtstheorie und –soziologie. Sie stellen aber keineswegs in entsprechender Weise Stichworte der Rechtsgeschichte dar. In rechtshistorischen Lehrbüchern und Lexika sucht man sie fast vergeblich[34]; allein Weitzel diskutiert in seinem mehrfach erwähnten Werk den Begriff im Anschluß an Max Weber ausführlicher, richtet sein Augenmerk aber vor allem auf den Gerichtszwang.[35] Diese weitgehende Fehlanzeige muß verwundern. Angesichts der Möglichkeit, einen Rechtsbruch und entsprechende Rechtsansprüche (oder Rechtsanmaßungen) mit dem Mittel legitimer Fehde zu verfolgen, erscheint die Zwangsgewalt des Königs oder jedes Inhabers öffentlicher Gewalt immer prekär. Also wäre Anlaß für die Rechtsgeschichte, die Frage zu verfolgen und die Quellen zu befragen, kurz, dies zum Thema zu machen. Statt dessen finden sich nur kurze Bemerkungen zur spätmittelalterlichen alemannischen Formel „Zwing und Bann", zur Zwangsvollstreckung, schließlich ein vereinzeltes Mal zum Verbot der Ausübung von Zwangsgewalt innerhalb einer Immunität. An dieser Stelle taucht denn auch das in den Quellen häufige, in der Literatur aber kaum diskutierte lateinische entsprechende Wort, *distringere*, auf.[36] Das ist für einen Begriff und

---

[34] Bei *H. Brunner*, Deutsche Rechtsgeschichte Bd. II, bearb. v. *Cl. Frhr. v. Schwerin*,[2] 1928, Neudr. Berlin 1958 fehlt im Wort- und Sachregister „Rechtszwang"; unter „Zwangsgewalt" wird immerhin das Verbot amtlichen Handelns als „districtio" gegenüber den Leuten des Immunitätsgebietes mit einem ausführlichen Privileg Ludwigs des Frommen nachgewiesen. Bei *H. Conrad*, Deutsche Rechtsgeschichte Bd.2, [2]Karlsruhe 1962, wie auch im HRG und bei *K. Kroeschell*, Deutsche Rechtsgeschichte II nur Hinweis auf Zwing und Bann. Bei *H. Hattenhauer*, Europäische Rechtsgeschichte, Heidelberg 1992, unter Rechtszwang ein Hinweis auf die Zwangsmittel der Kirche in der Gottesfriedensbewegung

[35] Bei *J. Weitzel*, Dinggenossenschaft, zieht sich die Trennung und Verbindung von Rechtsfindung und Rechtsgebot durch die gesamte Erörterung. Zur Grundsatzfrage vor allem S. 46 ff. Die Zwangsgewalt ist bei *Weitzel* sodann mit Richter und Gericht als „Gewaltenteilung" in der Dinggenossenschaft verbunden. An dieser Stelle versuchen wir in den folgenden Überlegungen weiterzugehen.

[36] In dem zuvor erwähnten Nachweis bei *H. Brunner*, DRG II S. 393. Zur deutschen Entsprechung von districtio, districtus, distringere s. *Laurentius Diefenbach*, Glossarium latino-germanicum, Frankfurt/M 1857, Nachdr. 1997, S. 187. Hier finden sich u. a. zwungung, twingen, zwingen u. ä.

ein Thema, die für ein Recht ohne Staat zentrale Bedeutung besitzen müßten, ein mageres Ergebnis. Der Bann, den wir gerade mit dem Zwangsrecht sprachlich und sachlich verschwistert fanden, wird als die Befugnis zu verbindlichem Gebot und Verbot behandelt. So sehr wir hier dem Problem sachlich naherücken, so wenig finden wir im Begriff und in der Literatur zum Bann Antwort auf die gestellten Fragen. In einer Gesellschaft, in der der Herrscher weder ein Monopol legitimer Gewalt noch einen stets bereiten Durchsetzungsapparat hat, stellt sich ja gerade die Frage, wie die „empirische" Verbindlichkeit des Gebotes (Bann) durchgesetzt wird.

Zu unserer Überraschung jedoch findet der Rechtszwang an prominenter Stelle in den Quellen selbst eine Regelung. In der großen Feststellung der königlich-kaiserlichen Rechte auf dem Reichstag von Roncaglia von 1158, zu der Friedrich Barbarossa die Bologneser Doktoren heranzieht[37], sagt die Lex Omnis: „*Omnis iurisdictio et omnis districtus apud principem est....*"[38]. *Districtus, districtio, ius distringendi* aber bezeichnet in der mittelalterlichen Rechtssprache genau die rechtliche Zwangsgewalt, die Zwangsbefugnis des Richters zur Durchführung des Verfahrens von der Ladung bis zur Vollstreckung, geschieden von der Rechtsfindung, die der Dingenossenschaft zusteht.Es handelt sich also um den Gerichtszwang. *Iurisdictio* und *districtus* weisen also dem Herrscher in Roncaglia Gerichtshoheit und Zwangsgewalt in begrifflicher Trennung zu. Der Landfriede des gleichen Reichstages betont noch einmal, daß niemand *districtum et iurisdictionem imperatoris* mit dem Allod veräußern könne (c. 11). - So sehr die Herrscherauffassung der ronkalischen Gesetzgebung vom römischen Recht abgeleitet ist, nämlich in der Konzeption einer einheitlichen staatlichen Gewalt, so sehr nimmt diese Trennung von Gericht und Zwangsgewalt auf mittelalterliche Auffassung von Recht und Gericht Rücksicht. Dem römischen Recht war dagegen das hinter dem Gericht stehende *imperium* so selbstverständlich wie die gewaltausschließende *pax Romana,* und darum nicht erwähnenswert. Man hat *districtus* hier mit Bannleihe übersetzt[39] . Das ist nicht falsch. Treffender und richtiger übersetzt man aber als Zwangsgewalt, Gerichtszwang, oder eben im Sinne der späteren Paarformel „Zwing" (und Bann).

---

[37] Auf Grund der Klärung der Quellenlage durch *Vittore Colorni*, Die drei verschollenen Gesetze des Reichstages bei Roncaglia, Aalen1969 (ital. 1967) jetzt in der Edition der MGH D F I nr. 237 – 243.

[38] D F I Nr. 238. Der Text fährt fort: ... et omnes iudices a principe administrationem accipere debent et iusiurandum prestare quale a lege costitutum est. Das bedeutet eine beamtete Stellung der Richter.

[39] So *Paul Willem Finsterwalder*, Die Gesetze des Reichstages von Roncaglia vom 11. November 1158, ZRG (GA) 51 (1931) S. 1ff., hier S.32 u. ö. Zum Institut der Bannleihe *Robert Scheyhing*, Eide, Amtsgewalt und Bannleihe, 1960. *Colorni* verweist a.a.O. auf den römischen Begriff des imperium, der aber von dem Gesetz gerade nicht verwendet wird.

Die Lex Omnis enthält also den Anspruch eines Monopols der gerichtlichen Zwangsgewalt beim Herrscher. Daß damit noch nicht das Gewaltmonopol überhaupt verbunden war, zeigt der erwähnte, auf demselben Reichstag verabschiedete Landfrieden[40]. Hier wird mit den Eingangsworten durch „ediktalisches Gesetz“ den Untertanen auf immer der Frieden geboten. Im nächsten Satz aber rekurriert der kaiserliche Gesetzgeber auf die Vereidigung aller, von Herzog, Markgraf, Graf bis hinunter zu den Ortsvorstehern und den einfachen Rechtsgenossen (*plebei*), und dies auf Zeit, nämlich fünf Jahre. Es handelt sich in der Sprache der Rechtsgeschichte also um Verwillkürung, um eidliche Selbstbindung an neugeschaffenes Recht. Auch der Rechtszwang beruht ausdrücklich auf dieser Selbstbindung. *Iureiurando obstringantur* (!), durch den Eid werden sie gebunden, den Frieden zu schützen und zu „rächen“ (*vindicare*), d.h. sich einem Fehdezug gegen einen Friedebrecher als „Zwangsapparat“ anzuschließen. Dieser Absicherung der Geltung folgen dann erst die einzelnen normativen Regeln des Friedens.

Friedrich handelt also bei Erlaß des ronkalischen Landfriedens nicht als der mit Souveränitätsrecht ausgestattete Herrscher, als der er sich ausgibt und als den ihn auch die Chroniken unter Verwendung justinianischer Gesetzgebungstopoi feiern („*Tu lex viva potes dare, solvere, condere leges*“[41]). Er sondert vielmehr ganz mittelalterlich Recht und Zwang und begründet beides, zwar unter herrscherlichem Gebot, doch letztlich auf die Selbstbindung des Eides. Im Falle von Gericht und Gerichtszwang nimmt er legitimen Ursprung beim Herrscher und Delegation durch den Herrscher in Anspruch, wohl vor allem gerichtet gegen die „illegitime“ konsularische Gerichtsbarkeit der Stadtkommunen. Deren auf den Bürgereid gegründete Verbindlichkeit wird andererseits von ihnen selbst als *districtus sacramenti* bezeichnet[42]. Man kann darin sehr genau den von Max Weber benannten revolutionären Bruch der Legitimation durch die Errichtung der Kommune sehen[43]: Eine eidgenossenschaftlich „von unten“ begründete, nicht aber vom Herrscher

---

[40] D F I Nr. 241.

[41] Die chronikalischen Aussagen bei *Colorni* a.a.O.; hier nach Gottfried von Viterbo.

[42] Die Städte des Lombardenbundes beanspruchen in ihrem Widerstand gegen den in Roncaglia formulierten Herrschaftsanspruch des Kaisers ausdrücklich einen autogenen Ursprung der von ihnen ausgeübten Zwangsgewalt: ....*consulatum more solito habeant, sub quo homines cuiusque civitatis vel comitatus ad iustitiam faciendam se distringant* - und diese Zwangsgewalt beruht auf der Selbstbindung durch den Bürgereid:...*ex districto sacramenti*... Nachweise und Zusammenhang: *Gerhard Dilcher*, Die Entstehung der lombardischen Stadtkommune.Aalen 1967, S. 176 u. Stichwortverz. s. v. districtus.

[43] Wirtschaft und Gesellschaft S. 748 ü. ö. Dazu *Gerhard Dilcher*, Max Webers >Stadt< und die Stadtforschung der Mediävistik, in: Max Weber und die Stadt im Kulturvergleich, hg. v. Hinnerk Bruhns u. Wilfried Nippel (Krit. Studien z. Geschichtswiss. Bd. 140), Göttingen 2000, (auch in HZ 267, 1998, S. 91 – 125).

delegierte Gewalt. Es liegt also hier auf beiden Seiten keine zufällige Terminologie vor.

Warum wir sonst auf höchster Ebene so wenig vom Rechtszwang hören, ist ebenfalls verständlich. Dem mittelalterlichen Herrscher kam keine universale Zwangsgewalt zu; Barbarossa beansprucht sie zum ersten Male. Wohl aber war der Gerichtszwang der gräflichen, grundherrlichen wie Immunitätsgerichtsbarkeit zugeordnet, wo wir denn auch dem Rechtswort *distringere* häufig begegnen.[44] Später verläuft sich dann die Spur, etwa in der Formel Zwing und Bann oder in dem „Distrikt" als „Gebiets"(!)hoheit: Ein Zeichen, daß am Anfang der Territorialhoheit die Zwangsgewalt steht. Wir sind nun mit dem 13. Jahrhundert allerdings auch schon in einer Zeit, in der Landfrieden und Strafgewalt langsam als Teil der allgemeinen Rechtordnung angesehen werden. In der Trennung von Gerichtsleihe und Bannleihe, wie sie der Sachsenspiegel und andere Quellen noch für bestimmte Fälle, nämlich die Abtrennung der Blutbannleihe bei der Belehnung geistlicher Fürsten, vorsahen[45], kann man noch einen Nachhall der Trennung sehen.

2. Der König ohne Zwangsgewalt, aber mit Recht: Konrad III.

Wir gehen von dem Entwurf einer neuen Struktur unter Barbarossa historisch einen zeitlichen Schritt zurück. Der Regierungsstil des ersten Staufers, Konrads III., beruhte auf anderen Legitimationsgrundlagen als jenen, die der Nachfolger Friedrich I. auf dem Reichstag von Roncaglia 1158 beanspruchte. Während Friedrich seine Regierung normativ auf römisches Kaiserrecht zu stützen versucht, vermeidet Konrad rechtliche Grundsatzfragen und verfolgt eine Praxis der Renovatio königlicher Rechtsverleihungen, die in den Arengen topisch reflektiert und überhöht wird[46]. Ein Königtum also auf der Grundlage traditionaler Legitimation. Die Wiederkehr, die Imitation der Vorbilder, die Erneuerung, die Bekräftigung bestehenden Rechts ist seine Leitlinie[47], nicht der Zugriff auf das Rechts- und Zwangsmonopol nach dem Vorbild des fernen

---

[44] So zeigt sich etwa die Bedeutung des districtus für die Ortsherrschaft in dem Aufsatz von *Giancarlo Andenna*, Formierung, Strukturen und Prozesse der Anerkennung von ländlichen Herrschaften zwischen der Lombardei und dem östlichen Piemont (11.-13. Jahrhundert), in: Strukturen und Wandlungen der ländlichen Herrschaftsformen vom 10. zum 13. Jahrhundert. Deutschland und Italien im Vergleich, hg. v. Gerhard Dilcher u. Cinzio Violante. (Schr. d. Ital.-Dt. Hist. Inst. in Trient, Bd. 14), Berlin 2000.

[45] Vgl. *Robert Scheyhing*, Eide, Amtgewalt und Bannleihe, cit.

[46] *Gerhard Dilcher*, Königliche Privilegienerneuerung und kirchliches Reformdenken bei Konrad III., in: Nit anders denn liebs und guets, Koll. z. 80. Geb. v. Karl S. Bader, hg. v. Claudieter Schott u. Claudio Soliva, Sigmaringen 1986 S. 47 – 56.

[47] *Gerhard Dilcher*, Zeitbewußtsein und Geschichtlichkeit im Bereich hochmittelalterlicher Rechtsgewohnheit, in: Hochmittelalterliches Geschichtsbewußtsein im Spiegel hochmittelalterlicher Quellen, hg v. Hans-Werner Goetz. Berlin 1998, S. 31-54.

römischen Staatsgedankens. Worauf also stützt er nun die von ihm erlassenen Rechtsakte?

Wir greifen eine der Urkunden König Konrads III. heraus, in der er in einem sehr lange schwelenden Konflikt mit königlicher Autorität eine Befriedung herbeizuführen sucht[48]. Es geht um die bestrittene Verleihung zweier Grafschaften an die Bischofskirche von Utrecht. Die beiden Grafschaften Ostergau und Westergau waren von Konrads Vorgänger Lothar, entgegen älteren Privilegien, der Kirche entzogen und an seine Verwandten, die Grafen von Holland, verliehen worden. Graf Dietrich von Holland war auf dem fraglichen Hoftag in Utrecht nicht erschienen. Kurz zuvor hatte Herzog Heinrich von Sachsen das Urteil eines vom König eingesetzten Schiedsgerichts, das eine von ihm beanspruchte Grafschaft dem Erzbischof von Bremen zusprach, nicht beachtet, vielmehr mit gewalttätiger Gefangennahme des Erzbischofs und des Probstes beantwortet. Der Historiker resümiert[49]: „Als Heinrich von Sachsen mit *roher Gewalt* das *Recht* zu verletzen wagte, verweilte der König in den niederrheinischen Gegenden. Nichts verlautet davon, daß er gegen die Thaten der *Willkür*, durch die er doch gleichsam persönlich beleidigt wurde, irgendwie eingeschritten wäre. Noch immer fühlte er sich zu schwach, gegen den Sohn Heinrich´s des Stolzen und dessen Anhänger seinen königlichen Willen *mit Zwang* durchzusetzen“ (Die Hervorhebungen sind unsere, G. D.). Geht der König kurz danach in unserem Fall so außerordentlich vorsichtig vor, um gegen den mächtigen Grafen von Holland nicht eine ähnliche Situation offener Ohnmacht herbeizuführen?

Am Eingang der Urkunde dient die Arenga in üblicher Weise der allgemeinen Reflektion der Situation und der vorzunehmenden Maßnahmen. Konrad schlüpft hier in das Gewand seiner Vorgänger, der frommen Könige und Kaiser, wenn er die Rechte der Kirche schützt und festigt. Damit entnimmt er die Legitimation für sein Handeln als Herrscher aus der Tradition, der Fortführung der bestehenden Ordnung, der Rechtsgewohnheit[50] – und nicht den Schriftnormen eines Kaiserrechts. Er empfängt, so fährt die Urkunde fort, auf einem Hoftage in Utrecht den Bischof dieser Stadt, der ihm die Privilegsurkunden seiner Vorgänger, der Kaiser Heinrich IV und Heinrich V, vorlegt, in denen der Utrechter Bischofskirche die Grafschaften Ostergau und Westergau übertragen worden waren. Der Bischof bittet sodann, zusammen mit Klerus, Vasallen und Hörigen der Kirche, der König möge ihm und seiner Kirche die Schenkung zu Recht (*lege*) für immer bestätigen. Da der König, so fährt die Urkunde fort, es bei seiner Gerechtigkeit (*iustitia*) an nichts fehlen lassen dürfe, und er ohne Gerichtsverfahren (*sine iudiciario ordine*) in solchen

[48] MGH D Konrad III. Nr. 139 von 1145 Okt. 18.

[49] *Wilhelm Bernhardi*, Konrad III. (Jahrbücher der Deutschen Geschichte), 1883, Neudr. Berlin 1975, S. 430 ff., das Zitat S. 432, zum Hoftag in Utrecht und unserer Urkunde S. 436.

[50] *Gerhard Dilcher*, Königliche Privilegienerteilung etc. bei Konrad III., cit.

Sachen nicht vorzugehen pflege (*consuevimus*), fordert er, nachdem er die Privilegien gelesen hat, vom Fürstengericht (*iudicio principum*) durch den Grafen von Geldern ein Urteil (*sententiam*). Dieser, nach Beratung mit den anwesenden Fürsten und Edlen, spricht das Urteil (*iudicavit*), daß der König nach Recht (*iure*) alte Privilegien erneuern (*renovare*) und alte Schenkungen der Kaiser durch sein Privileg bekräftigen (*corroborare*) könne und solle. Nunmehr, aufgrund dieses Urteils, weiterhin der Intervention der Königin, der Bitten des Bischofs und aller Getreuen des Königs, befestigt (*confirmamus*) der König dem heiligen Martin und der Kirche zu Utrecht durch das vorliegende Privileg den dauernden Besitz der beiden Grafschaften.

Außerdem setzt nun der König, damit kein Sterblicher irgendwann dem entgegenhandele, durch königliches Edikt fest (*statuentes*), daß keine Person die Schenkung der genannten Könige und Kaiser und seine eigene Bestätigung zu brechen wage, sondern die Kirche die genannte Grafschaft ohne Widerspruch besitze. Wenn aber jemand, was fern sei, dies Edikt der Bestätigung (*confirmationis edictum*) zu brechen suche, so solle er tausend Pfund reinen Goldes zahlen, die Hälfte dem königlichen Fiskus, die andere Hälfte der genannten Kirche.

Damit nun dies geglaubt und unverbrüchlich bewahrt werde, befiehlt der König, diese Urkunde zu schreiben (der Rechtsakt verlief also bisher mündlich), mit seiner Goldbulle zu siegeln, bekräftigt sie (durch seinen Namenszug) eigenhändig und lässt die Anwesenden als Zeugen aufführen. Deren Namen, sieben geistliche und 45 weltliche Herren (wobei aber große Reichsfürsten fehlen), werden nun aufgezählt.

Der Vorgang wurde hier bewußt in seiner Vielgliedrigkeit und Langatmigkeit wiedergegeben. Der rechtliche Kern ist dagegen offensichtlich dürftig: Der Bischofskirche von Utrecht wird die Innehabung zweier Grafschaften bestätigt, die ihr schon der Vorvorgänger und dessen Vorgänger übertragen hatten, und die, was nicht erwähnt wird, Konrad selbst ganz zu Beginn seiner Regierung der Kirche zurückerstattet hatte[51], nachdem sie (durch den unmittelbaren Vorgänger Lothar III.) zuvor entzogen worden waren.

Um also einen Rechtszustand zu bekräftigen, dessen Anfechtung vorsichtigerweise gar nicht konkret benannt wird, beruft sich der König inmitten der Versammlung seines Hoftages auf ganze Serien von Legitimationsgründen. Er stellt sich dar als Typus des guten kirchenfreundlichen Herrschers, bezieht sich auf die Privilegien seiner Vorgänger. Normalerweise wird ein Privileg erteilt und bestätigt ohne gerichtlichen Akt. Hier aber holt der König ein Urteil des Fürstengerichts ein. Es ergeht im strengen dinggenossenschaftlichen Verfahren, fast wie im rechthistorischen Lehrbuch, durch Urteilsfrage seitens

---

[51] D K III nr. 3 von 1138 April 9 mit Bezug auf die Vorgängerdiplome und die Entziehung unter dem Vogänger Lothar. Bei diesem Rechtsakt auf dem ersten Hoftag in Köln war eine illustre Zeugenschaft zugegen, ein Urteil wird aber hier nicht für nötig gehalten.

des Königs, Beratung des von ihm benannten Urteilers mit dem Umstand und dessen Urteilsspruch (*consilio et iudicio*). Das rechtliche Ergebnis ist bescheiden: Es sei rechtens, daß der König Privilegien und Schenkungen erneuere und bekräftige. Keineswegs wird eine inhaltliche Rechtfrage, ob etwa jene alten Privilegien zu recht ergangen seien, oder ob sie inzwischen aufgehoben oder verjährt seien, angesprochen oder gar entschieden.
Erst nach dem Urteil folgt der entsprechende Rechtsakt des Königs, die Privilegserneuerung und –bestätigung in der Form eines Edikts. Es wird nun durch Gebot (also Bann) und Strafsumme bei Zuwiderhandlung sanktioniert. Außerdem kommen die (im Grunde sakralen) Bestärkungen der Schriftform, der Goldbulle und des eigenhändigen königlichen Signums hinzu. Eine weitere Bestärkung bedeutet die schriftlich festgehaltenen Zeugenschaft der Anwesenden.

Wir zählen noch einmal die zum Teil mehrfach verwendeten Begriffe rechtlicher Legitimation auf, um ihr Gewicht auf die Waage zu legen: *privilegium, donatio, lege, iustitia, iudiciario ordine, consuevimus, iudicio, sententia, consilio, iure, interventus, renovare, corroborare, confirmare, edicto regali statuentes, confirmationis edictum, iussimus.*

Von königlicher Gebotsgewalt und Durchsetzungszwang ist dagegen nur bei dem Strafgebot gegen die Übertretung die Rede, und die enorme Höhe der Strafsumme spricht eher für eine generelle Abschreckung als einen gegebenenfalls strikten Vollzug. Wie die Häufung traditionaler und konsensualer Rechtslegitimationen zeigt, will oder kann sich der König auf seine Gebotsgewalt keineswegs verlassen. Jedoch schafft er sich durch den rituellen Konsens des dinggenossenschaftlichen Urteils und die aufgeführten Zeugen eine Gruppe von Großen und Mächtigen, die nun auf den Rechtsakt verpflichtet sind und ihn gegebenenfalls als „Zwangsapparat" verteidigen müssen. Falls sie sich dem verweigerten, würden sie in der Ranggesellschaft an Ansehen verlieren, oder sie müßten sich in einem riskanten politischen Akt offen auf die andere Seite schlagen. Aus diesem Grunde bleiben regelmäßig jene Großen, die dissentieren oder sich noch alle Wege offen halten wollen, in jener Zeit den betreffenden Hof- und Reichstagen fern[52] und entziehen sich damit der Herstellung von Recht durch Konsens[53]. So war wohl auch die eher spärliche Besetzung des Utrechter Tages und die Abwesenheit des eigentlichen „Gegners", des Grafen von Holland, zu erklären.

Der König verwendet also hier die aufgeführten Formen des Rechts, bis hin zu einer prozessualen Rechtsfeststellung, um seine in der politischen Situation fragliche Durchsetzungsmacht zu kompensieren. Das führt zu einer Häufung von Rechtslegitimationen, die zu dem Rechtsinhalt, der Zuordnung von

---

52 *Gerd Althoff*, Spielregeln der Politik (wie unten unter VIII) S. 294 ff. legt die strukturellen Gründe solcher gezielter Abwesenheit dar.
53 Im Sinne von *Weitzel*, Dinggenossenschaft S. 1347.

Grafenrechten, in keinem angemessenen Verhältnis steht. Dem Zweck, einen Durchsetzungsdruck aufzubauen, wird es dennoch gerecht.

V. Der Zwangsapparat der Zwangsgewalt

1. Die Fehde als Rechtszwang

Dem Verletzten im vorstaatlichen Rechtszustand standen vor allem zwei Wege zur Erzwingung einer Sühne offen: Die gewaltsame Selbsthilfe oder Fehde oder der „Rechtsgang" vor Gericht[54]. Dazwischen steht der außergerichtliche Vergleich, gegebenenfalls unter Heranziehung eines Schiedsmannes, historisch wohl der Vorläufer der gerichtlichen Sühnung.[55] Die Rechthistoriker sind sich uneinig, ob sie den Weg der Fehde unter den Rechtsbegriff fassen sollen. Das ist sicher nicht möglich, wenn man Recht vom Verfahren vor Gericht definiert[56]. Anders jedoch, wenn man Recht als Ordnung auffaßt. Die Fehde (*faida, inimicitia* Ed. Rothari), meist in der Form der Blutrache, findet in dem für uns maßgebenden Zeitraum in Stammesgesellschaften, meist unter Königsherrschaft, statt. Es gibt also nicht nur das Gericht, sondern auch eine Ordnung über den segmentären Gemeinschaften, die eine Kontrolle über die gewaltsame Durchsetzung ausübt. Fehde kann wohl ausufern zu Formen „reiner" Gewaltanwendung. So rühmt sich mancher Held isländischer Sagas, nie einen Totschlag gesühnt zu haben. Die Fehde in den hier gemeinten und von den Quellen genannten Formen dient jedoch dem Ausgleich, der Sühne einer zumindest subjektiv empfundenen Rechtsverletzung, sei es durch Rache, sei es durch Erzwingung einer Buße. Sie ist rituell gebändigte Rache und achtet Bereiche der öffentlichen Ordnung, wie den Heereszug, das Thing und religiöse Orte (Asyl) und meidet gemeinschaftsschädliche und darum mißbilligte Handlungsweisen, wie (heimlichen) Mord, (heimlichen) Diebstahl, Gewalt an Frauen und Kindern u. ä. Deshalb kann sie auch in eine Sühne durch gerichtliche oder außergerichtliche Bußzahlung überführt werden. Es ist dies die Form der Fehde, welche die Volksrechte (Leges) im Auge haben, grundsätzlich als legitim ansehen, aber einzuschränken und in gerichtliche Verfahren zu drängen versuchen. Gegen sie richten sich seit dem 12. Jahrhundert Land- und Stadtfrieden. Die späte Form der ritterlichen Fehde kann hier außer Betracht bleiben. Dagegen kann die Sonderkultur des europäischen Nordens, vor allem das Island der Sagazeit, aufschlußreiche Beobachtungen bieten. Hier haben wir

---

[54] Vgl. *F. Beyerle*, Das Entwicklungsproblem, cit.

[55] Für Island *A. Heusler*, Das Strafrecht, cit., S. 38: „Das Fehdewesen der Isländersagas wird beherrscht von dem Dreiklang: Rache – Vergleich – Gerichtsklage."

[56] *Weitzel*, Dinggenossenschaft, begreift als *recht* das im Gericht festgestellte Recht, während er die dahinterstehende Ordnung (*ewa*) im Konflikt zerbrochen sieht.

einerseits eine akephale Gesellschaft. Sie kennt also keinen obrigkeitlichen Zwang, hat jedoch eine Organisation von Thingversammlungen mit entsprechenden gerichtlichen Funktionen aufgebaut. Außerdem haben wir in den Sagas erzählende Quellen, die Ereignisse und Mentalitäten schildern, über die wir auf dem Kontinent wenig erfahren. Zwar sind die Sagas keine unmittelbaren historischen Quellen, doch bringen sie in einer besonders eigenartigen Form der Tradition in schon „idealtypisierter" Form Bilder der alten, von Fehde und Blutrache geprägten (vorchristlichen) Zeit, die eine gewisse „innere Wahrheit" dieser Verhältnisse wiedergeben.[57]

Im Rahmen dieser Form der Fehde dient das Aufgebot der Sippengenossen und Helfer also als Zwangsapparat in einem intersegmentären[58] Konflikt, um eine subjektive Rechtsverletzung zu ahnden. Die großen Aufzeichnungen der Stammesrechte zeigen durch ihre detaillierten Tatbestände wie die dafür „vorgeschlagenen" Bußen, daß sich diese subjektiv empfundenen Rechtsverletzungen bereits zu dieser Zeit zu intersubjektiven Rechtsüberzeugungen der Rechtsgemeinschaft, eben des Stammes, verdichteten. Diese Tatbestände typisierter Rechtsverletzungen schlugen sich in besonders deutlicher Form in den germanischen Rechtsworten dieser Gesetze nieder.

Das Aufgebot der Fehdehelfer stand seinerseits in der Regel nur im Rahmen von normativen Wertvorstellungen und Überzeugungen der Gemeinschaft zur Verfügung. Der Kreis der Gesippen und Helfer nahm normalerweise das Risiko der Fehde nur auf sich, wenn ein, nicht nur vom Täter als „rechtmäßig" angesehener Grund für eine „Todfeindschaft" vorlag, also auch das Ansehen der Sippe oder Gruppe bei Ausbleiben einer Reaktion in der Gemeinschaft gefährdet gewesen wäre. Insofern entsprach die Pflicht zur Rache oder Herbeiführung von Sühne den gemeinschaftlichen Wertüberzeugungen, mit Sanktion des Ansehensverlustes bei fehlender Reaktion der Sippe des Verletzten. Dieser Verlust von Ansehen-Ehre ist wahrscheinlich die älteste Sanktion einer Gemeinschaft. Die Tatbestände solcher als erheblich angesehenen Rechtsverletzungen sind in eben jene Rechtsworte gefaßt. Sie werden in den Leges als Rechtwörter der Gerichtssprache, nämlich zum Zwecke

---

[57] Eine heute wieder sehr beachtete, seinerzeit von der Rechtshistorie als zu „unjuristisch" kritisierte Darstellung brachte der Philologe *Andreas Heusler*, Das Strafrecht der Isländersagas. Leipzig 1911. Ihr folgen wir in unseren Bezugnahmen auf isländische Verhältnisse.

[58] Der Begriff stammt von *Emile Durkheim* und wurde von *Uwe Wesel*, Frühformen des Rechts in vorstaatlichen Gesellschaften, Frankfurt/Main 1985, S. 211 f., sowie *Heinz Holzhauer*, Zum Strafgedanken im frühen Mittelalter, in: Überlieferung, Bewahrung und Gestaltung in der rechtsgeschichtlichen Forschung, Hg. v. Stephan Buchholz, Paul Mikat, Dieter Werkmüller, Paderborn 1993, S. 179- 192, in die rechtshistorische Diskussion eingeführt. Vgl. auch *Holzhauer*, Das neue Bild vom alten Strafrecht, Rechtstheorie Bd. 32 (2001), S. 53 ff.

der Klage aufgeführt und mit einer „Bußtaxe", einer Normalbuße zur Erleichterung des gerichtlichen Sühnevergleichs, verbunden[59]. Es handelt sich häufig um Wörter, die über die Stammesgrenzen verbreitet waren, wie Mord, Raub, Dieb, Bezeichnungen für Notzucht, Formen der Körperverletzung, Sachschädigung und Ehrverletzungen. Die Höhe der Buße folgte mehr der Bewertung von Kränkung von (ständisch bestimmtem) Ansehen und Ehre als der Höhe des materiellen Schadens[60]. Das bestätigt, daß sie im Hinblick auf das Ansehen in einer Ranggesellschaft gewährt wurde. In den isländischen Sagas kommen diese Motive und Triebkräfte in besonders deutlicher Form zum Ausdruck, zumal sie hier noch kaum von christlichen Wertvorstellungen überlagert sind: Die Rache als Pflicht gegenüber der Ehre der Sippe und der Verwandten (zu der auch die Frauen mahnen), deren Träger und deren Opfer jeder aus der betroffenen Gruppe sein kann, der höhere Rang der Rache gegenüber der Geldbuße, Gewinnen eines „Führers" der Rache und der Gehilfen, das schließliche Verrechnen der Getöteten und Verletzten beider Seiten bei der Sühne, aber auch die Ausklammerung derer, die mit Berechtigung als *óheilagr* oder *ógildr* bußlos erschlagen werden durften[61]. Der Gerichtsgang dient auf Island allein der Verhängung der verschiedenen Formen der Acht, während die Vereinbarung einer Buße noch ganz Sache der Parteien oder von Schiedsmännern ist. All dies zeigt jedoch, wie auch im königslosen Island Rache und Fehde vor einem Hintergrund normativer Vorstellungen stattfanden. Man könnte sie wohl an der Grenze von verbindlicher Sitte und Recht ansiedeln. Strukturell ähnliche Probleme stellen sich aber auch den germanischen Völkern der Reichsgründungen auf römischem Boden. Hier soll, neben dem gerade erwähnten langobardischen Beispiel, nur auf die dahingehenden Beobachtungen verwiesen werden , die für die Burgunder gemacht worden sind: Die Begegnung mit der römischen Rechtskultur bewirkt, daß Mechanismen der Konfliktschlichtung, die die germanischen Eroberer mitgebracht hatten, nunmehr als Rechtsregeln aufgefaßt und gefestigt weden.[62] Das bedeutet jedoch

---

[59] *Beyerle*, Das Entwicklungproblem; Karl Kroeschell, Deutsche Rechtsgeschichte I [11]1999 S. 39 ff.: 4. Selbsthilfe, Sühne und Gericht.

[60] Diese Zusammenhänge werden im langobardischen Recht besonders anschaulich. Dazu *Gerhard Dilcher*, Fehde, Unrechtsausgleich und Strafe im älteren langobardischen Recht, demnächst in dem von Jürgen Weitzel herausgegebenen Tagungsband Hoheitliches Strafen in der Spätantike und im frühen Mittelalter (Konflikt, Verbrechen und Sanktion in der Gesellschaft Alteuropas. Symposien und Synthesen Bd. 6) Köln etwa 2002 sowie *G. Dilcher*, Überlegungen zum langobardischen Strafrecht: Der Bereich öffentlicher Sanktion. In: FS Klaus Lüderssen, Nomos Baden Baden 2002.

[61] Zu diesem allen eingehend und überzeugend *A. Heusler*, a. a. O.

[62] *Clausdieter Schott*, Traditionelle Formen der Konfliktlösung in der Lex Burgundionum, in: La Giustizia nell´Alto Medioevo. Settimane di Studio del Centro Italiano sull´Alto Medioevo XLII. Spoleto 1995. Vol II, S. 933 – 961, bes. 944 f.

noch nicht die Aufgabe jener traditionellen Formen des Konfliktaustrags wie Fehde und Sühne durch Bußzahlung.

2. Das Handhaftverfahren

Einen weiteren Anlaß, bei dem in der Frühzeit unmittelbarer Zwang zur Anwendung kommt, stellt der unmittelbare und offenkundige Rechtsbruch, die „handhafte Tat", dar[63]. Dabei handelt es um die Reaktion auf heimliche, unehrenhafte Taten, vor allem Diebstahl, nicht aber auf offene Gewalt bei Fehdehandlungen, bei der die Rechtsgemeinschaft passiv bleibt. Bei den Fällen handhafter Tat ist die Rechtsgemeinschaft auch in vorstaatlichen Verhältnissen zur unmittelbaren gewaltsamen Reaktion aufgerufen. Es besteht die Nachbarschaftspflicht, sich auf das „Gerüfte" des Verletzten hin an der sofortigen Verfolgung des Täters zu beteiligen (Spurfolge) und an dessen Tötung oder Ergreifung, Fesselung und Überstellung an das Gericht mitzuwirken. Der so überantwortete Täter hatte nun eine sehr viel ungünstigere prozessuale Lage der Verteidigung. Vor allem das Abwehren der Klage mit Eidhelfern war ihm verwehrt, aber auch Kampfbeweis und Gottesurteil. Die Situation der handhaften Tat mußte nur noch formell durch Zeugnis der Beteiligten im gerichtlichen Verfahren festgestellt werden.

Der von dem offenbaren Rechtsbruch ausgelöste und legitimierte Zwang durch den Verletzten und die Rechtsgemeinschaft verändert somit das gesamte Verfahren[64]. Es entfällt durch die Legitimation der Gewaltanwendung nicht nur das Recht des Täters zur gewaltsamen Selbstverteidigung, sondern auch die für den Beklagten günstige gerichtliche Verteidigung durch formelle Klagabwehr. Es verändert sich überdies auch die Rechtsfolge: Anstelle des Täter-Opferausgleichs im Bußverfahren steht jetzt die Berechtigung zur Tötung des Täters, sei es unmittelbar durch den Verletzten, sei es durch das Gericht. Damit haben wir einen Weg zur peinlichen Bestrafung. Diese Konstellation, die offenbar Entsprechungen im altrömischen wie anderen Rechten hat, zieht sich als Grundstrukur fast durch das ganze Mittelalter, nur langsam von obrigkeitlichem Recht überlagert[65]. Sehr deutlich zeichnet sich diese Überlagerung noch im Sachsenspiegel ab, wo im Zusammenhang mit dem Handhaftverfahren alte Institutionen der Volksgerichtsbarkeit mit einem von den

---

[63] Der ausführliche Artikel von *Dieter Werkmüller*, Handhafte Tat, HRG I 1965-1973 enthält die für unseren Zusammenhang wichtigen Gesichtpunkte und Hinweise, auch auf die wichtige ältere Literatur.

[64] Vgl. dazu auch das unter IV 1. dargelegte Beispiel aus dem mittelalterlichen Spanien.

[65] So die Ergebnisse des DFG-Projektes „Die Entstehung des öffentlichen Strafrechts", die jetzt in der Reihe „Konflikt, Verbrechen und Sanktion in der Gesellschaft Alteuropas", hg. v. Klaus Lüderssen u. a., im Böhlau Verlag Köln, Weimar, Wien erscheinen.

Landleuten gewählten Gaugrafen zur unmittelbaren Verfolgung, anstelle des vom König abgeleiteten Grafengerichts, aufscheinen[66].

In dem Fall des Handhaftverfahrens und der sich anschließenden Spurfolge wird es noch weit deutlicher als bei der Fehde, daß hier von der Rechtsgemeinschaft geteilte normative Überzeugungen über Recht und Rechtsbruch den Handlungen zugrunde liegen, wie unter IV 1. anhand eines Fallbeispiels noch einmal vertieft ausgeführt werden soll. - Eine Entsprechung zeigt sich im Tötungsrecht des Hausherren gegenüber der Ehefrau und dem Ehebrecher auf frischer Tat: Hier war Fehde und Buße für die Sippengenossen der Frau wie des Mannes ausgeschlossen. In diesem Fall nimmt also die Rechtsgemeinschaft nicht an der Rechtsverfolgung des Verletzten teil, sondern verweigert den Verletzten die Legitimität einer Sühnung, weil sie die gewaltsame Selbsthilfe des Ehemannes in besonderer Weise für „rechtmäßig" hielt. Hier wirken wohl in patriarchalischen Gesellschaften, in denen sich dies wohl weltweit findet, besonders starke allgemein verbindliche Rechtsvorstellungen.

3. Der Ausschluß aus der Rechtsgemeinschaft

Ein weiteres Mittel, kollektiven Zwang zur Rechtsdurchsetzung einzusetzen, stellt jede Form des Ausschlusses aus der Rechtsgemeinschaft, von „Exkommunikation" im wörtlichen Sinne, dar. Es handelt sich hierbei wohl um die älteste Reaktion sich formierender Gesellschaften, die ursprünglich vor allem der Abkühlung zum Zwecke von Sühneverhandlungen dienen sollte.[67] Die kirchliche Exkommunikation hat sich als Sanktion der Trennung von der Gemeinschaft über Zeiten der Ohnmacht wie der Macht der Kirche gehalten, von den Urgemeinden über die societas christiana des Mittelalters bis in den säkularen Rechtsstaat. Sie sichert letztlich den Bestand eines Kirchen*rechts* neben dem staatlichen Gewaltmonopol.[68]

Im königslosen Island der Sagazeit gibt es die „kleine" Acht der örtlichen Ausweisung, die auch im Schiedsverfahren verhängt werden kann, sowie als gewichtigste Sanktion die „große" Acht der meist lebenslänglichen Landesverweisung und Friedloserklärung, die alleine vom Thing durch *dom* erlassen wird. Obwohl der Achtspruch durch ein Thing auch von der geschickten Strategie des Klägers und Gruppenpräsenz seines Anhanges abhängt, wird eine einmal ausgesprochene Acht fast stets vom Geächteten befolgt.[69] Die Rechtsüberzeugung der akephalen Gesellschaft war so stark, daß

---

[66] Ssp. Ldr. I, 55, 2 sowie 56 u. 57.

[67] Vgl. dazu die bei *A. Heusler*, Strafrecht, cit., S. 154 mitgeteilte Begründung einer Landesverweisung.

[68] Art. Exkommunikation, RGG ^{3}1958, Bd. 2 Sp.828 ff.

[69] *A. Heusler*, Strafrecht, cit., bes. S.124-190.

nur wenige, dann allerdings wegen ihrer Stärke bewunderte Ächter ihr trotzen konnten.

Im Bereich des Kontinents handelt es sich hier vor allem um die Mittel von Acht und Bann[70]. Gerade wenn wir heute hinter der Friedlosigkeit nicht mehr, wie einst die klassische Lehre, einen „Volksfrieden" annehmen und die Friedloslegung so nicht mehr zum Ursprung („Abspaltung") aller Strafe machen[71], wird ihre verfahrensmäßige Bedeutung als Zwangsmaßnahme, um den Täter zu isolieren, zu entfernen oder Druck auf den Täter zur Beilegung des Konfliktes auszuüben, umso deutlicher. Die Friedloslegung spricht infolgedessen nur die Folge der Ächtung aus, und zwar gerade in bezug auf die Rechtsgemeinschaft. Das Zwangsmittel ist hier also nicht, oder nicht in erster Linie, Gewalt, sondern Isolierung, Abschneiden der sozialen Beziehungen.

Die Ächtung wird vielfach als Druckmittel verwandt, um das Verfahren der Konfliktbeilegung vor Gericht zu erzwingen oder auch die Vollstreckung des Urteils, wenn der Verurteilte das Erfüllungsgelöbnis verweigert, zu sichern.[72] Sie findet darum in weitem Maße zur Erzwingung des „Ladungsgehorsams", bzw. zur Sanktion bei „Ladungsungehorsam" statt[73]. Sie wirkt also insoweit als ein Hilfsmittel für den Gerichtszwang. Darum wird der Bann auch von dem Inhaber der Gerichtsbarkeit, etwa König oder Graf, Papst oder Bischof, ausgesprochen. Der Zwangsapparat, der ihn vollziehen soll, ist und bleibt aber die Rechtsgemeinschaft, nicht nur im königslosen Island. Die königliche Bannformel nennt den Gebannten darum auch „unseren und des Volkes Feind" (*nobis et populo nostro inimicus*)[74]. Wo die Rechtsgemeinschaft

---

[70] Dazu aspektreich die Artikel Bann, kirchlich (*F. Merzbacher*), Bann, weltlich (*E. Kaufmann*) und Acht (*E. Kaufmann*) in HRG I 306 f., 308ff., 25ff. Für unseren Zusammenhang sind dabei vor allem die vielen Relativierungen einer unbeschränkten weltlichen Zwangsgewalt, die dort zum Ausdruck kommen, von Bedeutung. Die Lehre vom allgemeinen Volksfrieden ist jetzt gänzlich aus dem Zusammenhang zu streichen.

[71] Dazu *Hermann Nehlsen*, Entstehung des öffentlichen Strafrechts bei den germanischen Stämmen, in: Gerichtslaubenvorträge, Festkoll. z. 75. Geburtstag v. Hans Thieme, hg. v. Karl Kroeschell, Sigmaringen 1983, S.3-16. Mit breiter vergleichender Argumentation kommt zu ähnlichem Ergebnis *Ekkehard Kaufmann*, Zur Lehre von der Friedlosigkeit im Germanischen Recht, in: Beiträge zur Rechtsgeschicht. Gedächtnissch. F. Hermann Conrad, hg. v. Gerd Kleinheyer u. Paul Mikat. Paderborn 1979, S. 329 ff. Für den nordischen Bereich maßgebend Klaus von See, Altnordische Rechtswörter, Tübingen 1964, S. 139 ff.

[72] HRG I, 28.

[73] Vgl. W. *Sellert*, Art. Ladung, HRG II 1336 ff. Der Formalismus und die Rechtswirkung der zugestellten Klage soll teilweise dadurch rückgängig gemacht werden, daß man den Ladungsboten zwingt, den Ladungsbrief im wörtlichen Sinne „aufzuessen". Das zeigt, wie man von der Ladung eine rituelle Zwangswirkung, sich auf das Gerichtsverfahren einzulassen, ausgehen sieht, die man ebenso rituell wieder rückgängig zu machen sucht. Bis in die Neuzeit ist die Ladung darum für den Boten ein gefährliches Unterfangen, dazu *Sellert*, in: ZRG GA 84 (1967) S. 202ff.

[74] HRG I 26.

nicht Exklusion, mit Abbruch der sozialen Beziehungen, reagiert, bleibt der Bann oder die Acht wirkungslos: Der Bannende verfügt nämlich über keinen Apparat zur Ausübung unmittelbarer Gewalt, sondern kann seinerseits nur seine Autorität und die auf ihr beruhenden sozialen Beziehungen, wie etwa Lehnstreue oder die kirchliche Hierarchie, einsetzen. Gerade der Einsatz religiöser Legitimation, beim Kirchenbann offensichtlich, beim Königsbann ebenfalls deutlich, weist auf das Fehlen eines Zwangsapparates hin. Die Gottesfriedensbewegung, die vor den Landfrieden um die Zurückdrängung der Fehde bemüht war, stützte sich zunächst vor allem auf die Exkommunikation als Sanktion gegen den Friedensbrecher. Die Bestrebung, „bindende" sprachliche Formeln für Exkommunikation and Bannflüche zu finden, etwa in der altenglischen Excommunicatio oder im altnordischen Urfehdebann durch dichterische Steigerung und Reihung von Paarformeln in der Rechtssprache,[75] weist auf die Schwierigkeit, die Rechtsgemeinschaft auf den Ausschluß eines Mitgliedes zu verpflichten. Der Staat mit Zwangsapparat und Monopol legitimer Gewalt bedarf weder des Mittel von Acht und Bann noch einer dichterisch-magisch bindenden Rechtssprache.

Auch die Verbindung von kirchlichem und weltlichem Bann seit Friedrich II. zeigt, wie die Wirkungsschwäche dieser Maßnahmen durch ihre Bündelung vermindert werden sollte: Geistliches und weltliches Schwert hatten sich darum Hilfe zu leisten. Die Befolgung des Gebotes sozialer Isolierung war angesichts der Gruppenkohärenz der mittelalterlichen Vergesellschaftungen nicht einfach zu erreichen. Die Konsensbildung des dinggenossenschaftlichen Verfahrens, wenn wir hier etwa an das Königsgericht und die Ächtung Heinrichs des Löwen denken, war sicher ein Mittel, nicht nur die Legitimität des Inhaltes des Urteils, sondern auch seinen Vollzug zu sichern. Das galt selbst für die Autorität und die Machtmittel der Kirche. Andererseits war in dem Moment, als im Spätmittelalter die Kirche als „der erste Staat" (H. J. Berman) ihre bürokratisch-hierarchische Organisation und die Beachtung ihrer Sanktionen ausreichend gefestigt hatte, der Gang zum kirchlichen Gericht auch in weltlichen Sachen attraktiv, weil der Vollzug des Urteils durch den Kirchenbann weitgehend gesichert war: bekanntlich ein wichtiger Weg für das Eindringen des ius commune in die Ordnung der Rechtsgewohnheit im nördlichen Europa, mithin der sogenannten Rezeption.

4. Der Gerichtszwang

Der Gerichtszwang als *districtus, ius distringendi* taucht nicht erst in der oben betrachteten ronkalischen Gesetzgebung Barbarossas auf. Er begleitet vielmehr

---

[75] Dazu *Gerhard Dilcher*, Paarformeln in der Rechtssprache des frühen Mittelalters. Darmstadt 1961,bes. S. 35-39; zum Urfehdebann *Walter Vogt*, Altnorwegens Urfehdebann und des Geleitschwur. Forschungen zum deutschen Recht II, 1936.

die mittelalterliche Gerichtsverfassung seit fränkischer, vor allem karolingischer Zeit[76]. Er steht dem Richter als Leiter des Verfahrens zu, vor allem dem Grafen und bei seinem Ausschluß aus einer Immunitätsherrschaft dem Grundherren. Bei der „passiven" Form der Immunität, bei der nur der *districtus* des Grafen ausgeschlossen, dem Immunitätsheren aber nicht das Gericht übertragen ist, findet eine Trennung der Zwangsgewalt zur Ladung durch den Immunitätsherrn von der Gerichtsgewalt des Grafen statt[77]. Erst damit ist Durchführung des Verfahrens von der Ladung bis zur Vollstreckung für den Immunitätsbereich garantiert, wenn nicht der Grundherr die Gerichtsbarkeit selbst übertragen erhält.

Was die normativen Quellen freilich nicht sagen, ist dies, wie ein gerichtliches Zwangsrecht in einer Gesellschaft legitimer Fehde und fehlenden staatlichen Gewaltmonopols vorzustellen ist. Wenn unter der starken karolingischen Herrschaft ein Kapitular anordnen muß, *distringantur ad pacem, etiamsi noluerint,*[78] so zeigt die Formulierung plastisch die Divergenz zwischen friedewahrender Königsherrschaft und gewaltbereiter Gesellschaft. Bedeutete schon die Klage selbst einen Zwang, sich auf das Rechtsverfahren vor Gericht einzulassen? Die Lex Salica beginnt mit einer strafbewehrten Ladung, dem *mannire.* Wie aber wird dies durchgesetzt? Es fehlte dem Richter, auch dem Grafen an einem selbstverständlichen staatlichen Zwangsapparat. Wenn es dafür zum Aufgebot der Vasallen oder der Rechtsgenossen kam, so mußte dies der Rechtsdurchsetzung fehdehafte Züge verleihen, wie es ja auch später bei den Landfrieden der Fall ist. Die Rechtsdurchsetzung wird dann zur Machtfrage. Es ist so leicht einzusehen, daß der Zerfall der karolingischen Machtstrukturen unmittelbar zu einer Schwächung des gerichtlichen Rechtsaustrags führen mußte.

Die große Bedeutung, die das Problem der Ladung und des Ladungsungehorsams während des ganzen Mittelalters und bis in die Neuzeit hinein einnimmt, zeigt deutlich, wie es sich bei der Verfahrenseinleitung um

---

[76] Die Durchsicht der einschlägigen Lexika (Georges, Lat.-deutsches Hwb., DuCange, Glossarium, J.F. Niermeyer, Mediae Latinitatis Lexicon minus) zeigt, wie *distringere, districtus, districtio* nach zaghaftem Anfang in der Spätantike seit dem Frühmittelalter eine breite rechtliche Bedeutung gewonnen hat. Die Nachweise stammen zumeist aus der Karolinger- und Ottonenzeit. Die Durchsicht der Register der Diplomatabände der MGH, etwa zu Konrad III. und vor allem Friedrich I., ergibt eine ausgiebige weitere Verwendung, meist in Zusammenhang mit dem Gericht oder Abgabenerhebung. Eine Wort- und Begriffsgeschichte fehlt ebenso wie eine Sach- und Problemgeschichte. S. a. oben unter II. 1., etwa die Lit. Anm. 34 und den Aufsatz von Andenna Anm. 44.

[77] Um hier zu differenzieren, wäre nach wie vor eine Auseinandersetzung mit der klassischen Monographie von *Hans Hirsch*, Die hohe Gerichtsbarkeit im deutschen Mittelalter, 1922, [2] Darmstadt 1958, notwendig.

[78] Capitulare italicum Pippins von 793, zit. nach DuCange, Glossarium, s. v. distringere.

eine prekäre Gelenkstelle der Durchsetzung des Rechts handelte[79]. Mit einem konsequent durchgesetzten obrigkeitlichen Ladungszwang endet die „Selbstgewalt“. Weil diese aber nun über weite Teile des Mittelalters eine Wirklichkeit des Rechtslebens darstellt, bleibt die Zwangsgewalt des Gerichts solange unvollkommen. Das Nebeneinander der Inanspruchnahme oberster Zwangsgewalt durch Friedrich Barbarossa mit dem mühsamen Einschwören der Großen wie der gesamten Bevölkerung auf den jeweils erlassenen Landfrieden zeigt gerade dies überdeutlich.

5. Die Eidgenossenschaft als Zwangsapparat

Die bisher erörterten Durchsetzungmechanismen betreffen anerkanntes Recht, also Rechtsgewohnheit; in der germanischen Rechtsterminologie entspricht dies wohl *ewa*, ags. *aew* u. ä.[80] Wie bei der Rechtsfindung im Ding, so ergänzen sich auch bei der Durchsetzung herrschaftliche und genossenschaftliche Elemente. Auf dieser Grundlage konnte das romanisch-germanische Europa des Ersten Mittelalters aber nicht zu einer Eliminierung der „Selbstgewalt“ der Fehde gelangen; diese war offenbar dem entsprechenden Rechtsbegriff eingeschrieben. Der Aufbruch zur Schaffung eines Rechtsfriedens, der die Selbstgewalt ausschließt zugunsten des Primats und schließlich Monopols öffentlicher Gewalt, vollzieht sich im 12. Jahrhundert durch zwei Friedensbewegungen, die neue Institutionen schaffen: Den Landfrieden und den Stadtfrieden. Während der erstere zeitlich, örtlich und personell bis zum Ausgang des Mittelalters noch Raum für (stark beschränkte) Fehde läßt,[81] schließt der Bürgerfriede der Stadt die Selbstgewalt normativ aus und setzt dies auch weitestgehend durch.[82]

Für unseren Gesichtspunkt sind nicht diese Unterschiede, sondern die Gemeinsamkeiten beider wichtig. Für die Durchsetzung des Friedens bedarf es neuer, weitergehender und genauerer Normen. Sie werden in beiden Fällen durch Eid der Rechtsgenossen verbindlich gemacht: Es handelt sich nicht um Rechtsgewohnheit, sondern um Willkür, um Einungsrecht. Sie werden

---

[79] Dazu *Sellert*, Art. Ladung, cit., auch Hirsch, Die hohe Gerichtsbarkeit, *Kroeschell*, Deutsche Rechtsgeschichte a.a.O.

[80] *J. Weitzel*, Dingenossenschaft Bd. 2, S. 1374 ff. zustimmend zu *G. Köbler*, Das Recht im frühen Mittelalter, Köln, Wien 1971.

[81] Träger und Instrumentarien des Friedens im hohen und späten Mittelalter (VuF XLIII), hg. v. Johannes Fried, Sigmaringen 1996; *Elmar Wadle*, Landfrieden, Strafe, Recht. Berlin 2001.

[82] *Gerhard Dilcher*, Rechthistorische Aspekte des Stadtbegriffs (1973), jetzt in ders., Bürgerrecht und Stadtverfassung im europäischen Mittelalter. Köln, Weimar, Wien 1996, S. 67 ff., 71ff.; *Gerhard Dilcher*, Die Rechtsgeschichte der Stadt, in K. S. Bader-G. Dilcher, Deutsche Rechtsgeschichte, Berlin Heidelberg 1999, bes. S. 380 ff., 642 ff.

schriftlich festgelegt, eine neue Normqualität, was Konstanz und Überprüfbarkeit betrifft.[83]

Unsere Sicht vom Rechtszwang her bestätigt überraschend deutlich ihre Fruchtbarkeit. Um das neue Recht wirksam werden zu lassen, werden zusammen mit der eidlichen Verwillkürung der Normen die Eidgenossen auch als „Zwangsapparat" zur Durchsetzung derselben rekrutiert. Sie verpflichten sich, den Friedensbrecher als gemeinsamen Feind zu verfolgen. Das wird in den Landfrieden immer wieder ausdrücklich beschworen, nicht nur in dem oben betrachteten rokalischen, sondern auch in den ältesten deutschen.[84] In der Stadt stehen die Bürger darüber hinaus als Friedensbewahrer in jeder konkreten Situation, wie auch als Kontrollapparat für die Anwendung des städtischen Rechts in der Pflicht.[85]

IV. Folgerungen zu Zwang, Recht und Konfliktschlichtung

1. Rechtsüberzeugung als Legitimation von Zwang

All diesen Reaktionen liegen, wie wir zeigten, Überzeugungen der Rechtsgemeinschaft von „Ordnung" und ihrem Bruch durch bestimmte Handlungen zugrunde. Die Anwendung von Zwang wurde also in erheblicher Weise von der Autorität des Rechts legitimiert. Bei einer Ordnung schriftloser Rechtsgewohnheit, also innerhalb einer oralen Kultur, liegt die Schwierigkeit darin, daß der intersubjektive Inhalt dieser Ordnung stets unsicher bleibt und von Fall zu Fall durch Konsens festgestellt werden muß. Außerdem geht es bei wechselseitiger Gewalttat darum, wem die Täter-, wem die Opferrolle zukommt. Wessen Gewalt ist also rechtmäßig, gegen wen aber ist andererseits Zwang gerechtfertigt? Die Kirche hat hier, um Gewalt einschränken zu können, die Lehre von der Notwehr und vom gerechten Krieg entwickelt, mit dem Ziel, aber auch der Schwierigkeit, die Täter- und Opferrolle nach inhaltlichen Kriterien zu bestimmen. Der Gedankenwelt der germanischen Stammesgesellschaften, aus der Fehdewesen und Bußausgleich als Konfliktlösungsmechanismen stammen, war beides fremd. Deshalb konnte der Ausschluß der Legitimität innergesellschaftlicher Gewalt und ein öffentliches Strafrecht erst entstehen, als

---

[83] *Gerhard Dilcher*, Oralität, Verschriftlichung und Wandlungen der Normstruktur in den Stadtrechten des 12. und 13. Jahrhunderts, in: Pragmatische Schriftlichkeit im Mittelalter, hg. v. Hagen Keller u. a., München 1992, S.9 – 19 Jetzt in: *G. Dilcher*, Bürgerrecht und Stadtverfassung, cit., S. 281 – 300.

[84] Vgl. etwa den Schwäbischen Landfrieden von 1104, Zeumer nr.4, Weinrich nr. 45, c. 9.

[85] *G. Dilcher*, in: Bader-Dilcher, Deutsche Rechtsgeschichte, cit., S. 651/652 (Friedegebot), S. 325, 534ff. (Marktordnung).

sich kirchliches Denken und entstehende Staatsgewalt im Laufe des Spätmittelalters und der Frühen Neuzeit verbanden.

Zurück zu dem Problem, wie die konsensuale „Überzeugungsordnung“[86] der Rechtsgewohnheiten und die Formen vorstaatlichen Zwanges in Interaktion treten. Mir scheint, daß eine spanische Quelle des 13. Jahrhunderts darauf ein Schlaglicht wirft. Es handelt sich um ein kastilisches Fuero, also eine weistümliche Rechtsentscheidung aus Rechtsgewohnheit[87]. – Der Sohn eines Alkalden, also eines örtlichen „Rechtshonoratioren“ mit richterlichen Funktionen, dringt nachts in ein Haus des Städtchens ein und stiehlt das Reisegepäck einer Gruppe von Deutschen, die dort übernachteten. „Die Deutschen ergriffen ihn und erhoben Gerüfte (*fisieron apellido)*, und es kamen viele Leute von der Stadt herzu; und das war nachts, und sie verhafteten ihn des anderen Tags und führten ihn vor die Alkalden und die ehrenwerten Leute; und die entschieden, man solle ihn erdrosseln für diese Tat, weil er schlechten Leumund (*mal testimonio*) hatte; und es erdrosselten ihn sein Vater und seine Verwandten (*parientes)*, und sie drehten so lange am Strick, bis er tot war.“

Die Rechtsquelle aus der Welt des romanischen Südeuropa des späteren Mittelalters beeindruckt durch die archaische Wucht des Berichts. Die Reaktion der geschädigten Deutschen erfolgte auf handhafter Tat, unter sofortiger „Verklarung“ unter der Öffentlichkeit der herbeigeeilten Stadtbevölkerung. Das germanische Gerüfte wird ohne Schwierigkeit in das bedeutungsgleiche *apellido* übersetzt. Offenbar bestanden über dieses wie über das weitere Vorgehen zwischen den Deutschen und den einheimischen Kastilianen keine unterschiedlichen Rechtsüberzeugungen. Der „Zwangsapparat“ besteht zunächst aus den Bestohlenen selbst, der sich durch das Gerüfte legitimiert, dann der Stadtgemeinschaft, schließlich ihren Organen. Das Urteil wird im dinggenossenschaftlichen Verfahren mit den Alkalden als Amtsträgern und ehrenwerten Leuten als Gerichtsgemeinde gefällt. Den „Zwangsapparat“ zur Vollstreckung stellt der eigene Vater des Täters, der als Alkalde gleichzeitig eine amtliche Funktion hat, sowie dessen Verwandte – insofern also ein Aspekt von Haus- und Sippenstrafrecht. – Die normativen Überzeugungen, die den Hergang beherrschen und leiten, sind ebenso einfach wie klar – und übrigens im gesamten europäischen Mittelalter verbreitet: Der heimliche, nächtliche Diebstahl stellt ein gemeinschaftsschädliches und ehrenrühriges Vergehen dar. Gegen ihn ist öffentlich gemachte Gewalt der Betroffenen unter Beteiligung der Nachbarn und der Rechtsgemeinschaft erlaubt und geboten. Bei der Bestrafung kommt der schlechte Leumund des Täters erschwerend hinzu. Die Rechtsfolge

[86] Zum Recht als gelebte Überzeugung *J. Weitzel*, Dinggenossenschaft und Recht, cit. S. 1347 f. u. ö. (Register).

[87] Germanenrechte Bd. 12: Altspanisch-gotische Rechte, hg. v. Eugen Wohlhaupter. Weimar 1936. S. 38/39 Nr.273. Die Quelle wurde mir bekannt durch die Quellen zur Vorlesung von Adalbert Erler, Vittorio Klostermann, Frankfurt am Main 1959, Nr. 113, S. 26.

ist deshalb klar: „Den Dieb soll man hängen“[88]. Die Beteiligung von Vater und Sippengenossen stellt sowohl einen Akt der Trennung und Ausstoßung aus der Rechtsgemeinschaft der Sippe wie der Reinigung von deren Ansehen gegenüber der größeren Rechtsgemeinschaft der Stadt dar.

Wir können nun versuchen, zu einer Präzisierung der Bedeutung der „Ordnung“ der Rechtsgewohnheiten im Verhältnis zu ihrer Erzwingung anhand des Kriteriums der Zwangsgewalt zu kommen.
Wir konnten in den vor- und frühstaatlichen Verhältnissen des Mittelalters vier Formen des Aufgebotes von Durchsetzungsgewalt feststellen. - Die erste ist die des Ausschlusses aus der Rechtsgemeinschaft, die häufig auch den Zwang zur räumlichen Trennung beinhaltet. - Die zweite besteht im Aufgebot von Verwandtschaft und Helfern zur Gewaltanwendung gegen die entsprechende Gruppe der Täterseite. Die Rechtsgemeinschaft als solche bleibt unbeteiligt. - Die dritte stellt sich dar im Handhaftverfahren, in dem aufgrund des offenkundigen gegenwärtigen Rechtsbruchs vom Verletzten die Nachbarschaft, d. h. die erreichbaren Mitglieder der Rechtsgemeinschaft als Zwangsapparat (und daneben zur „Verklarung“, zur öffentlichen Feststellung der Rechtmäßigkeit der Gewaltanwendung) aufgeboten werden. - Die vierte Form erst stellt der Gerichtszwang dar, der auf Handhaftverfahren oder Ladung und Einlassung auf das Verfahren, zunehmend auch auf einem „Ladungszwang“ (districtus) beruht. Dieser greift als Sanktionsmittel hilfsweise, wo unmittelbare Gewaltmittel nicht reichen, auf die Acht zurück und ist bis zur Ausmerzung von Selbstgewalt und Fehde und Herstellung des staatlichen Gewaltmonopols immer fraglich und prekär, d. h. eine Machtfrage, besonders im Verhältnis des Königsgerichts zu den Großen. Ergänzend konnten wir Formen der eidlichen Unterwerfung und gleichzeitig Bildung eines genossenschaftlichen Zwangsapparates beobachten. Da hier, im Landfriedens- wie im Stadtrecht, gleichzeitig auf demselben Wege neues Recht in Kraft gesetzt (verwillkürt) wird, verlassen wir aber hier schon den Bereich der Rechtsgewohnheit.

Hinter den verschiedenen Erzwingungsformen lassen sich gemeinsame normative Vorstellungen sozialer Ordnung erkennen. Wir haben sie Rechtsgewohnheit genannt, als Unterscheidung von Gewohnheitsrecht, um ihren noch nicht voll ausdifferenzierten, aber doch durch die Erzwingbarkeit schon teilweise dem Recht, und nicht nur Brauch und Sitte zugehörigen Charakter zu kennzeichnen. Insgesamt ist sie Teil der Lebensordnung, deren Einhaltung nicht notwendig oder immer Gegenstand zwangsverbundener Sanktion sein muß. Vor allem soweit sie oral überliefert wird, unterliegt sie den Regeln dieses Mediums in Bezug auf Wandel und Spontaneität. Wir müssen die Rechtsgewohnheit also

---

[88] So auch im Sachsenspiegel, Ldr. II 13 1. Auch nach der Constitutio Criminalis Carolina von 1532 c. 162 erfolgt beim „dreifachtigen diebstal“ Hinrichtung des Mannes mit dem Strang.

im Lichte der andersartigen Regeln dieser Form des kulturellen Gedächtnisses[89] sehen. Ihre Konturen sind unscharf, der Normbegriff ist ein anderer als der einer Schriftkultur mit einem geschärften Bewußtsein für Stabilität und Überprüfbarkeit am feststehenden Text[90]. Die jeweilige Anwendung erfolgt durch kollektiven Akt mit einer gewissen Spontaneität. Ein solcher kann das Handhaftverfahren und Spurfolge sein oder der Beginn einer Fehde. Ein solcher ist auch die Urteilsfindung im dingenossenschaftlichen Gericht. Die Strenge von Formen und Ritualen wie auch die strengen Regeln der Ranggesellschaft sind aber Faktoren, die die Spontaneität ausbalancieren, Elemente von Rationalität und Berechenbarkeit also. Hinzu kommen die Wörter einer auf dem Kontinent schon in den Leges mit den volkssprachlichen Wörtern bezeugten Rechtssprache. Die Tradition, die Lebensordnung sind dadurch von der Überzeugung der Verbindlichkeit getragen und gewinnen handlungsleitende Funktion.

2. Gewohnheit als Legitimation von Recht: Theorien des 12. Jahrhunderts

Bemerkenswerterweise hat sich an der wichtigsten Schnittstelle zwischen überwiegend oraler und vordringender schriftlicher Rechtskultur in mehreren Quellen eine präzise Reflektion des entsprechenden Rechtsbegriffs niedergeschlagen, nämlich im Italien des 12. Jahrhunderts.

Der Mönch Gratian setzt an den Anfang seiner bald maßgebenden Sammlung des kanonischen Rechts Definitionen des Rechtsbegriffs[91]. Er geht dabei von den Etymologien des Isidor von Sevilla aus, die die antike Begriffsverwendung zusammenfassen. – Isidor bezeichnet *ius* als nomen generale oder Oberbegriff, *lex = constitutio scripta* als species, also als Unterbegriff. Der zweite, zu *lex* parallele Unterbegriff ist *mos*: *omne autem ius legibus aut moribus constat.* Mos wird dann weiter als *longa consuetudo de moribus tracta* umschrieben. Consuetudo stellt also nur einen Ausschnitt der mores dar. *Consuetudo* tritt für Isidor dort als *ius* an die Stelle der *lex*, wo es an dieser fehlt. – Wir können dies als genaue und treffende Abgrenzung von Schriftrecht, Gewohnheitsrecht und Brauch oder Sitte in einer auf Schrift beruhenden Rechtkultur akzeptieren.

Gratian knüpft nun an die Aussage Isidors kommentierend an. Es komme nicht darauf an, ob die *consuetudo* auf Schriftlichkeit oder ratio beruhe. Er stellt seinerseits fest, consuetudo sei zum Teil verschriftlicht (*redacta in scriptis*), zum

---

89 Dazu: Memoria in der Gesellschaft des Mittelalters, hg. v. Dieter Geuenich u. Otto Gerhard Oexle, Göttingen 1994. Memoria als Kultur, hg. v. Otto Gerhard Oexle, Göttingen 1995.

90 S. dazu den in *) am Anfang zitierten Aufsatz.

91 Nämlich zu Beginn des sog. Decretum Gratiani, also auch des späteren Corpus iuris canonici, Tit. De iure naturae et constitutionis , Dist. prima. Vgl. dazu *Udo Wolter* in dem Bande Dilcher u. a., Gewohnheitsrecht und Rechtsgewohnheiten, wie Anm. 16.

Teil *moribus utentium reservata*, also schriftloser Brauch. Danach kommt Gratians eigene Rechtdefinition, die unbemerkt diejenige Isidors umdreht: Der verschriftlichte Teil heiße *constitutio* oder *ius*, der nicht verschriftlichte aber werde mit dem nomen generale, also dem allgemeinen Begriff *consuetudo* bezeichnet. Consuetudo kommt somit sowohl in einem allgemeinen wie einem speziellen Sinne vor. - Die Begriffshierarchie ist damit von Gratian umgedreht worden: Während bei Isidor *ius* als Oberbegriff über *lex = constitutio* und *mores = longa consuetudo* steht, nimmt bei Gratian *consuetudo* die Rolle des Oberbegriffs über constitutio = ius (Schriftrecht) und mores, die auch consuetudo heißen können (nichtschriftliches Recht), ein. Alles Recht, verschriftlichtes wie mündlich tradiertes, beruht also für Gratian auf Gewohnheit oder Brauch.

Gratian beschreibt mit dieser Ordnung der Begriffe genau die Rechtsgewohnheit. Die Lebensordnung (*mores utentium*) mit den in ihnen enthaltenen normativen Überzeugungen ist als *consuetudo* gleichzeitig Recht. Nur wenn sie verschriftlicht ist, heißt sie *constitutio* oder *ius*.
Zur Veranschaulichung seien die beiden Rechtsdefinitionen noch einmal nebeneinander gestellt:

Isidor: Ius = generale nomen

↙ ↘

Leges | mores=longa consuetudo

Gratian: Consuetudo=generale nomen

↙ ↘

Consuetudo in scriptis redacta =constitutio sive ius | moribus utentium reservata =generale nomen = consuetudo

Dies ist weder die einzige noch die allein maßgebende Rechtsdefinition des kanonischen Rechts. Daß aber Gratian dieses ganz veränderte Normverständnis in der Erläuterung Isidors so in die Feder fließt, zeigt die Übermacht der Seinsordnung für das damalige Bewußtsein und die noch fehlende Ausdifferenzierung des Rechts aus derselben. Wenn an dieser Stelle obrigkeitliche Rechtsetzung und Rechtszwang gar nicht thematisiert werden, so entspricht dies dem Verständnis dieser normativen Ordnung. Erst an anderer

Stelle entwickelt Gratian dann im Sinne der kirchlichen Reformbewegung *ratio* und *veritas* als übergeordneten normativen Maßstab über der Verrechtlichung der Seinsordnung[92].

Eine zweite Quelle an der Schnittstelle zwischen Schriftrecht und Gewohnheit aus dieser Zeit äußert sich zu der Rangordnung der beiden Rechtsquellen Schriftrecht und Gewohnheit, und auch dies in einer für eine Rechtsordnung staatlichen und schriftlichen Rechts ungewohnten Weise. Etwa zur Zeit der Begegnungen Friedrich Barbarossas mit den Bologneser Doktoren schreibt der Mailänder Konsul Ubertus de Orto für seinen in Bologna studierenden Sohn eine Abhandlung zum Lehnrecht[93], die später zu einem der wichtigsten Texte des gelehrten Lehnrechts der Libri Feudorum wird. Ubertus unterscheidet als Rechtsgrundlage für die Fallentscheidungen der Gerichte das römische und das langobardische Recht und die Gewohnheit, die nach Regionen und Gerichtshöfen verschieden sei. Angesichts der daraus entspringenden Schwierigkeiten, *consuetudo* und *mores* genau festzustellen, will er sich für seine Darstellung auf den *usus feudi* seiner Region beschränken. Dieser sei aber auch dann verbindlich, wenn er gegen das Schriftrecht (*leges*) verstoße. Das römische Recht (*leges romanarum*) habe nämlich keine solche Autorität und Kraft, daß es Brauch und Sitte (*usum aut mores*) überwinden könne. Wo die Lehnsgewohnheit dagegen nicht betroffen sei, könne man ohne Bedenken schriftliches Recht (*lex scripta*) anwenden.

Die Ausführungen des Mailänder Konsuls zeigen sehr deutlich das Bewußtsein der Strukturverschiedenheit von Schriftrecht und Gewohnheit bei einem in der Rechtspraxis erfahrenen Zeitgenossen, der das Aufkommen des römischen Rechts durch die Lehre der Doktoren beobachtet. Die Geltungskraft der Lebensgewohnheit liegt für Ubertus in ihr selbst, in ihrer tatsächlichen Übung. Das Schriftrecht bedroht durch seinen Geltungsanspruch die Anwendung der Gewohnheit. Dieser aber wird vom Rechtspraktiker Vorrang vindiziert – ein Vorgriff auf die spätere Statutentheorie. Gleichzeitig wird vom Autor selbst die Verschriftlichung der Lehnsgewohnheit (nach Gratian also als *consuetudo redacta in scriptis*) eingeleitet und ihr dadurch eine festere und widerstandsfähigere Struktur gegeben, die es dann ermöglicht, daß das langobardische Lehnrecht, wenngleich aus Gewohnheit entstanden, mit dem römischen Recht europaweit rezipiert wird.

Diese Rechtsdefinitionen gehen alle von der Anwendung des so beschriebenen Rechts im Gericht aus. Der Rechtszwang wurde darum nicht thematisiert. Daß er zur gleichen Zeit noch keineswegs gefestigt war, haben wir

---

[92] Decretum Gratiani D VIII c.4 ff. mit dem Topos Christus veritas, non consuetudo. Dazu Dilcher, Rechtsgewohnheit cit. S. 56 mit Anm. 117. (Dort das Zitat zu korrigieren in Dist. VIII)

[93] Consuetudines Feudorum . I Compilatio antiqua, ed. Carolus Lehmann. Göttingen 1892, S. 24: VIII In quibus rebus feudum consistere possit. = LF II 1 pr.

zuvor gesehen. Darum soll das Problemfeld noch einmal in dieser Richtung geöffnet werden.

3. Recht, Gericht und „Spielregeln der Politik“

Eine Frage, die uns noch zu beschäftigen hat, betrifft das Verhältnis von gerichtlichem Verfahren zu den „Spielregeln der Politik“ und beider zu dem normativen Bereich, den wir mit Ordnung und Rechtsgewohnheiten bezeichnet haben. Bei alldem geht es um Konflikt und Konfliktbereinigung, Wiederherstellen gestörter sozialer und/oder politischer Ordnung. Die in letzter Zeit entschieden vorangetriebene Forschung in der einen (Jürgen Weitzel)[94] wie in der anderen Richtung (Gerd Althoff)[95] hat zu Meinungsunterschieden geführt[96], die auf unserer Tagung angesprochen, aber nicht ausdiskutiert werden konnten. Kann die Betrachtung unter dem Aspekt der Zwangsgewalt zu einer Klärung beitragen? Der Versuch dazu soll unternommen werden.

Die streitigen Punkte sind vor allem von Begriffen wie Gesetz, Regel, Recht, Unrecht, Macht Politik, Öffentlichkeit bezeichnet. Es handelt sich also um Begriffe und Bereiche, die sich heute als untereinander ausdifferenziert darstellen, es im Mittelalter jedoch so nicht sind. Sie werden von der Wissenschaft in Bezug auf das Mittelalter in oft changierendem Sinne gebraucht. Gerade um diesen hermeneutischen Verstrickungen wenigstens zunächst zu entgehen, haben wir den Zugang über den eher rechtssoziologisch denn rechtshistorisch profilierten Begriff der Zwangsgewalt gewählt.

Hier nun ist deutlich, daß bei den Formen und Ritualen der „Spielregeln der Politik“ auf den Einsatz der Zwangsgewalt des Königs verzichtet wird, vielmehr auf anderen Wegen, unter Einsatz der von Gerd Althoff analysierten Inszenierungen, ein Konflikt gelöst und Ordnung wiederhergestellt werden soll. In der überwiegenden Zahl der Fälle handelt es sich um Konflikte zwischen dem König und einem der hochadligen Großen des Reiches. Der König wählt in diesen Fällen also einen Weg der Konfliktbereinigung, auf dem er seine in diesem Bereich stets fragliche Zwangsgewalt nicht auf die Probe stellen, er außerdem nicht die Rechtsüberzeugung von Urteiler und Rechtgenossen im Hofgericht erfragen muß. Wie mühsam jener gerichtliche Weg für den König sein konnte, zeigt die Analyse des Verfahrens vor Barbarossa gegen Heinrich den Löwen, das dann dank sorgfältiger politischer Vorbereitung und Einhaltung aller Formen des land- wie des lehnrechtlichen Verfahrens zur Verurteilung des

---

[94] Beginnend mit: Dinggenossenschaft und Recht, cit. bis zu dem Aufsatz in diesem Bande.

[95] Vor allem die in: Spielregeln der Politik im Mittelalter. Kommunikation in Frieden und Fehde. Darmstadt 1997, gesammelten Aufsätze. Dazu auch *sein* Beitrag in diesem Bande.

[96] Vgl. die Rezension von *Jürgen Weitzel* in ZRG GA 117 (2000) S. 689 ff. mit grundsätzlicher Kritik an dem bei *Althoff* deutlich werdenden mangelnden Verständnis von Recht.

Herzogs (wegen Ladungsungehorsams!), Lehnsverlust und Verbannung führte[97]. Wie ich an anderer Stelle zeigen konnte, zeigte der Staufer eine gleiche Sorgfalt im Verfahren vor Reichsversammlung und Hofgericht in Italien, als es um die Bannung Mailands im Sommer 1158 ging[98]. Die Abgesandten der lombardischen Metropole sahen sich hier zu ihrem Erstaunen einem Prozeß *stricti iuris* ausgesetzt, statt über Buße und Wiederaufnahme in die Huld des Herrschers verhandeln zu können. Neben der korrekten Durchführung des Verfahrens (mit peremptorischer Ladung nach römischem Recht) hatte Barbarossa sich der Gewinnung eines ausreichenden militärischen Zwangsapparates zur Belagerung und Niederwerfung Mailands versichert – neben seinem eigenen Heeresaufgebot bestehend aus den italischen Verbündeten, vor allem den städtisch-kommunalen Gegnern Mailands. Die Rechnung ging auf, die Belagerung Mailands war erfolgreich. Dem Sieg des Kaisers folgte die durch rituelle Unterwerfung dargestellte Anerkennung des erhobenen Rechtvorwurfs des Majestätsverbrechens durch die Mailänder, in Form der abgesprochenen *deditio*, zu der u. a. das Schwert am Halse der Honoratioren, die Schlinge an dem der Bürger als Zeichen der verdienten Todesstrafe bei der demütigen und demütigenden Prozession gehörte. Gerade dies bedeutete also Anerkennung der staatlichen Hoheit, von Gerichts- wie Zwangsgewalt in der Hand des Kaisers. Das römische Majestätsverbrechen, anders als der Vorwurf des Bruches von Lehnstreue, bezieht sich auf ein Untertanenverhältnis und kennt kein Widerstandsrecht. Im Falle Mailands gehen das Rechtsverfahren - von der Geschichtswissenschaft zu wenig beachtet, vom Geschichtsschreiber Rahewin aber sorgfätig notiert – und die spätere rituelle, öffentlich inszenierte Unterwerfung also Hand in Hand. Sie ergänzen sich, die letztere ist Teil des Urteilsvollzuges; die beiden Formen schließen sich also in keiner Weise aus, sie ergänzen sich vielmehr. Sie beziehen sich beide auf dieselbe Rechtsgrundlage. Diese ist hier der Tatbestand des römisch-rechtlichen *crimen lesae maiestatis*, nicht die vage Rechtslage der Fidelitätsverletzung.

Vermutlich würde sich auch in anderen Konfliktfällen erweisen lassen, daß nicht nur die Einschätzung der zur Verfügung der Parteien stehenden militärischen Machtmittel, sondern auch die Schwere und Art der vorgeworfenen Normverstöße, also die „Rechtsfrage“, die den vereinbarten Formen der Konfliktbeilegung nach „Spielregeln“ zugrunde lag, für die

---

[97] *Karl Heinemeyer*, Der Prozeß Heinrichs des Löwen, in: Der Reichstag von Gelnhausen, hg. v. Hans Patze. Marburg- Köln 1981, auch in BDLG 117 (1981), S.1 – 16.

[98] *Gerhard Dilcher*, Die staufische Renovatio im Spannungsfeld von traditionalem und neuem Denken – Rechtskonzeptionen als Handlungshorizont der Italienpolitik Friedrich Barbarossas, demnächst in der HZ und italienisch im Tagungsband „Il Secolo XII: La Renovatio dell' Europa“ in der Reihe der Annali del Istituto Italo- Germanico in Trient.

Möglichkeit und Art der rituellen Beilegung von Bedeutung war.[99] Wie Althoff richtig darlegt, ist hier die in Bezug genommene Norm meist die typisierte personenrechtliche Beziehung in ihrer der Lebenswirklichkeit entsprechenden Unbestimmtheit, etwa *fidelis esse sicut debet homo domino suo,* eventuell sogar mit dem Zusatz *per diricturn,* nach Recht.[100] Hier stoßen wir dann also auf normative Vorstellungen von Ordnung und aus ihr abgeleiteter Rechtsgewohnheit in der angesprochenen vagen Form, die entweder subjektiver Vorwurf bleibt oder der Konkretisierung durch Vorschlag und Konsens bedarf. Die Spielregeln wären dann so spielerisch nicht, sondern bezögen sich doch auf die Wiederherstellung von Ordnung im gleichen Sinne, wenn auch mit anderen Mitteln als in einem Rechtsverfahren. Wenn kürzlich die Ehre von Herrscher und Reich als Maßstab des Politik Friedrich Barbarossas vorgestellt worden ist[101], würde dies durchaus in den Rahmen passen und den normativen Maßstab bezeichnen, der für den Kaiser Wiederherstellung seines Rechts bedeutete. Daß die anderen Wege der rituellen Unterwerfung auf Gnade, des Sühnevertrages oder des Schiedsverfahrens, den Beilegungswillen beider Parteien vorausgesetzt, weniger aufwendig und außerdem berechenbarer, also rationeller wie rationaler waren als ein Rechts- und Erzwingungsverfahren, haben sie mit heutigen Verfahren außergerichtlicher Streitbeilegung durchaus gemeinsam. Was vorstaatliche und staatliche Verhältnisse nicht gemeinsam haben, ist dagegen die Unsicherheit, ob die Zwangsmittel ausreichen, um einem Urteil Geltung zu verschaffen. Davon unberührt bleibt aber die Frage nach den leitenden normativen Maßstäben, die der Konfliktbeilegung zugrunde liegen. Davon unberührt bleiben auch das Funktionieren und die Funktionen von Gerichten in den Bereichen der Gesellschaft, in denen die Wirksamkeit einer obrigkeitlichen, eventuell auch genossenschaftlichen Zwangsgewalt schon sicher begründet ist. Wenn die Inszenierungen der Streitbeilegung auf Mittel wie „Empörung, Tränen, Zerknirschung“[102] zurückgreifen können, so zeigt dies freilich auch, wie

---

[99] Das Ineinanderspielen der Möglichkeiten der Vermittlung und Schlichtung, des Schiedverfahrens und der Möglichkeit eines Gerichtverfahrens wird gesehen von *Hermann Kamp*, Friedensstifter und Vermittler im Mittelalter (Symbolische Kommunikation in der Vormoderne, hg v. Gerd Althoff u. a.) Darmstadt 2001. Normtheoretisch schärfer und genauer geht *Steffen Patzold*, inter pagensium nostrorum gladios vivimus. Zu den „Spielregeln“ der Konfliktführung in Niederlothringen zur Zeit der Ottonen und frühen Salier, in: ZRG GA 118 (2001) S.58 – 99 vor, der die Wahlmöglichkeit des Gerichtsweges und damit rechtlicher Normen immer im Hintergrund sieht.

[100] Darauf weist zutreffend *Gerd Althoff*, Spielregeln S. 286, 287 hin.

[101] *Knut Görich*, Die Ehre Friedrich Barbarossas. Kommunikation, Konflikt und politisches Handeln im 12. Jahrhundert (Symbolische Kommunikation in der Vormoderne, hg. v. Gerd Althoff u. a.). Darmstadt 2001, stellt eindrucksvoll den Honor Imperii als das Ziel der Konfliktbeilegung in den Vordergrund, beleuchtet jedoch zu wenig den inhaltlich-normativen Hintergrund der erreichten Ergebnisse, etwa des Konstanzer Friedens. Dazu aber demnächst *Gerhard Dilcher*, Die staufische Renovatio, cit.

[102] So *Althoff*, Spielregeln, S. 258 ff.

wenig der Rechtsbereich als abstrakt-normatives Modell von Tatbestand und Rechtfolge aus den allgemeinen Lebensnormen und Lebensformen, einschließlich der Darstellung menschlicher Emotionalität, ausdifferenziert ist. Zu vergessen ist dabei nicht, daß zu dieser Zeit die Sühne von Rechtbrüchen unter Freien keineswegs in Bestrafung, sondern in der Erbringung einer Buße bestand. Gerade unter der Herrenschicht des Hochadels konnte da eine symbolische Handlung, die die Rangverhältnisse neu festigte, mehr Bedeutung besitzen als Übertragung materieller Werte, der üblichen Form der *compositio*.

V. Auf dem Weg zum Staat

1. Gewaltunterworfenheit und Freiheit, Stand und Staatsbildung

Bei der Gewaltunterworfenheit handelt es sich aber auch um eine ständische Frage. Während die Rechtskonzeption des frühmittelalterlichen Stammesrechts wie des hochmittelalterlichen Landrechts die gesamte Gesellschaft (der Freien) umfaßte, setzte sich die Wirksamkeit von obrigkeitlicher Zwangsgewalt gegen autonome Selbstgewalt nur langsam von unten nach oben durch. Während in der Frühzeit jeder Freie den Weg der Fehde gehen konnte (in dem akephalen Island der Sagazeit geschieht dies bekanntlich in exzessiver Weise[103]), ist dies am Ende des Mittelalters ein, schon vielfach eingeschränktes, Vorrecht des ritterlichen Adels. Um dem Hochadel eine Unterwerfung unter Gerichtsgewalt zu ersparen, wurde vom Spätmittelalter bis ins 19. Jahrhundert neben das Gerichtsverfahren der formell freiwillige, d. h. nicht gewaltunterworfene Austrag (die Austrägalinstanz)[104] gestellt – ein Zeichen für die Zähigkeit, mit der der Adel an dem Rest von Autonomie gegenüber obrigkeitlicher Gerichts- und Zwangsgewalt festhielt.

Damit sind wir vielleicht an einer Kernvorstellung der aus den germanischen Völkern hervorgegangenen Gesellschaften, daß nämlich die vorbehaltlose Unterwerfung unter obrigkeitliche Gewalt etwas Standes- und Freiheitsminderndes sei, gelangt. Noch Eike von Repgow sieht die Unfreiheit begründet in Zwang, Gefangenschaft und unrechter Gewalt[105]. Wer, wie wir sahen, auf ehrloser Tat (nicht aber offener Tötung!) ergriffen wird, oder als Wiederholungstäter bösen Leumund hat, verliert mit seinem Ansehen, seiner Ehre dieses Freienrecht. Die langsame Ausbildung obrigkeitlich-staatlicher

---

[103] Lohnend nach wie vor *Andreas Heusler*, Das Strafrecht der Isländersagas, Leipzig 1911.

[104] Vgl. *F. Merzbacher*, Art. Austrägalinstanz, HRG I 273 f. Der kurze Artikel gibt wenigstens ansatzweise die große grundsätzliche Bedeutung einer Institution des Fürstenrechts wieder, die sich vom Spätmittelalter bis in den Deutschen Bund gehalten hat. Im LexMA fehlt das Stichwort.

[105] In der berühmten Freiheitsstelle Landrecht III, 42, 6.

Herrschaftsformen setzt also bei der Unterwerfung unter eine unbedingte Zwangsgewalt bei den unteren Schichten der Gesellschaft an, den Unfreien der Grundherrschaft, nur mit langsamer Einbeziehung der Freien, während der Hochadel diese Unterwerfung lange vermeiden kann. Darum mußte das Reichskammergericht als Friedensgericht des Reiches auch als Institution der Reichsstände geschaffen werden, damit die Gerichtsgewalt aus der eigenen Genossenschaft hervorging.

Es ist andererseits keineswegs verwunderlich, wenn wir der gerichtlichen Zwangsgewalt des *districtus* mit der Ausdehnung der Grundherrschaften und damit von Formen der Unfreiheit zunehmend schon in fränkischer Zeit begegnen. Die Frage, ob Gebots- und Zwangsgewalt (und auch peinliches Strafrecht!) ihren Ursprung in einer Disziplinargewalt des Herren über Unfreie hat, kann hier natürlich nicht ausdiskutiert werden. Doch taucht das *ius distringendi* deutlich und früh für die Herren der Immunitäten, also großer organisierter Grundherrschaften, auf. Gleichzeitig besagen die entsprechenden Urkunden auch einen Ausschluß der entsprechenden Gewalt des Grafen, also des Inhabers der Gerichtsrechte über die Freien. Der Frage nach deren Ursprung kann hier nicht mehr nachgegangen werden – war sie aus der Volksgerichtsbarkeit unter Leitung des Adels hervorgegangen oder leitete sie sich von einer Steigerung der germanischen Königsrechte unter dem Vorbild des römischen imperium ab? In der karolingischen Grafschaftsverfassung war Gericht(-svorsitz), Bann und Zwangsgewalt miteinander verbunden. Ähnlich finden wir es, noch oder wieder, im Sachsenspiegel. Allerdings sagen uns die normativen Quellen mit ihren Aussagen zu Recht und Gericht nicht genug über die Bereiche, in denen Zwangsgewalt nicht besteht, sondern Raum für Selbstgewalt ist. Um das Jahr 1000 nehmen in den Grundherrschaften des Wormser Bischofs Grundhörige, die zum Teil aus Königsfreiheit stammen (Fiskalinen), ein exzessives Fehdewesen wahr, gegen das der Bischof nur mühsam und konsensual in seinem Hofrecht Einschränkungen aufrichtet[106]. Vorher war offenbar auch der Graf des Wormsgaues an diesen Verhältnissen gescheitert. Daneben bestanden in der Wormser Grundherrschaft durchaus dinggenossenschaftliche Ortsgerichte zur Streitschlichtung, bis hin zu Totschlagssachen mit Wergeldzahlung. Dies und der Sühnevertrag unter den Sippen bleibt auch für die grundherrliche Rechtssetzung des Bischofs der Kern der Beilegung. Von einer schlichten Gewaltunterworfenheit selbst der Grundhörigen kann also keine Rede sein. Sie nehmen durch Konsens bei der Rechtssetzung, dinggenossenschaftliches Verfahren, Sühnevertrag statt peinlichen Strafens, notfalls aber auch durch Selbstgewalt an der Rechtsbildung teil.

---

[106] Dazu *Gerhard Dilcher*, Mord und Totschlag im alten Worms, in: Überlieferung, Bewahrung etc., cit. mit einer Interpretation des Hofrechts Bischof Burchards von Worms von 1024.

2. Zwangsgewalt durch Selbstbindung

Nur von dieser offenen Lage her läßt sich begründen, warum dann der große Schritt der Gewalteinschränkung im 12. Jahrhundert so sehr unter dem Zeichen der Selbstbindung, der Verwillkürung steht. In den Landfrieden wie den Stadtfrieden bildet die eidliche Verwillkürung der Rechtsgenossen die unentbehrliche Grundlage, die herrschaftliche Gebotsgewalt (des Königs, des Rates) ist eher eine Form von Überbau. Wir sahen das im ronkalischen Landfrieden Barbarossas. In den städtischen Kommunen entsteht durch die Verwillkürung der Bürger sogar ein ganz eigener Strang der Gerichtsbarkeit neben der traditionellen, in Italien der Konsuln, in Deutschland des Rates. In Italien wird sie erst im Frieden von Konstanz 1183 formell mit der Gewaltdelegation vom König verbunden, unter Wahrung der städtischen Autonomie[107]. In Deutschland stehen die landrechtliche (königlich) und die städtisch-bürgerliche Ratsgerichtsbarkeit oft lange Zeit nebeneinander als unterschiedliche Systeme von Gewaltbefugnis, Gerichtsbarkeit und materiellem Recht.[108] Die städtisch-kommunale Ordnung setzt nicht nur ein viel dichteres System von materiellen Rechtsregeln (Statuten, verwillkürtes Stadtrecht) in Wirksamkeit, sondern beruht eben auf der selbstgeschaffenen Zwangsgewalt (*districtus sacramenti*) und bietet überdies die eidlich verpflichteten Bürger als Kontroll- und Zwangsapparat gegen jeden Übertreter auf. Eine wichtige Grundlage hierfür ist, daß das Sippenrecht und die Sippenpflicht der Rache, Fehde- und Rechtshilfe durch die eidliche Bruderschaft der Bürgerschaft abgelöst und, im dreifachen Sinne Hegels, aufgehoben wird[109]. Eine neue Form der Rechtsgenossenschaft ist dadurch entstanden. Max Webers Einsicht, daß hinter der mittelalterlichen Kommune die christliche Überwindung aller blutsmäßigen und rituellen Schranken in der Gemeinde steht (für Weber das paulinische Ereignis von Antiochien)[110], eröffnet uns die Erkenntnis der grundsätzlichen Bedeutung dieses historischen Schrittes, auch für die moderne Staatsbildung. Die Reste segmentärer Selbstgewalt konnten so auf das Gemeinwesen übergehen, ohne daß dies als Status- oder Freiheitsminderung galt.

---

[107] Friede mit dem Lombardenbund, MGH D F I nr 848, c. 8.

[108] *Gerhard Dilcher*, Die Rechtsgeschichte der Stadt, in: *Bader-Dilcher*, Deutsche Rechtsgeschichte, S. 583 ff. (Das Gericht in der Stadt).

[109] *Dilcher*, a.a.O., S. 496 f. (4.c. Haus, Familie, Individuum).

[110] Max Weber und die Stadt im Kulturvergleich, hg. v. Hinnerk Bruhns u. Wilfried Nippel. (Kritische Studien zur Geschichtswissenschaft Bd. 140), Göttingen 2000; dort S. 107 ff.: *Thomas Schmeller*, Das paulinische Christentum etc., sowie S. 119 ff. *Gerhard Dilcher*, Max Webers Stadt etc., zum Thema bes. S. 126 u. 138.

Nicht so verpflichtend, aber doch strukturell ähnlich verhält es sich mit dem Landfrieden. Er schließt die Fehde nicht ganz aus (nimmt aber den Bauern großenteils das Waffenrecht). Der Friedensbrecher, wie auch der, der sich vom Frieden ausschließt indem er ihn nicht beschwört, wird zum Feind der Friedensgemeinschaft, die den Friedensbruch an ihm „rächt". Die Eidgenossenschaft des Friedens stellt auf diese Weise gleichzeitig den Zwangsapparat zur Durchsetzung des Friedens – ein anderer stand ja vor den Zeiten des frühmodernen Staates nicht zur Verfügung.

Im Vorgang der Bildung eines staatlichen Zwangsmonopols ist also nicht nur eine obrigkeitliche Appropriation der Zwangsmittel wirksam – man konnte sich ja noch nicht auf eine ausreichende Grundlage an bedingungslos zur Verfügung stehenden Machtmitteln stützen. Vielmehr steht in einer entscheidenden Phase der genossenschaftliche Verzicht auf „Selbstgewalt" in Stadt und Land. Der an deren Stelle gebildete genossenschaftliche Zwangsapparat wird dann aber in Spätmittelalter und Neuzeit durch den bürokratisch-polizeilichen des Staates übernommen[111].

Das Recht erhält durch diese Verschiebung im Bereich des Durchsetzungszwanges selber eine andere Qualität. Es erscheint an den Staat gebunden. Nun verwundert es nicht, daß als notwendige Form des Rechts bald die staatliche Gesetzgebung (Kodifikation) erscheint. Dementsprechend kann sie nun sogar als eigentliche Quelle des Rechts angesehen werden (Gesetzespositivismus). Dem Alten Europa jedoch sind solche Ansichten fremd, auch wenn fürstliche Gesetzgebung und obrigkeitlicher Durchsetzungszwang im Rechtsleben seit dem Hochmittelalter einen immer größeren Platz einnehmen.
Wir sind damit zu der Bedeutung zurückgekehrt, die die Konzentration von Recht und Staatlichkeit im fürstlichen Absolutismus für den Rechtsbegriff hatten – Beobachtungen der Rechtssoziologen Eugen Ehrlich und Max Webers, des Rechtshistorikers Paolo Grossi und schließlich des Historikers Wolfgang Reinhard von einer anderen Seite her bestätigend.

VI. Ergebnisse

Was wollen diese in sehr verschiedene Richtungen ausgetriebenen, keineswegs immer kohärenten, oft mehr hypothesenhaften Überlegungen zum Rechtsbegriff sagen?

Ihr Ansatzpunkt war es, das Merkmal zwangsweiser Durchsetzung, stärker als bisher geschehen, analytisch für die Klärung jener Fragen zu nutzen,

---

[111] Diesen Vorgang analysiert in seiner Vielschichtigkeit das zu Anfang schon zitierte, für unseren Zusammenhang wichtige Buch von *Wolfgang Reinhard*, Geschichte der Staatsgewalt. Eine vergleichende Verfassungsgeschichte Europas von den Anfängen bis zur Gegenwart, München 1999. Hierzu bes. unter IV. Machtmittel und Machtpolitik.

deren Beantwortung sich oft in hermeneutischen Verstrickungen zwischen dem heutigen Beobachter und der Fremdheit des Ganz-Anderen des Mittelalters verfangen hat: Statt der unmittelbaren Argumentation vom heutigen Rechtsbegriff zu dem der Rechtsgewohnheit soll ein empirisch feststellbares Merkmal, gleichsam als Mittel, als analytisches Forschungsinstrument genutzt werden. Dieses Merkmal, die Chance der Erzwingung, ist rechtstheoretisch begründet, wenn es darum geht, Recht von nichtrechtlichen Konfliktlösungen, Ordnungen und Normen zu unterscheiden. Das aber bildet ein zentrales Problem für die Erforschung jener Periode des Mittelalters, in der sich aus römischer Rechtstradition und den Mentalitäten und sozialen Ordnungen der neuen Völkerschaften die Grundlagen der europäischen Rechtsentwicklungen gebildet haben. Clausdieter Schott beschreibt dies im Blick auf die Lex Burgundionum als „die Befindlichkeit germanischer Völker“: „Konfrontiert mit dem >Rechtsstaat< Rom und gleichzeitig dadurch provoziert, dem Entsprechendes entgegenzusetzen, verbinden die Barbaren nunmehr ihre friedensstiftenden Mechanismen mit dem Rechtsbegriff“.[112]

Die Ausübung des Rechtzwangs gehört dem empirisch Feststellbaren an. Er ist außerdem insofern genügend differenziert und auf vorstaatliche Verhältnisse anwendbar (und damit analytisch griffig), als er, mit Max Weber, nicht nur auf obrigkeitlichen Zwang abstellt, sondern alle Formen gesellschaftlichen Zwangs in Betracht gezogen werden.

Auf diese Weise sollte der inzwischen als topisches Hilfsmittel in der Mittelalterwissenschaft breit akzeptierte Begriff der Rechtsgewohnheit analytisch besser durchdrungen und handhabbar gemacht werden. Mit ihm sollte ja gesagt sein, daß aus einer gelebten Ordnung (Gewohnheit) gewisse Teile – je und je – zur „Herstellung“ von Recht, etwa in dinggenossenschaftlicher „Rechtsfindung“, dienen konnten, ohne daß man die zugrundeliegenden Richtigkeitsvorstellungen und Wertungen insgesamt als Recht bezeichnen könnte oder müßte (eine Ausdifferenzierung eines Bereiches Recht hat auf der normativen Ebene noch nicht stattgefunden). Die weitere charakteristische Eigenschaft der Rechtsgewohnheit, ihr „Aggregatzustand“ der Oralität, begründet die fehlende Ausdifferenzierung sehr gut und erschwert ihre historische Erfassung überhaupt. Sie wird ja quellenmäßig erst faßbar, wenn sie verschriftlicht – und damit in einem anderen Aggregatzustand – zutage tritt, entweder als *consuetudo redacta in scriptis*, also als normative Aussage, oder als Wertungsgrundlage eines berichteten Einzelfalles. Beides haben wir in den herangezogenen Beispielen kennengelernt. Anders als in der historischen Forschung, können im Bereich der Ethnologie auftretende Rechtsgewohnheiten eventuell durch Befragung von Auskunftspersonen durch den Forscher weiter geklärt werden, wie es etwa beim indonesischen Adat-Recht geschieht.

---

[112] *Clausdieter Schott*, Lex Burgundionum, wie Anm., Bd. II, S.945.

typischerweise auch hier in der Konfrontation einer Ordnung der Lebenswelt mit staatlich gesatztem Schriftrecht.

Durch die an Max Weber angelehnte weite Definition von Zwangsgewalt war es möglich, neben dem im dinggenossenschaftlichen Gericht „hergestellten" Recht (Weitzel: *mit rechte*) weitere Bereiche zu untersuchen, in denen zur Durchsetzung normativer Vorstellungen Zwang angewandt wird – ein Zwang der beansprucht, „rechtmäßig" zu sein. Im europäischen Mittelalter verbreitet war die Erzwingung von Sühne für eine Verletzung von „Rechten" im Wege der Fehde, die unmittelbare Verfolgung eines Rechtsbruchs im Handhaftverfahren, die Sanktion des Ausschlusses aus der Rechtsgemeinschaft, erst als fortgeschrittenere Stufe die Erzwingung eines Gerichtsurteils. In all diesen Fällen geht es bei der Erzwingung um öffentliches Handeln innerhalb vergesellschafteter sozialer Verbände. Dieses Handeln wird von einem jeweiligen „Zwangsapparat" aktiv getragen, gleichzeitig von der Rechtsgemeinschaft insgesamt, zumindest generell, als legitim angesehen. Den Zwangsapparat im Falle der Fehde stellen die Sippengenossen und Helfer, im Handhaftverfahren die Betroffenen und die Nachbarn, bei Acht, Friedlosigkeit, Exkommunikation ist es die Rechtsgenossenschaft als Ganzes; in den letzteren Fällen dient als Zwangsmittel nicht in erster Linie Gewalt, sondern der Abbruch der sozialen Beziehungen. Beim Gerichtsurteil muß hinter dem Richter und seinem meist nur rudimentären Erzwingungsstab bei vorstaatlichen und frühstaatlichen Verhältnissen ebenfalls die Rechtsgenossenschaft stehen – die Schwierigkeiten bei der Durchsetzung von Ladung und Acht zeigen gerade dies. In all diesen Fällen wird deutlich, wie der Schritt von der subjektiven Überzeugung des Verletzten, im Recht zu sein, zu einer intersubjektiven, allgemeineren Wertvorstellung, die Grundlage dieses Handelns ist, schon vollzogen ist, wenn zur Durchsetzung Zwang angewandt wird. Das kann als der Moment der Bildung rechtlicher Normativität angesehen werden. Die Notwendigkeit zu entscheiden, Zwang anzuwenden oder wenigstens seine Anwendung als legitim zu akzeptieren, kann also gerade im Bereich oraler Kulturen als Auslöser von Rechtsbildung angesehen werden. Dabei ist es nicht notwendig, daß diese Normativität in allen entsprechenden Fällen durchgesetzt und daß sie überall gleich durchgesetzt wird – zumal dies ja weitgehend Sache des Verletzten ist. An dieser Stelle setzen wohl die weiterführenden Überlegungen von Jürgen Weitzel in diesem Bande zu relativem Recht" und „unvollkomener Rechtsgeltung" ein.

Die Nahtstelle von „reiner" Rache – oder auch rechtsfreier, auch übermütiger Gewalt - zur Fehde entspricht nun wohl dem Übergang vom Vorrechtlichen zum Rechtlichen in unserem Verständnis. Fehde ist demnach Todfeindschaft, die sich im Rahmen intersubjektiver normativer Vorstellungen vollzieht. Als Selbsthilfe entspringt sie aus dem subjektiven Gefühl, in seinem „Recht" verletzt zu sein. Die Regeln der Sühneverhandlungen außerhalb oder im Gericht, die Achtung von „Sonderfrieden", nichtfehdefähige Fälle, Gerichtsverfahren und Acht, schließlich die Maßnahmen der Einschränkungen der Fehde, von den Reichen der Völkerwanderungszeit bis in die Landfriedensbewegung, zeigen die Fehde als zunehmend eingehegte Institution. Ein aufschlußreiches Beispiel bietet das akephale Island der Sagas in der „strukturellen Wahrheit" dieser Literatur, gerade in Bezug auf Totschlag, Fehde, Versühnung durch Buße, Gerichtsverfahren und Acht. In den Bußkatalogen der Leges schließlich wird der (oft mit einem germanischen Rechtswort bezeichnete) normative Tatbestand des Rechtsbruchs mit der Rechtsfolge einer fixierten (oder vorgeschlagenen?) Buße verbunden. Rechtsbruch, Form der Sühne und ihre Erzwingung sind also deutlich zu trennen.

Gerade die Bezugnahme auf den Rechtszwang ermöglicht es so, hinter den verschiedenen Formen der Durchsetzung (die oft situativ und je nach Konstellation zum Einsatz kommen) gemeinsame normative Vorstellungen zu erkennen darüber, was ein Rechtsbruch, und damit was Recht sei. Damit stand der Konfliktbereich, der später zum Strafrecht wird, im Vordergrund unserer Beobachtungen, weniger Normbildungen im Bereich des späteren Privatrechts (Ehe, Erbe, Vertrag); der innersegmentäre Bereich (haus- und sippeninterne Regeln) schließlich ist quellenmäßig und methodisch kaum erschließbar.

Für unseren so abgegrenzten Beobachtungsbereich wird deutlich, daß die unterschiedlichen Formen der zwangsweisen Durchsetzung durch die Rechtsgemeinschaft akzeptiert und als legitim angesehen werden; gerade darum verlangen sie auch ein gewisses Maß an Öffentlichkeit – rechtshistorisch Verklarung, Gerüfte, Gericht. Ist dies nicht geschehen, so liegt die Vermutung für ein Vergehen vor, das sich auch gegen die Ordnung der Gemeinschaft richtet – etwa Mord, Einbruch, Diebstahl. Bei der Notzucht macht umgekehrt die öffentliche „Verklarung" durch die Frau die rechtswidrige Gewalt offenkundig. Diese Beobachtungen weisen darauf hin, daß gerade der Punkt der Erzwingung zur Klärung der Normbildung beiträgt, indem hier die Rechtsgemeinschaft sich, von der Duldung und der Führung der Fehde bis zum dinggenossenschaftlichen Urteilen, darüber klar werden mußte, welche Wertvorstellungen (Sitte, Brauch, Moral, Religion) intersubjektiv gültig und der zwangsweisen Durchsetzung wert seien sollten. Gerade bei Fehlen eines obrigkeitlichen Zwangsapparates kommt es auf die konsensgetragene Geltungsüberzeugung an, um eine Wertvorstellung als Recht durchzusetzen. Ein solches Recht kann dann nicht mehr als bloß subjektiv bezeichnet werden: Wird es zwangsweise mit dem „Legitimitätsglauben" (Max Weber) der Rechtsgemeinschaft durchgesetzt, so besitzt es für diese Gemeinschaft mehr als subjektive Verbindlichkeit – auch wenn die normative Grundlage im Bereich der oralen Rechtsgewohnheit nicht die Bestandssicherheit und –festigkeit wie das Schriftrecht hat. Eine „Ordnung" mit öffentlich gebilligter Durchsetzbarkeit ist ohne „objektiven

Geltungsanspruch“ nicht denkbar.[113] Für eine solche Ordnung scheinen sich schon frühe volkssprachliche Allgemeinbegriffe wie vor allem *ewa* gebildet zu haben.

Der Einbruch des neuen wissenschaftlich-rationalen Denkens im 12. Jahrhundert führt nun zu einer Reflektion sowohl des Verhältnisses von Gericht und Zwangsgewalt zum Herrscher (Reichstag von Roncaglia) wie des Verhältnisses von Gewohnheit und Recht (Gratian, Ubertus de Orto). Damit ist der Weg zum Vordringen und Überwiegen von obrigkeitlicher Zwangsgewalt und Schriftrecht gewiesen – ein Vorgang, der sich jedoch bis weit in die Neuzeit hineinzieht.

Ebenfalls seit dem 12. Jahrhundert wird eine breite Schicht neuen schriftlichen Rechts durch eidliche Einung (Willkür) geschaffen (Stadtrecht, Statuten, Landfrieden) und gleichzeitig dazu ein Zwangsapparat der Rechtsgenossen durch Eid rekrutiert. Gerade dies zeigt deutlich, wie wenig die zwangsweise Durchsetzung bis zur vollen Ausbildung der Staatsgewalt eine Selbstverständlichkeit war, wie sie aber als Teil des Vorganges galt, in welchem Werte und Normen Geltung als Recht erlangten.

---

[113] Zur Frage, ob das frühmittelalterliche Recht nur „subjekives“ oder auch „objektives“ Recht gewesen sei, skizziert *Bernd Kannowski* in diesem Bande den Diskussionsstand. Wir halten die Frage in dieser Zuspitzung aus den hier entwickelten Gründen nicht für sinnvoll.

RECHTSHISTORISCHE REIHE

Band 1 Studien zu den germanischen Volksrechten. Gedächtnisschrift für Wilhelm Ebel. Vorträge gehalten auf dem Fest-Symposion anläßlich des 70. Geburtstages von Wilhelm Ebel am 16. Juni 1978 in Göttingen. Götz Landwehr (Hrsg.) 1982.

Band 2 Hans Poeschel: Die Statuten der Banken, Sparkassen und Kreditgenossenschaften in Hamburg und Altona von 1710 bis 1889. 1978.

Band 3 Thomas Kolbeck: Juristenschwemmen, Untersuchungen über den juristischen Arbeitsmarkt im 19. und 20. Jahrhundert. 1978.

Band 4 Norbert Hempel: Richterleitbilder in der Weimarer Republik. 1978.

Band 5 Rolf Stratmann: Die Scheinbußen im mittelalterlichen Recht. 1978.

Band 6 Martin C. Lockert: Die niedersächsischen Stadtrechte zwischen Aller und Weser. Vorkommen und Verflechtungen. Eine Bestandsaufnahme. 1979.

Band 7 Joachim Rückert/Wolfgang Friedrich: Betriebliche Arbeiterausschüsse in Deutschland, Großbritannien und Frankreich im späten 19. und frühen 20. Jahrhundert. Eine vergleichende Studie zur Entwicklung des kollektiven Arbeitsrechts. 1979.

Band 8 Peter Bender: Die Rezeption des römischen Rechts im Urteil der deutschen Rechtswissenschaft. 1979.

Band 9 Friedrich Karl Alsdorf: Untersuchungen zur Rechtsgestalt und Teilung deutscher Ganerbenburgen. 1980.

Band 10 Dietmar Willoweit/Winfried Schich (Hrsg.): Studien zur Geschichte des sächsisch-magdeburgischen Rechts in Deutschland und Polen (Sammelband). 1980.

Band 11 Brigitte Hempel: Der Entwurf einer Polizeiordnung für das Herzogtum Sachsen-Lauenburg aus dem Jahre 1591. 1980.

Band 12 Klaus-Detlev Godau-Schüttke: Rechtsverwalter des Reiches. Staatssekretär Dr. Curt Joël. 1981.

Band 13 Rainer Polley: Anton Friedrich Justus Thibaut (AD 1772-1840) in seinen Selbstzeugnissen und Briefen. Teil 1: Abhandlung. Teil 2: Briefwechsel. Teil 3: Register zum Briefwechsel. 1982.

Band 14 Michael Wettengel: Der Streit um die Vogtei Kelkheim 1275-1276. Ein kanonischer Prozeß.1981.

Band 15 Otto Wilhelm Krause: Naturrechtler des sechzehnten Jahrhunderts. Ihre Bedeutung für die Entwicklung eines natürlichen Privatrechts. 1982.

Band 16 Helga Spindler: Von der Genossenschaft zur Betriebsgemeinschaft. Kritische Darstellung der Sozialrechtslehre Otto von Gierkes. 1982.

Band 17 Holger Otte: Gustav Radbruchs Kieler Jahre 1919 - 1926. 1982.

Band 18 Rüdiger Teuner: Die fuldische Ritterschaft 1510 - 1656. 1982.

Band 19 Gerhard Dilcher/Rudolf Hoke/Gian Savino Pene Vidari/Hans Winterberg (Hrsg.): Grundrechte im 19. Jahrhundert. 1982.

Band 20 Karl-Hans Schloßstein: Die westfälischen Fabrikengerichtsdeputationen - Vorbilder, Werdegang und Scheitern. 1982.

Band 21 Birger Schulz: Der Republikanische Richterbund (1921-1933). 1982.

Band 22 Engelbert Krause: Die gegenseitigen Unterhaltsansprüche zwischen Eltern und Kindern in der deutschen Privatrechtsgeschichte. 1982.

Band 23 Meent W. Francksen: Staatsrat und Gesetzgebung im Großherzogtum Berg (1806-1813). 1982.

Band 24 Gerd von Sonnleithner: Bearbeitung des Handelsrechts durch Ignaz von Sonnleithner in seinem "Leitfaden über das österreichische Handels- und Wechselrecht". 1982.

Band 25 Rudolf Palme: Rechts-, Wirtschafts- und Sozialgeschichte der inneralpinen Salzwerke bis zu deren Monopolisierung. 1983.

Band 26 Helen Bosshard: Pestalozzis Staats- und Rechtsverständnis und seine Stellung in der Aufklärung. 1983.

Band 27 Jens Jessen: Die Selbstzeugnisse der deutschen Juristen. Erinnerungen, Tagebücher und Briefe. Eine Bibliographie. 1983.

Band 28 Günter Martin Jensen: Das Domanium Waldeck. Die rechtliche Zuordnung eines Fürstenvermögens. 1984.

Band 29 Johann Heinrich Kumpf: Petitionsrecht und öffentliche Meinung im Entstehungsprozeß der Paulskirchenverfassung 1848/49. 1983.

Band 30 Sabine Frey: Rechtsschutz der Juden gegen Ausweisungen im 16. Jahrhundert. 1983.

Band 31 Dietrich Joswig: Die germanische Grundstücksübertragung. 1984.

Band 32 Andreas Baryli: Konzessionssystem contra Gewerbefreiheit. Zur Diskussion der österreichischen Gewerberechtsreform 1835 bis 1860. 1984.

Band 33 Gerhard Oberkofler: Studien zur Geschichte der österreichischen Rechtswissenschaft. 1984.

Band 34 Rudolf Lauda: Kaufmännische Gewohnheit und Burgrecht bei Notker dem Deutschen. Zum Verhältnis von literarischer Tradition und zeitgenössischer Realität in der frühmittelalterlichen Rhetorik. 1984.

Band 35 Jens Jensen: Die Ehescheidung des Bischofs Hans von Lübeck von Prinzessin Julia Felicitas von Württemberg-Weiltingen AD 1648-1653. Ein Beitrag zum protestantischen Ehescheidungsrecht im Zeitalter des beginnenden Absolutismus. 1984.

Band 36 Horst Schröder: Friedrich Karl von Savigny. Geschichte und Rechtsdenken beim Übergang vom Feudalismus zum Kapitalismus in Deutschland. 1984.

Band 37 Andreas Hatzung: Dogmengeschichtliche Grundlagen und Entstehung des zivilrechtlichen Notstands. 1984.

Band 38 Matthias Klasen: Das Billwerder Landrecht. Landrecht und Landgericht in den Hamburger Elbmarschen. 1985.

Band 39 Rainer Jamin: Aufbau, Tätigkeit und Verfahren der Auseinandersetzungsbehörden bei der Durchführung der preußischen Agrarreformen. 1985.

Band 40 Henry Winter: Teilschuld, Gesamtschuld und unechte Gesamtschuld. Zur Konzeption der §§ 420 ff. BGB - Ein Beitrag zur Entstehungsgeschichte des BGB. 1985.

Band 41 Hermann Eichler: Verfassungsbewegung in Amerika und Europa. 1985.

Band 42 Dagmar Bandemer: Heinrich Albert Zachariae. Rechtsdenken zwischen Restauration und Reformation. 1985.

Band 43 Eva-Christine Frentz: Das Hamburgische Admiralitätsgericht (1623-1811). Prozeß und Rechtsprechung. 1985.

Band 44 Karl Lillig: Rechtsetzung im Herzogtum Pfalz-Zweibrücken während des 18. Jahrhunderts. Ein Beitrag zur Geschichte der territorialen Rechtsbildung. 1985.

Band 45 Walter Weber: Die Entwicklung der Sparkassen zu selbständigen Anstalten des öffentlichen Rechts. Ein Beitrag zur Entwicklung des Anstaltsbegriffs im 19. Jahrhundert. 1985.

Band 46 Bärbel Baum: Der Stabreim im Recht. Vorkommen und Bedeutung des Stabreims in Antike und Mittelalter. 1986.

Band 47 Hans Popp: Die nationalsozialistische Sicht einiger Institute des Zivilprozeß- und Gerichtsverfassungsrechts. 1986.

Band 48 John Karl-Heinz Montag: Die Lehrdarstellung des Handelsrechts von Georg Friedrich von Martens bis Meno Pöhls. Die Wissenschaft des Handelsrechts im ersten Drittel des 19. Jahrhunderts. 1986.

Band 49 Volker D. Anhäusser: Das internationale Obligationenrecht in der höchstrichterlichen Rechtsprechung des 19. Jahrhunderts. 1986.

Band 50 Udo Beer: Die Juden, das Recht und die Republik. Verbandswesen und Rechtsschutz 1919-1933. 1986.

Band 51 Herbert Grziwotz: Der moderne Verfassungsbegriff und die "Römische Verfassung" in der deutschen Forschung des 19. und 20. Jahrhunderts. 1986.

Band 52 Ralf Conradi: Karl Friedrich Eichhorn als Staatsrechtslehrer. Seine Göttinger Vorlesung über "Das Staatsrecht der deutschen Bundesstaaten" nach einer Kollegmitschrift aus dem Wintersemester 1821/22. 1987.

Band 53 Dieter Dannreuther: Der Zivilprozeß als Gegenstand der Rechtspolitik im Deutschen Reich 1871 - 1945. Ein Beitrag zur Geschichte des Zivilprozeßrechts in Deutschland. 1987.

Band 54 Stephan Felix Pauly: Organisation, Geschichte und Praxis der Gesetzesauslegung des (Königlich) Preußischen Oberverwaltungsgerichtes 1875 - 1933. 1987.

Band 55 Rüdiger Schulz: Die Entstehung des Seerechts des Allgemeinen Deutschen Handelsgesetzbuches unter besonderer Berücksichtigung der Bestimmungen über die Reederei, den Schiffer und die Schiffsmannschaft. 1987.

Band 56 Reinhold Reis: Deutsches Privatrecht in den Weistümern der Zenten Schriesheim und Kirchheim. 1987.

Band 57 Jürgen Christoph: Die politischen Reichsamnestien 1918 - 1933. 1987.

Band 58 Gerhard Oberkofler/Eduard Rabofsky: Hans Kelsen im Kriegseinsatz der k.u.k.-Wehrmacht. Eine kritische Würdigung seiner militärtheoretischen Angebote. 1988.

Band 59 Arne Wulff: Staatssekretär Prof. Dr. Dr. h.c. Franz Schlegelberger. 1876-1970. 1991.

Band 60 Gerhard Köbler (Hrsg.): Wege europäischer Rechtsgeschichte. Karl Kroeschell zum 60. Geburtstag. 1987.

Band 61 Rüdiger Hütte: Der Gemeinschaftsgedanke in den Erbrechtsreformen des Dritten Reichs. 1988.

Band 62 Markus Göldner: Politische Symbole der europäischen Integration. Fahne, Hymne, Hauptstadt, Paß, Briefmarke, Auszeichnungen. 1988.

Band 63 Wolfgang Kröner: Freiheitsstrafe und Strafvollzug in den Herzogtümern Schleswig, Holstein und Lauenburg von 1700 bis 1864. 1988.

Band 64 Werner Gaile: Die Norder Theelacht. 1988.

Band 65 Karl v. Kempis: Andreas Gaill (1526 - 1587). Zum Leben und Werk eines Juristen der frühen Neuzeit. 1988.

Band 66 Wolf-Rüdiger Osburg: Die Verwaltung Hamburgs in der Franzosenzeit. 1811-1814. 1988.

Band 67 Christian Schudnagies: Hans Frank. Aufstieg und Fall des NS-Juristen und Generalgouverneurs. 1988.

Band 68 Otmar Jung: Senatspräsident Freymuth. Richter, Sozialdemokrat und Pazifist in der Weimarer Republik. Eine politische Biographie. 1989.

Band 69 Joachim Lohner: Das landeshauptmannschaftliche Gericht in Oberösterreich zu Beginn der Neuzeit. Eine Darstellung des oberösterreichischen Prozeßrechts am obersten Territorialgericht des Landes anhand der oberösterreichischen Landtafel.1989.

Band 70 Bernd Klemann: Rudolf von Jhering und die Historische Rechtsschule. 1989.

Band 71 Adalbert Langer: Männer um die österreichische Zivilprozeßordnung 1895. Zusammenspiel / Soziales Ziel. 1990.

Band 72 Robert-Dieter Klee: Die Landessuperintendentur Lauenburg. Ursprung und Entwicklung sowie Ende der Sonderstellung des Kirchenkreises Herzogtum Lauenburg durch die nordelbische Kirchenvereinigung. 1989.

Band 73 Heinrich Herrmann: Die Gehöferschaften im Bezirk Trier. 1989.

Band 74 Wilhelm Brauneder, Franz Baltzarek (Hrsg.): Modell einer neuen Wirtschaftsordnung. Wirtschaftsverwaltung in Österreich 1914 - 1918. 1991.

Band 75 Thomas Dreyer: Die "Assecuranz- und Haverey-Ordnung" der Freien und Hansestadt Hamburg von 1731. 1990.

Band 76 Bernhard Sendler: Die Rechtssprache in den süddeutschen Stadtrechtsreformationen. 1990.

Band 77 Brigitte Lehmann: Ehevereinbarungen im 19. und 20. Jahrhundert. 1990.

Band 78 Michael Sunnus: Der NS-Rechtswahrerbund (1928-1945). Zur Geschichte der nationalsozialistischen Juristenorganisation. 1990.

Band 79 Stefan Schulz: Die historische Entwicklung des Rechts an Bienen. (§§ 961 - 964 BGB). 1990.

Band 80 Gerhard Lingelbach, Heiner Lück (Hrsg.): Deutsches Recht zwischen Sachsenspiegel und Aufklärung. Rolf Lieberwirth zum 70. Geburtstag dargebracht von Schülern, Freunden und Kollegen, herausgegeben von Gerhard Lingelbach und Heiner Lück. 1991.

Band 81 Manfred Krohn: Die deutsche Justiz im Urteil der Nationalsozialisten 1920 - 1933. 1991.

Band 82 Angelika Kühn: Privilegierung nationaler Minderheiten im Wahlrecht der Bundesrepublik Deutschland und Schleswig-Holsteins. 1991.

Band 83 Georg Brun: Leben und Werk des Rechtshistorikers Heinrich Mitteis unter besonderer Berücksichtigung seines Verhältnisses zum Nationalsozialismus. 1991.

Band 84 Wolfgang Simon: Claudius Freiherr von Schwerin. Rechtshistoriker während dreier Epochen deutscher Geschichte. 1991.

Band 85 Friedrich-Carl Wachs: Das Verordnungswerk des Reichsdemobilmachungsamtes. Stabilisierender Faktor zu Beginn der Weimarer Republik. 1991.

Band 86 Jens-Uwe Petersen: Die Vorgeschichte und die Entstehung des Mieterschutzgesetzes von 1923 nebst der Anordnung für das Verfahren vor dem Mieteinigungsamt und der Beschwerdestelle. 1991.

Band 87 Ulrike Haibach: Familienrecht in der Rechtssprache. Die historische Entwicklung zentraler Ausdrücke des geltenden Familienrechts. 1991.

Band 88 Joern Christian Nissen: Die Beratungen des Seeversicherungsausschusses der Akademie für Deutsches Recht zu einem neuen Seeversicherungsgesetz (1934-1939). Ein Beitrag zur Entwicklung der allgemeinen Lehren des Seeversicherungsrechts unter besonderer Berücksichtigung des Handelsgesetzbuchs und der Allgemeinen Deutschen Seeversicherungs-Bedingungen 1919. 1991.

Band 89 Diethard Bühler: Die Entstehung der allgemeinen Vertragsschluß-Vorschriften im Allgemeinen Deutschen Handelsgesetzbuch (ADHGB) von 1861. Ein Beitrag zur Kodifikationsgeschichte des Privatrechts im 19. Jahrhundert. 1991.

Band 90 Gerhard Oberkofler: Die Vertreter des Römischen Rechts mit deutscher Unterrichtssprache an der Karls-Universität in Prag. Vom Vormärz bis 1945. 1991.

Band 91 Ulrich Andermann: Ritterliche Gewalt und bürgerliche Selbstbehauptung. Untersuchungen zur Kriminalisierung und Bekämpfung des spätmittelalterlichen Raubrittertums am Beispiel norddeutscher Hansestädte. 1991.

Band 92 Heinz Marcus Hanke: Luftkrieg und Zivilbevölkerung. Der kriegsvölkerrechtliche Schutz der Zivilbevölkerung gegen Luftbombardements von den Anfängen bis zum Ausbruch des Zweiten Weltkrieges. 1991.

Band 93 Kirsten Kraglund: Familien- und Erbrecht. Materielles Recht und Methoden der Rechtsanwendung in der Rechtsprechung des Oberappellationsgerichts der vier Freien Städte Deutschlands zu Lübeck. 1991.

Band 94 Reinhard Lorenz: Die politische und rechtliche Stellung des Proletariats in Preußen in der Zeit zwischen den Reformen und der Revolution 1848/49. 1991.

Band 95 Eric Hilgendorf: Die Entwicklungsgeschichte der parlamentarischen Redefreiheit in Deutschland. 1991.

Band 96 Hans J. Reiter: Die Handelsgesellschaft Villeroy & Boch von der Gründung 1836 bis zum Jahr 1878. 1992.

Band 97 Martin Johannes Heller: Reform der deutschen Rechtssprache im 18. Jahrhundert. 1992.

Band 98 Michael Kotulla: Die Tragweite der Grundrechte der revidierten preußischen Verfassung vom 31.01.1850. 1992.

Band 99 Michael Siefener: Hexerei im Spiegel der Rechtstheorie. Das crimen magiae in der Literatur von 1574 bis 1608. 1992.

Band 100 Andreas Ebert-Weidenfeller: Hamburgisches Kaufmannsrecht im 17. und 18. Jahrhundert. Die Rechtsprechung des Rates und des Reichskammergerichtes. 1992.

Band 101 Enno Bommel: Die Entstehung der Verwirkungslehre in der Krise des Positivismus. 1992.

Band 102 Ralph Steppacher: Die Berücksichtigung der bäuerlichen Postulate bei der Entstehung des ZGB und der Revision des OR. Ein Beitrag zur schweizerischen Kodifikationsgeschichte (1893 - 1912). 1992.

Band 103 Martin Fleckenstein: Die Todesstrafe im Werk Carl Joseph Anton Mittermaiers (1787 - 1867). Zur Entwicklungsgeschichte eines Werkbereichs und seiner Bedeutung für Theorie- und Methodenbildung. 1992.

Band 104 Jörn Eckert: Der Kampf um die Familienfideikommisse in Deutschland. Studien zum Absterben eines Rechtsinstitutes. 1992.

Band 105 Jörg Grotkopp: Beamtentum und Staatsformwechsel. Die Auswirkungen der Staatsformwechsel von 1918, 1933 und 1945 auf das Beamtenrecht und die personelle Zusammensetzung der deutschen Beamtenschaft. 1992.

Band 106 Andreas Rohde: Die Garantiehaftung des Vermieters und ihr Verhältnis zum Unmöglichkeitsrecht in dogmengeschichtlicher und modernrechtlicher Sicht. 1992.

Band 107 Tjark Siefke Kunstreich: Gesamtvertretung. Eine historisch-systematische Darstellung. 1992.

Band 108 Jürgen Krüger: Blindheit und Königtum. Die Blindheit des Königs Georg V. von Hannover als verfassungsrechtliches Problem. 1992.

Band 109 Wolfgang Putschek: Ständische Verfassung und autoritäre Verfassungspraxis in Österreich 1933-1938 mit Dokumentenanhang. Verfassung und Verfassungswirklichkeit. Mit einem Anhang: Denkschriften von Rechtsanwalt Dr. Erich Führer 1936/37. 1993.

Band 110 Klaus Hofmann: Die Verdrängung der Juden aus öffentlichem Dienst und selbständigen Berufen in Regensburg 1933-1939. 1993.

Band 111 Franz Kilger: Die Entwicklung des Telegraphenrechts im 19. Jahrhundert mit besonderer Berücksichtigung der technischen Entwicklung. Telegraphenrecht im 19. Jahrhundert. 1993.

Band 112 Wilhelm Brauneder (Hrsg.): Heiliges Römisches Reich und moderne Staatlichkeit. 1993.

Band 113 Thomas Heinrich: Das preußische Nichtehelichenrecht: Von der Aufklärung zur Reaktion. 1993.

Band 114 Gerald Kohl: Jagd und Revolution. Das Jagdrecht in den Jahren 1848 und 1849. 1993.

Band 115 Christian Schudnagies: Der Kriegs- oder Belagerungszustand im Deutschen Reich während des Ersten Weltkrieges. Eine Studie zur Entwicklung und Handhabung des deutschen Ausnahmezustandsrechts bis 1918. 1994.

Band 116 Elisabeth Bellmann: Die Internationale Kriminalistische Vereinigung (1889-1933). 1994.

Band 117 Julia Pfannkuch: Volksrichterausbildung in Sachsen 1945-1950. 1993.

Band 118 Jörg Offen: Von der Verwaltungsgemeinschaft des BGB von 1896 zur Zugewinngemeinschaft des Gleichberechtigungsgesetzes von 1957. 1994.

Band 119 Dorothee Kohlhas-Müller: Untersuchungen zur Rechtsstellung Theoderichs des Großen. 1995.

Band 120 Monika Rose: Das Gerichtswesen des Herzogtums Pfalz-Zweibrücken im 18. Jahrhundert. Ein Beitrag zur territorialen Gerichtsbarkeit im Alten Reich. 1994.

Band 121 Jörn Eckert / Hans Hattenhauer (Hrsg.): Bibel und Recht. Rechtshistorisches Kolloquium 9. - 13. Juni 1992 an der Christian-Albrechts-Universität zu Kiel. 1994.

Band 122 Robert Martin Mizia: Der Rechtsbegriff der Autonomie und die Begründung des Privatfürstenrechts in der deutschen Rechtswissenschaft des 19. Jahrhunderts. 1995.

Band 123 Walther Graf von Plettenberg: Das Fortleben des Liber Iudiciorum in Asturien/León (8. - 13. Jh.). 1994.

Band 124 Wolfgang Schulz: Das deutsche Börsengesetz. Die Entstehungsgeschichte und wirtschaftlichen Auswirkungen des Börsengesetzes von 1896. 1994.

Band 125 Frank Hagemann: Der Untersuchungsausschuß Freiheitlicher Juristen. 1949 – 1969. 1994.

Band 126 Andreas Rethmeier: "Nürnberger Rassegesetze" und Entrechtung der Juden im Zivilrecht. 1995.

Band 127 Edith Grether: Die Poesie der Throne. Die Juristen in der Fruchtbringenden Gesellschaft. 1995.

Band 128 Anna Bartels-Ishikawa: Der Lippische Thronfolgestreit. Eine Studie zu verfassungsrechtlichen Problemen des Deutschen Kaiserreiches im Spiegel der zeitgenössischen Staats. 1995.

Band 129 Jörg Schmidt: Otto Koellreutter 1883-1972. Sein Leben, sein Werk, seine Zeit. 1995.

Band 130 Christian Hattenhauer: Wahl und Krönung Franz II. AD 1792. Das Heilige Reich krönt seinen letzten Kaiser - Das Tagebuch des Reichsquartiermeisters Hieronymus Gottfried von Müller und Anlagen. 1995.

Band 131 Jutta v. der Decken: Das Seearbeitsrecht im Hamburger Stadtrecht von 1301 bis 1603. 1995.

Band 132 Detlev Schmidt: Die Reform des Rechts der Handelsvertreter von 1953. 1995.

Band 133 Gabi Roßdeutscher: Privatautonomie im Scheidungsrecht. Scheidungsbezogene Vereinbarungen in den letzten 200 Jahren. 1995.

Band 134 Harald Kahlenberg: Leben und Werk des Rechtshistorikers Walther Merk. Ein Beispiel für das Verhältnis von Rechtsgeschichte und Nationalsozialismus. 1995.

Band 135 Michael Steitz: Adelbert Düringer am Reichsgericht (1902-1915). Seine aktienrechtlichen Entscheidungen und sein Einfluß auf das Aktienrecht in Deutschland. 1995.

Band 136 Christian Becker: Beata Justorum Translatio. Juristen in schleswig-holsteinischen Leichenpredigten. 1996.

Band 137 Christoph Seiler: Vom Allgemeinen Landrecht zum Bürgerlichen Gesetzbuch. Dargestellt am Beispiel der höchstrichterlichen Judikatur zum kaufrechtlichen Sachmängelgewährleistungsrecht. 1996.

Band 138 Bernd Mayer: Die Vertrauensmännerausschüsse auf den preußischen Steinkohlegruben an der Saar. Entstehung und Wirken. Eine rechtshistorische Untersuchung. 1996.

Band 139 Rochus Scholl: Juden und Judenrecht im Herzogtum Pfalz-Zweibrücken. Ein Beitrag zur Rechtsgeschichte eines deutschen Kleinstaates am Ende des alten Reiches. 1996.

Band 140 Meike Bursch: Judentaufe und frühneuzeitliches Strafrecht. Die Verfahren gegen Christian Treu aus Weener/Ostfriesland 1720-1728. 1996.

Band 141 Markus Hillenbrand: Fürstliche Eheverträge. Gottorfer Hausrecht 1544 - 1773. 1996.

Band 142 Ulf Häder: Das gemeinschaftliche Oberappellationsgericht thüringischer Staaten in Jena. Ein Beitrag zur Geschichte des Gerichtswesens im 19. Jahrhundert. 1996.

Band 143 Andreas Bauer: Das Gnadenbitten in der Strafrechtspflege des 15. und 16. Jahrhunderts. Dargestellt unter besonderer Berücksichtigung von Quellen der Vorarlberger Gerichtsbezirke Feldkirch und des Hinteren Bregenzerwaldes. 1996.

Band 144 Christian Wirth: Der Jurist Johann Andreas Georg Friedrich Rebmann zwischen Revolution und Restauration. 1996.

Band 145 Stefanie Müller: Die Rechtsprechung des Hanseatischen Oberlandesgerichts zum persönlichen Eherecht in Hamburgischen Gerichtsfällen von 1879 -1900. 1996.

Band 146 Jean-Nicolas Morisset: Der Frachtvertrag in der *Ordonnance de la marine* von 1681. 1996.

Band 147 Dirk Lentfer: Die Glogauer Landesprivilegien des Andreas Gryphius von 1653. 1996.

Band 148 Wencke Mull: Die Haftung für Einsturzschäden nach den §§ 836-838 BGB in der Rechtsprechung des Reichsgerichts. 1996.

Band 149 Renate Zelger: Teufelsverträge. Märchen, Sage, Schwank, Legende im Spiegel der Rechtsgeschichte. 1996.

Band 150 Guido Kraß: Das Arrestverfahren in Frankfurt am Main im Spätmittelalter. 1996.

Band 151 F. Benedict Heyn: Die Entwicklung des Eisenbahnfrachtrechts von den Anfängen bis zur Einführung des Allgemeinen Deutschen Handelsgesetzbuches (ADHGB). 1996.

Band 152 Thomas Lang: Die Staats- und Verfassungslehre Carl Salomo Zachariaes. 1996.

Band 153 Michael Hebeis: Karl Anton von Martini (1726-1800). Leben und Werk. 1996.

Band 154 Gerald Hubert: Die Diskussion um die rechtliche Natur der Bizone in den Jahren 1947-1949. 1996.

Band 155 Christof Horn: Die Rechtsprechung des Reichsgerichts in Ehescheidungssachen der Jahre 1900 bis 1905. 1996.

Band 156 Hermann Nehlsen / Georg Brun (Hrsg.): Münchener rechtshistorische Studien zum Nationalsozialismus. 1996.

Band 157 Jan Otto Clemens Kehrberg: Die Entwicklung des Elektrizitätsrechts in Deutschland. Der Weg zum Energiewirtschaftsgesetz von 1935. 1997.

Band 158 Johannes Tradt: Der Religionsprozeß gegen den Zopfschulzen (1791-1799). Ein Beitrag zur protestantischen Lehrpflicht und Lehrzucht in Brandenburg-Preußen gegen Ende des 18. Jahrhunderts. 1997.

Band 159 Dietmar Olsen: Das kaufrechtliche Sachmängelgewährleistungsrecht des Code civil in der Rechtsprechung deutscher Gerichte im 19. Jahrhundert. Ein Beitrag zur Ablösung der Partikularrechte durch das BGB. 1997.

Band 160 Ulrich Bernhardt: Die Deutsche Akademie für Staats- und Rechtswissenschaft „Walter Ulbricht" 1948-1971. 1997.

Band 161 Claudia Susan Hoppe: Die Bürgschaft im Rechtsleben Hamburgs von 1600 bis 1900. 1997.

Band 162 Franz-Rudolf Ecker: Die Entwicklung des Bergrechts im Saarbrücker Steinkohlenrevier bis zum Ende des 18. Jahrhunderts. Ein Vergleich mit dem älteren deutschen Bergrecht. 1997.

Band 163 Anne Katrin Rückert: Politik und Privatrecht in der „konservativen Revolution". 1997.

Band 164 Gisbert Laube: Der Reichskunstwart. Geschichte einer Kulturbehörde 1919-1933. 1997.

Band 165 Nicolas Lührig: Die Diskussion über die Reform der Juristenausbildung von 1945 bis 1995. 1997.

Band 166 Regula Gerber Jenni: Die Emanzipation der mehrjährigen Frauenzimmer. Frauen im bernischen Privatrecht des 19. Jahrhunderts. 1997.

Band 167 Mischa A. Färber: Das gemeinschaftliche Testament in der höchstrichterlichen Rechtsprechung zum Allgemeinen Preußischen Landrecht und zum BGB. Ein Beitrag zur Ablösung der Partikularrechte durch das BGB. 1997.

Band 168 Catherine Antoinette Gasser: Philipp Lotmar 1850-1922. Professor der Universität Bern. Sein Engagement für das Schweizerische Arbeitsrecht. 1997.

Band 169 Lars Immisch: Der sozialistische Richter in der DDR und seine Unabhängigkeit. Der Versuch eines Rechtsvergleiches zum Unabhängigkeitsbegriff in der bundesdeutschen Rechtsordnung. 1997.

Band 170 Jessica Jacobi: Besitzschutz vor dem Reichskammergericht. Die friedenssichernde Funktion der Besitzschutzklagen am Reichskammergericht im 16. Jahrhundert, dargestellt anhand von Kameralisten. 1998.

Band 171 Ewald Hügemann: Die Geschichte des öffentlichen und privaten Mietpreisrechts vom Ersten Weltkrieg bis zum Gesetz zur Regelung der Miethöhe von 1974. 1998.

Band 172 Lutz Rentzow: Die Entstehungs- und Wirkungsgeschichte der Vernewerten Landesordnung für das Königreich Böhmen von 1627. 1998.

Band 173 Sabine Stürmer: Mühlenrecht im Herzogtum Pfalz-Zweibrücken während des 18. Jahrhunderts. Ein Beitrag zum Wirtschaftsrecht eines deutschen Kleinstaates im Alten Reich. 1998.

Band 174 Mario Bogisch: *Nemo testis in re sua*. Das Problem der Zeugnisfähigkeit bei der Anwendung der deutschen Zivilprozeßordnung von 1877. 1998.

Band 175 Rainer Oßwald: Pactane sunt servanda? Freiwilligkeit, Zwang und Unverbindlichkeitserklärungen im islamischen Vertragsrecht malikitischer Schule. 1998.

Band 176 Bettina Kern: Der preußische BGB-Entwurf von 1842. 1998.

Band 177 Inken Fuhrmann: Die Diskussion über die Einführung der fakultativen Zivilehe in Deutschland und Österreich seit Mitte des 19. Jahrhunderts. 1998.

Band 178 Annette Rieck: Der Heilige Ivo von Hélory (1247-1303). Advocatus pauperum und Patron der Juristen. 1998.

Band 179 Frank Bottenberg: Die Hamburgische Strafprozeßordnung von 1869. 1998.

Band 180 Matthias Krauß: Das kursächsische Postrecht von seinen Anfängen bis zum Ende des Alten Reichs. 1998.

Band 181 Torsten Schmidt: Die Entmündigung von den Anfängen des BGB bis zu ihrer Ablösung durch das Institut der Betreuung. 1998.

Band 182 Christian Nunn: Rudolf Müller-Erzbach. 1874-1959. Von der realen Methode über die Interessenjurisprudenz zum kausalen Rechtsdenken (Leben und Werk). 1998.

Band 183 Christian Ortloff: Das staatskirchenrechtliche System Wilhelm Traugott Krugs. Glaubens- und Gewissensfreiheit – eine Forderung der Vernunft. 1998.

Band 184 Christian Hattenhauer: Schuldenregulierung nach dem Westfälischen Frieden. Der sog. § *de indaganda* und seine Umsetzung im Jüngsten Reichsabschied (AD 1648 und 1654). 1998.

Band 185 Werner Schubert: Preußen im Vormärz. Die Verhandlungen der Provinziallandtage von Brandenburg, Pommern, Posen, Sachsen und Schlesien sowie – im Anhang – von Ostpreußen, Westfalen und der Rheinprovinz (1841-1845). 1998.

Band 186 Silvia Schumacher: Das Rechtsverhältnis zwischen Eltern und Kindern in der Privatrechtsgeschichte. 1999.

Band 187 Kai Sommer: Die Strafbarkeit der Homosexualität von der Kaiserzeit bis zum Nationalsozialismus. Eine Analyse der Straftatbestände im Strafgesetzbuch und in den Reformentwürfen (1871-1945). 1998.

Band 188 Jan Erik Backhaus: Volksrichterkarrieren in der DDR. 1999.

Band 189 Ralf Ruhnau: Die Fürstlich Thurn und Taxissche Privatgerichtsbarkeit in Regensburg. Ein Kuriosum der deutschen Rechtsgeschichte. 1999.

Band 190 Antonio Grilli: Die französische Justizorganisation am linken Rheinufer 1797-1803. 1999.

Band 191 Stephanie Kammerloher-Lis: Die Entstehung des Gesetzes über die religiöse Kindererziehung vom 15. Juli 1921. 1999.

Band 192 Jan Telp: Ausmerzung und Verrat. Zur Diskussion um Strafzwecke und Verbrechensbegriffe im Dritten Reich. 1999.

Band 193 Kurt von Pannwitz: Die Entstehung der Allgemeinen Deutschen Wechselordnung. Ein Beitrag zur Geschichte der Vereinheitlichung des deutschen Zivilrechts im 19. Jahrhundert. 1999.

Band 194 Sylvia Busch: Die Entstehung der Allgemeinen Gerichtsordnung für die Preussischen Staaten von 1793/95. Ein Beitrag zur Geschichte der Kodifikationsbewegung und der Reform des Zivilprozesses in Preußen im 18. Jahrhundert. 1999.

Band 195 Dirk Bieresborn: Klage und Klageerwiderung im deutschen und englischen Zivilprozeß. Eine rechtshistorische und rechtsvergleichende Untersuchung unter besonderer Berücksichtigung der Beeinflussung durch das römisch-kanonische Verfahren. 1999.

Band 196 Andreas Thier / Guido Pfeifer / Philipp Grzimek (Hrsg.): Kontinuitäten und Zäsuren in der Europäischen Rechtsgeschichte. Europäisches Forum Junger Rechtshistorikerinnen und Rechtshistoriker München 22.-24. Juli 1998. 1999.

Band 197 Franz Smola: Die Fürstlich Liechtenstein'sche Kunstsammlung. Rechtsfragen zur Verbringung der Sammlung von Wien nach Vaduz in den Jahren 1944/45. 1999.

Band 198 Frank Martin Krauss: Das geteilte Eigentum im 19. und 20. Jahrhundert. Eine Untersuchung zum Fortbestand des Teilungsgedankens. 1999.

Band 199 Matthias Frey: Die spanische Aktiengesellschaft im 18. Jahrhundert und unter dem Código de Comercio von 1829. 1999.

Band 200 Alexandra Gilde: Die Stellung der Frau im Reichsstrafgesetzbuch von 1870/71 und in den Reformentwürfen bis 1919 im Urteil der bürgerlichen Frauenbewegung. Eine Analyse ausgewählter Straftatbestände. 1999.

Band 201 Malte Dießelhorst / Arne Duncker: Hans Kohlhase. Die Geschichte einer Fehde in Sachsen und Brandenburg zur Zeit der Reformation. 1999.

Band 202 Jörg Hillmann: Territorialrechtliche Auseinandersetzungen der Herzöge von Sachsen-Lauenburg vor dem Reichskammergericht im 16. Jahrhundert. 1999.

Band 203 Carsten Engler: Die Kommanditgesellschaft (KG) und die stille Gesellschaft im Allgemeinen Deutschen Handelsgesetzbuch (ADHGB) von 1861. 1999.

Band 204 Vesta Hoffmann-Steudner: Die Rechtsprechung des Reichsgerichts zu dem Scheidungsgrund des § 49 EheG (EheG 1938) in den Jahren 1938-1945. 1999.

Band 205 Michaela Thiele: Die Auflösung von Arbeitsverhältnissen aufgrund Anfechtung und außerordentlicher Kündigung nach der Rechtsprechung des Reichsarbeitsgerichts (1927-1945). 2000.

Band 206 Peter Landau / Hermann Nehlsen / Mathias Schmoeckel (Hrsg.): Karl von Amira zum Gedächtnis. 1999.

Band 207 Marcus Flinder: Die Entstehungsgeschichte des Zivilgesetzbuches der DDR. 1999.

Band 208 Boris Franz Leo Bromm: Die Entstehungsgeschichte des Berufs des Handelsvertreters. Unter besonderer Berücksichtigung der Sozialgesetzgebung in den Jahren von 1871-1933. 2000.

Band 209 Winfried C. J. Eberstein: Das Tierschutzrecht in Deutschland bis zum Erlaß des Reichs-Tierschutzgesetzes vom 24. November 1933. Unter Berücksichtigung der Entwicklung in England. 1999.

Band 210 Patrick Deller: Der „nach dem Vertrage" vorausgesetzte Gebrauch (§ 459 Absatz 1 Satz 1 BGB). Eine kaufrechtliche Untersuchung unter Berücksichtigung rechtshistorischer wie rechtsvergleichender Grundlagen. 2000.

Band 211 Eckard Freiherr von Bodenhausen: Haftung des Geschäftsherrn für Verrichtungsgehilfen im Straßen- und Schienenverkehr. Eine Analyse der Entscheidungen des Reichsgerichts zu § 831 BGB (1900-1945). 2000.

Band 212 Birte Gast: Der Allgemeine Teil und das Schuldrecht des Bürgerlichen Gesetzbuchs im Urteil von Raymond Saleilles (1855-1912). 2000.

Band 213 Hansjörg Michael Huber: Koloniale Selbstverwaltung in Deutsch-Südwestafrika. Entstehung, Kodifizierung und Umsetzung. 2000.

Band 214 Ulf Björner: Die Verfassungsgerichtsbarkeit im Norddeutschen Bund und Deutschen Reich (1867-1918). Eine rechtshistorische Untersuchung über Gerichtsbarkeit im Spannungsfeld von Politik und Recht innerhalb der von Bismarck geschaffenen deutschen Bundesstaaten. 2000.

Band 215 Mathias Freiherr von Rosenberg: Friedrich Carl von Savigny (1779-1861) im Urteil seiner Zeit. 2000.

Band 216 Reinhard Binder-Krieglstein: Österreichisches Adelsrecht 1868-1918/19. Von der Ausgestaltung des Adelsrechts der cisleithanischen Reichshälfte bis zum Adelsaufhebungsgesetz der Republik unter besonderer Berücksichtigung des adeligen Namensrechts. 2000.

Band 217 Claudia-Regine Nerius: Johannes Lehmann-Hohenberg (1851-1925). Eine Studie zur völkischen Rechts- und Justizkritik im Deutschen Kaiserreich. 2000.

Band 218 Ludger Meuten: Die Erbfolgeordnung des Sachsenspiegels und des Magdeburger Rechts. Ein Beitrag zur Geschichte des sächsisch-magdeburgischen Rechts. 2000.

Band 219 Christoph Alexander von Wilcken: Die Reformbestrebungen zum Genossenschaftsgesetz in der Frühzeit der Bundesrepublik. Die Beratungen der Sachverständigenkommission zur Überprüfung des Genossenschaftsrechts 1954 bis 1958 und der Referentenentwurf von 1962. 2000.

Band 220 Verein Junger RechtshistorikerInnen Zürich (Hrsg.): ¿Rechtsgeschichte(n)? ¿Histoire(s) du droit? ¿Storia/storie del diritto? ¿Legal Histori(es)? Europäisches Forum Junger Rechtshistorikerinnen und Rechtshistoriker Zürich 28.-30. Mai 1999. 2000.

Band 221 Hans Christian Schüler: Die Entstehungsgeschichte der Bundesnotarordnung vom 24. Februar 1961. 2000.

Band 222 Nils-Eberhard Schramm: Die Vereinigung demokratischer Juristen (1949-1999). 2000.

Band 223 Silke Anke Torp: Das Rechtsverhältnis zwischen den Eltern und ihren Kindern. Dienstleistungspflicht, Aussteuer und Ausstattung. Eine Analyse der Rechtsprechung des Reichsgerichts und des Reichsarbeitsgerichts zu den Vorschriften der §§ 1616 bis 1625 des Bürgerlichen Gesetzbuches in der Zeit von 1900 bis 1945. 2000.

Band 224 Martin Jürgen Maaß: Die Geschichte des Eigentumsvorbehalts, insbesondere im 18. und 19. Jahrhundert. 2000.

Band 225 Stefanie Langer: Rechtswissenschaftliche Itinerarien. Lebenswege namhafter europäischer Juristen vom 11. bis zum 18. Jahrhundert. 2000.

Band 226 Ulrich Schmitz: Der Unterhaltsanspruch des nichtehelichen Kindes gegen seinen Erzeuger. Die rechtsgeschichtliche und dogmatische Entwicklung im deutschen Recht. 2000.

Band 227 Sebastian Günther: Friedrich Carl von Savigny als Grundherr. 2000.

Band 228 Henning Ibs: Hermann J. Held (1890-1963). Ein Kieler Gelehrtenleben in den Fängen der Zeitläufe. 2000.

Band 229 Matthias Rücker: Wirtschaftswerbung unter dem Nationalsozialismus. Rechtliche Ausgestaltung der Werbung und Tätigkeit des Werberats der deutschen Wirtschaft. 2000.

Band 230 Hendrik Sandmann: Die Entwicklung von Begriff und Inhalt des Wirtschaftsrechts durch die Rechtswissenschaft in der Weimarer Republik. 2000.

Band 231 Sibylle Müller: Gibt es Menschenrechte bei Samuel Pufendorf? 2000.

Band 232 Karin Olechowski-Hrdlicka: Die gemeinsamen Angelegenheiten der Österreichisch-Ungarischen Monarchie. Vorgeschichte – Ausgleich 1867 – Staatsrechtliche Kontroversen. 2001.

Band 233 Johannes Mierau: Die juristischen Abschluß- und Diplomprüfungen in der SBZ/DDR. Ein Einblick in die Juristenausbildung im Sozialismus. 2001.

Band 234 Jörg Wolff (Hrsg.): Stillstand, Erneuerung und Kontinuität. Einsprüche zur Preußenforschung. 2001.

Band 235 Friedo Schröder: Die anwaltliche Tätigkeit während der nationalsozialistischen Herrschaft. Eine Analyse der anwaltlichen Argumentation in Zivilprozessen anhand der vorhandenen Prozeßakten der Landgerichte Frankenthal, Wiesbaden, Limburg und Frankfurt und der Handakten der *jüdischen Konsulenten* des OLG-Bezirks Frankfurt. 2001.

Band 236 Der Code pénal des Königreichs Westphalen von 1813 mit dem Code pénal von 1810 im Original und in deutscher Übersetzung. Herausgegeben und mit einer Einleitung versehen von Werner Schubert. 2001.

Band 237 Klaus Richter: Deutsches Kolonialrecht in Ostafrika 1885-1891. 2001.

Band 238 Kai von Lewinski: Deutschrechtliche Systembildung im 19. Jahrhundert. 2001.

Band 239 Alexander Herzog: Sittenwidrige Rechtsgeschäfte in der höchstrichterlichen Rechtsprechung aus den Jahren 1948-1965. 2001.

Band 240 Claudia Rönnau: Die Beratungen des Wasserrechtsausschusses der Akademie für Deutsches Recht zu einem Reichswassergesetz (1934-1941). Ein Beitrag zur Dogmatik der Begriffe *Gemeingebrauch* und *Sondergebrauch* in der Zeit des Nationalsozialismus. 2001.

Band 241 Momme Rohlack: Kriegsgesellschaften (1914-1918). Arten, Rechtsformen und Funktionen in der Kriegswirtschaft des Ersten Weltkrieges. 2001.

Band 242 Rolf Geyer: Der Gedanke des Verbraucherschutzes im Reichsrecht des Kaiserreichs und der Weimarer Republik (1871-1933). Eine Studie zur Geschichte des Verbraucherrechts in Deutschland. 2001.

Band 243 Felix Lorenz Benjamin Lehmann: Der Rote Adlerorden. Entstehung und rechtliche Grundlagen (1705-1918). 2002.

Band 244 Marc Ludwig: Der Pfändungsschutz für Lohneinkommen. Die Entstehungs- und Entwicklungsgeschichte der Vorschriften zum Schutz vor Lohnpfändung in Deutschland. 2001.

Band 245 Alexander Wachter: Dorfschule zwischen Pastor und Schulmeister. Zur Säkularisierung des niederhessischen Schulwesens im 19. Jahrhundert. 2001.

Band 246 Richard Scholz: Analyse der Entstehungsbedingungen der reichsgerichtlichen Aufwertungsrechtsprechung. Untersuchung unter besonderer Berücksichtigung der konservativen Geldpolitik der Reichsbank und der Inflationspolitik der Reichsregierung. 2001.

Band 247 Judith Laeverenz: Märchen und Recht. Eine Darstellung verschiedener Ansätze zur Erfassung des rechtlichen Gehalts der Märchen. 2001.

Band 248 Christina Schenk: Bestrebungen zur einheitlichen Regelung des Strafvollzugs in Deutschland von 1870 bis 1923. 2001.

Band 249 Nils Werner: Die Prozesse gegen die Landvolkbewegung in Schleswig-Holstein 1929/32. Ein Beitrag zur Justizkritik in der späten Weimarer Republik. 2001.

Band 250 Wolfgang Walter: Das Duell in Bayern. Ein Beitrag zur bayerischen Strafrechtsgeschichte. 2002.

Band 251 Jörn Eckert / Kjell Å. Modéer (Hrsg.): Geschichte und Perspektiven des Rechts im Ostseeraum. Erster Rechtshistorikertag im Ostseeraum 8.–12. März 2000. 2001.

Band 252 Jan Könighaus: Die Inauguration der Christian-Albrechts-Universität zu Kiel 1665. Symbolgehalt und rechtliche Bedeutung des Universitätszeremoniells. 2002.

Band 253 Andreas Görgen: Rechtssprache in der Frühen Neuzeit. Eine vergleichende Untersuchung der Fremdwortverwendung in Gesetzen des 16. und 17. Jahrhunderts. 2002.

Band 254 Ralf Schäfer: Die Rechtsstellung der Haigerlocher Juden im Fürstentum Hohenzollern-Sigmaringen von 1634-1850. Eine rechtsgeschichtliche Untersuchung. 2002.

Band 255 Regine Schmalhorst: Die Tierhalterhaftung im BGB von 1896. Die Entstehung und Änderung des § 833 BGB sowie eine Analyse der Rechtsprechung des Reichsgerichts bis 1908. 2002.

Band 256 Thomas Hense: Konrad Beyerle. Sein Wirken für Wissenschaft und Politik in Kaiserreich und Weimarer Republik. 2002.

Band 257 Christian Mahlmann: Die Strafrechtswissenschaft der DDR. Klassenkampftheorie und Verbrechenslehre. 2002.

Band 258 Henning Kahmann: Die Bankiers von Jacquier & Securius 1933–1945. Eine rechtshistorische Fallstudie zur "Arisierung" eines Berliner Bankhauses. Mit einem Geleitwort von John Kornblum. 2002.

Band 259 Volker Friedrich Drecktrah: Die Gerichtsbarkeit in den Herzogtümern Bremen und Verden und in der preußischen Landdrostei Stade von 1715 bis 1879. 2002.

Band 260 Andreas Klass: Standes- oder Leistungselite? Eine Untersuchung der Karrieren der Wetzlarer Anwälte des Reichskammergerichts (1693-1806). 2002.

Band 261 Wolfgang Eder: Das italienische Tribunale Speciale per la Difesa dello Stato und der deutsche Volksgerichtshof. Ein Vergleich zwischen zwei politischen Gerichtshöfen. 2002.

Band 262 Albrecht Cordes / Bernd Kannowski (Hrsg.): Rechtsbegriffe im Mittelalter. 2002.

Band 263 Thomas Hildebrandt: Die Brandenburgischen Provinziallandtage von 1841, 1843, und 1845 anhand ausgewählter Verhandlungsgegenstände. 2002.

Andreas Klass

Standes- oder Leistungselite?

Eine Untersuchung der Karrieren der Wetzlarer Anwälte des Reichskammergerichts (1693–1806)

Frankfurt/M., Berlin, Bern, Bruxelles, New York, Oxford, Wien, 2002. 362 S.
Rechtshistorische Reihe. Verantwortlicher Herausgeber:
Jürgen Weitzel. Bd. 260
ISBN 3-631-38721-0 · br. € 50.10

Die Anwälte am Reichskammergericht in Wetzlar waren eine exponierte Gruppe in der juristischen Welt des 18. Jahrhunderts – einer Zeit des beginnenden Übergangs vom ständischen in das bürgerliche Zeitalter. Vor diesem Hintergrund untersucht der Autor ihre beruflichen Karrieren sowohl unter rechts- als auch sozialgeschichtlichen Aspekten. Ausgehend von den in den Quellen ermittelten und in den zweiten Teil der Arbeit aufgenommenen Einzelbiographien der Anwälte verfasst er eine Gruppenbiographie. Dabei berücksichtigt der Autor neben der sozialen und familiären Herkunft auch Studium, Dissertation und Promotion, Praktikum und Zulassung am Reichskammergericht. Er kommt zu dem Schluß, dass Herkunft und Protektion genauso wichtig für die Karrieren waren wie die juristische Qualität und eine spezialisierte Ausbildung.

Aus dem Inhalt: Stellung der Anwälte im Reichskammergerichtsprozess · Studium der Anwälte · Dissertation und Promotion · Praktikum am Reichskammergericht in Wetzlar · Bewerbung, Aufnahme und Karriere am Reichskammergericht · Biographien der Anwälte am Reichskammergericht in seiner Wetzlarer Zeit (1693–1806)

Kolibri 360 GmbH
Ferdinand-Jühlke-Straße 7
99095 Erfurt, Deutschland
produktsicherheit@kolibri360.de

Druck:
CPI Druckdienstleistungen GmbH
im Auftrag der
Kolibri 360 GmbH
Ferdinand-Jühlke-Str. 7
99095 Erfurt